十二五高等院校应用型特色规划教材

校园心理剧团体心理辅导与咨询

刘嵋 编著

清华大学出版社
北京

内容简介

对校园心理剧与心理情景剧进行研究是近几年来学校心理健康教育研究的热点。本书采用"校园心理剧团体心理辅导与咨询"的新形式,主要针对学生普遍存在的校园生活适应、生命探索、情绪调节与控制、健康人格塑造、人际沟通、生涯规划等问题,以心理学为基础理论,设计了心理剧团体心理辅导活动,有针对性地指导学生认识自我,完善自我,发展健康人格。笔者从对学校的学生进行校园心理剧和心理情景剧研究与实施入手,在现有校园心理剧与心理情景剧的基础上,提出了一个新的理论表述,即身心灵团体心理辅导与咨询的健康模式,并且设计了一些校园心理剧与心理情景剧工作坊活动。

本书主要分为三部分,第一篇是校园心理剧;第二篇是校园情景心理剧;第三篇是校园心理剧治疗。每一部分均介绍相关的理论、知识和技术。

本书封面贴有清华大学出版社防伪标签,无标签者不得销售。
版权所有,侵权必究。举报:010-62782989,beiqinquan@tup.tsinghua.edu.cn。

图书在版编目(CIP)数据

校园心理剧团体心理辅导与咨询/刘嵋编著. —北京:清华大学出版社,2016(2024.10重印)
ISBN 978-7-302-41726-2

Ⅰ. ①校… Ⅱ. ①刘… Ⅲ. ①戏剧-应用-中学生-心理健康-健康教育 Ⅳ. ①G479

中国版本图书馆 CIP 数据核字(2015)第 239630 号

责任编辑:彭 欣
封面设计:汉风唐韵
责任校对:宋玉莲
责任印制:丛怀宇

出版发行:清华大学出版社
网　　址:https://www.tup.com.cn,https://www.wqxuetang.com
地　　址:北京清华大学学研大厦A座　　　　邮　　编:100084
社 总 机:010-83470000　　　　　　　　　　邮　　购:010-62786544
投稿与读者服务:010-62776969,c-service@tup.tsinghua.edu.cn
质量反馈:010-62772015,zhiliang@tup.tsinghua.edu.cn
印 装 者:三河市龙大印装有限公司
经　　销:全国新华书店
开　　本:185mm×260mm　　　印　张:13　　　字　数:300 千字
版　　次:2016 年 1 月第 1 版　　　　　　　　印　次:2024 年 10 月第 13 次印刷
定　　价:32.00 元

产品编号:066104-01

目 录

第一篇 校园心理剧

第一章 校园心理剧概述 3
第一节 心理剧和校园心理剧介绍 3
第二节 心理剧的理论基础 15

第二章 校园心理剧实施 26
第一节 天生我材必有用——人生观的教育在校园心理剧中的应用 27
第二节 独特的我——心理学知识在校园心理剧中的应用 32
第三节 阳光总在风雨后——心理困惑及其解决在校园心理剧中的应用 48

第二篇 校园情景心理剧

第三章 校园情景心理剧概述 91
第一节 情景心理剧和校园情景心理剧介绍 91
第二节 情景心理剧的技术 103

第四章 校园情景心理剧实施 121
第一节 光阴的故事——休闲时光剧场 121
第二节 跨越七彩桥——人际沟通剧场 124
第三节 感情路上慢慢走——情感剧场 130
第四节 我的未来不是梦——职业生涯剧场 132

第三篇 校园心理剧治疗

第五章 心理剧治疗 151
第一节 心理剧治疗介绍 151
第二节 心理剧治疗的技术 157

I

第六章　校园心理剧治疗工作坊 …………………………………… 172
第一节　生命是条流动的河——演绎人生剧场 ………………… 172
第二节　漫步人生路——直面人生剧场 ………………………… 187

附录 ……………………………………………………………………… 201

参考文献 ………………………………………………………………… 203

第一篇

校园心理剧

【心灵悟语】

校园心理剧的魅力

如果说听一场心理健康教育专题讲座,
就像喝了一杯白开水,
有营养但不太有滋味。
那么,
观赏一场校园心理剧,
就像喝了一杯果汁,
既有营养、耐于品味,
还能吸引更多的观众,
演员与观众互相感染,
在表演和观赏中共同感悟与成长。

——刘 嵋

第一章

校园心理剧概述

第一节 心理剧和校园心理剧介绍

一、心理剧和校园心理剧

（一）心理剧和校园心理剧的含义

1. 什么是心理剧

心理剧是美国心理治疗专家莫瑞诺（Moreno）所创，它通过特殊的戏剧形式（主要技术是角色扮演、角色互换和内心独白等），让参加者扮演某种角色，以某种心理冲突情景下的自发表演为主，将心理冲突和情绪问题逐渐呈现在舞台上，以宣泄情绪，消除内心压力和自卑感，诱导出当事人的自觉性，增强其适应环境和渡过危机的能力，促进自我成长。心理剧集戏剧、小品和心理问题于一体，既能帮助当事人解决心理问题，又能让其他人获得心理的修复和改善。

在本质上，可以将心理剧直接看作一种心理疗法。

心理剧的组成部分包括舞台、导演、主角（剧中的男主角或女主角）、配角和团体成员。它可以用于小组、夫妻、家庭心理治疗或心理咨询。

2. 什么是校园心理剧

校园心理剧由社会剧发展而来，有戏剧小品的特点，比一般心理剧具有更强的表演性。它在校园环境中，在老师的指导下由学生自发地将生活经历再现出来，并探索解决问题的办法。由心理剧衍生的校园心理剧，将学生中出现的心理问题搬上校园舞台，让学生自己表演、自己观看、自己体悟，从而使表演者和观看者都得到启发。

校园心理剧是一种心理健康的宣传教育活动，参与的角色能够在安全、宽松和弹性甚大的环境中，走入自己的过去或未来，在比较自然的状态中，重现失去的自我，发现事情的真实状况，并做出决定或采取新的行动。当事人通过心理剧的经验与自我的每一部分相会，也能够与那些分享他的心理冲突的人会面，进而将此经验应用在生活上，得到自我满意的生活。所以，校园心理剧可以发展个体或团体的自我觉察力、人际关系技巧水平、价值判断力、自发行为水平与想象力，从而使个人获得心理成长。校园心理剧兼有心理治疗功能，它除了针对学生中出现的一些常见心理问题之外，还有着更广泛的应用范围。比如人生价值的定位、恋爱问题的抉择、职业选择的解惑、性心理的教育等。这些问题都有可能给当事人带来一定程度的心理困扰。心理剧有着丰富的治疗技术，根据不同问题，我们可选择相应的技术,从而达到治疗功效。教育功能也是校园心理剧的重要功能之一,它充分利用了有限的心理咨询和心理教育的力量,突破了心理教育和心理咨询的"形式的瓶颈",突出了学生自主性的教育,充分体现了尊重原则,打破了一般教育的言语式、灌输式和结论式模式,有利于学生心灵的共同成长与和谐发展。

3. 校园心理剧和心理剧的联系与区别

校园心理剧是在心理剧的基础上发展起来的,它们既有共同点,也有很多的不同。它们都是以戏剧为媒介来实现自己的目标,强调角色的重要性,都拥有戏剧的所有元素,通过隐喻来解决心理冲突。

美国知名戏剧治疗专家罗伯特·蓝迪在其所写的《戏剧治疗》一书中提道:"戏剧治疗是一种方法,透过角色扮演,从个人的过去历史重新设计戏剧或对白,与其他创作艺术治疗(艺术、音乐或舞蹈)一样,为应用创作的媒介来进行心理治疗,目的是让患者有效地想象出自己功能失调的状况,以减缓症状、情绪及身体整合与个人成长的治疗性目标。"我们知道,演戏不同于戏剧治疗,但演戏犹如写一首诗、绘画、跳舞、唱歌,可以达到治疗效果。

心理剧有一个比较明显的主要架构,就是当事人充当主角,由导演根据主角的叙述进行编排和再现生活真实,重新体会那种生活经验,而校园心理剧可以有不同的戏剧架构,可以是由一个人或多个人共同创作;心理剧的主角一定是一个人,即一个真实的个体,以解决个人的问题为主,而校园心理剧的当事人则既可以是一个真实的个体,也可以是一类人的代表(典型),以解决团体存在的比较普遍的问题;心理剧表演过程中,导演在舞台上,随时观察主角和配角的言行,推动剧情的发展,而校园心理剧的心理辅导教师往往是在幕后,在编排的时候起到作用,表演时已经退居幕后;校园心理剧往往有发生、发展、高潮、结局这样比较固定的戏剧性形式,而心理剧则没有,重在让主角和参与者获得感受、启发与经验。

隐喻是戏剧的重要表达方式,戏剧使用演出隐喻来表达人类难以触摸的经验。心理剧的隐喻是很明确的,观众知道某些呈现在舞台上的故事并不是发生在真实生活中,而校园心理剧的隐喻不一定很清楚,因为团体对于隐喻有清醒的觉察,并考虑到隐喻对个人的影响是很重要而且很有意义的。

宣泄是戏剧表达情绪的一种常用方法,莫瑞诺将宣泄运用在心理剧的过程中,特别关注主角的宣泄。心理剧中的宣泄有两种形式:一种是主角的宣泄;另一种是通过认同而形成的观众的宣泄,后者在分享的时候才会表现出来。校园心理剧则不是这样,情绪的宣泄可以有,而且主要表现在戏剧的高潮阶段,也可以没有,它并不是必要的因素。

心理剧和校园心理剧的区别,可以从表1-1比较清楚地表达出来。

表1-1 心理剧和校园心理剧的区别

心理剧	校园心理剧
有一个主要的戏剧结构	可以有各种不同的戏剧架构
选择一个人为团队工作的主要问题	处理整个团队的典型问题
隐喻很清楚	隐喻不一定清楚
导演在舞台上或者在侧翼	心理辅导教师不一定处于中心
宣泄被视为大部分心理剧的基本方法	宣泄并不被认为有多重要
不一定有清楚的、固定的形式	有清楚的、固定的形式

(二)校园心理剧的内容和形式

1. 校园心理剧的内容

笔者认为,学生的心理健康状况仿佛分别处于河流的上、中和下游三个河段,如图 1-1 所示。大部分学生都处于阳光灿烂的河流上游,他们快乐、健康地成长着,但是也会出现成长中不可避免的心理困惑及心理问题,便会滑到河流的中游;如果处于中游的学生的心理困惑及心理问题不能主动或被动解决,时间长了便会继续滑到河流的下游;处于下游的学生就会产生比较严重的心理障碍或心理疾病。对处于上游的学生应进行心理辅导,以教育性、发展性和预防性为主;对处于中游的学生必须进行心理咨询,帮助他们回到上游;对处于下游的学生要进行心理治疗,严重的要及时转介到专门的心理治疗机构进行治疗。因此,笔者将校园心理剧分为三个层次:校园心理剧、校园心理情景剧和校园心理剧治疗。

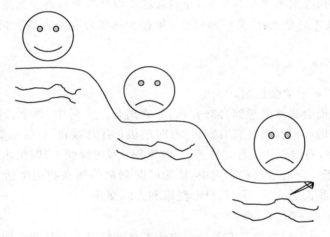

图 1-1 "河流三段论"

根据笔者"河流三段论",将校园心理剧分成三个方面的内容,它们分别是:心理学知识的应用、心理困惑解决的方法应用和心理障碍治疗的应用。

1)心理学知识的应用

学校的心理健康教育很重要的内容就是培养健全人格。健全人格的塑造包括:自我意识——学会自尊;情绪管理——学会控制;人际交往——学会乐群;情感处理——学会选择。

(1)自我意识——学会自尊。

青年学生了解自我意识的内涵、结构和特征,从而客观地认识自我、正确地评价自我、积极地悦纳自我、有效地控制自我、科学地发展自我,将有助于增强自信心,建立健康的自我形象。

举例：校园心理剧

《电影院门口的风波》——典型气质类型

主题：体现四种典型气质的类型

编剧：刘媚

方法：辅导教师说出剧情，由成员即兴表演。然后大家讨论四种气质类型的优点和缺点。

演员：5人。电影院检票服务的学生1人；4位典型气质类型的学生。

音乐：《喜洋洋》

道具：桌子、心理电影《心灵捕手》的广告牌子。

地点：电影院门口

事情：电影开演5分钟了，检票服务的学生要关门了。按规定，来晚5分钟的同学一律不许进场。这时，分别来了4位同学，分别表现出四种不同的典型气质类型。

语言：检票服务的学生："同样的场景，却有不一样的行为表现。同学们，你属于哪一种类型呢？"

角色互换与分享。

(2) 情绪管理——学会控制。

谈到情绪，人们会自然联想到喜怒哀乐、悲欢离合。生活中，每个人都会随着心理的活动，表现出不同的心理状态。有时积极，有时消极；有时温和，有时暴躁；有时平静，有时起伏；有时焦虑，有时轻松；有时痛苦，有时幸福；有时烦恼，有时快乐……人们清醒时每时每刻都是处于一定的情绪状态之中，情绪时时刻刻伴随在我们生活、学习、人际交往中，并直接影响着我们的生活、学习、身心健康和人际交往。

(3) 人际交往——学会乐群。

人际交往是人健康成长的基本条件。沟通更是网络时代人际交往中重要的技能。了解人际交往的基本理论，结合大学生交往的特点和实际，学习有效的沟通技巧，在集体中积极、愉快地生活，是每一个大学生成长的期盼。

(4) 情感处理——学会选择。

爱情是人类永恒的主题。正值花样年华的大学生，爱情悄悄地生长并繁茂，爱情无疑是大学生们最为关注的话题之一。大学生的爱情如同夏日里的太阳雨，美丽却又有些伤感，因为恋爱问题处理不当，导致当事人心理痛楚、人格扭曲，甚至引发精神失常的例子在大学校园里时有发生。

2) 心理困惑解决的方法应用

学校心理健康教育工作除了教育性、发展性和预防性之外，主要还有心理咨询，即帮助有心理困惑的同学解决心理问题，心理咨询的过程也是助人自助的过程。

(1) 生命教育。

人生是个有始有终的过程。我们每个人无法决定生命的长度，但我们可以掌握自己生命的宽度，即实现生命的意义，活出精彩，体现价值。生命总会面临无尽的挑战，唯有探索生命的意义、培养尊重生命的态度、关怀珍爱每一个生命的价值,热爱生活,你才能拥有丰盛的人生。因此,生命教育对于大学生成长和发展具有重要意义。

生命教育是指对个体从出生到死亡的整个过程中,通过有目的、有计划、有组织地进行生存意识熏陶、生存能力培养和生命价值提升,最终使其生命质量充分展现的活动过程。生命教育的宗旨是珍惜生命、注重生命质量、体验生命价值。生命教育是一种全人的教育(认识生命现象、感悟生命境界);是一种自我认识及自尊的教育(了解自己的优缺点和性格,并对各种生命现象持尊重态度和人道关怀);是一种生活教育(在生活中发生,也需要在生活中实践);是一种体验教育(身临其境的感受和体会)。

生命教育是帮助学生探索与认识生命的意义、尊重与珍惜生命的价值、热爱与发展个人独特的生命,实践并活出"天地人我共在"的和谐关系。

(2)人格发展。

在现实生活中,人们性格迥异。比如,有人活泼开朗,有人温文尔雅;有人冲动鲁莽,有人畏惧退缩;有人公而忘私,有人自私自利;有人思维灵活,有人思维固执……所有这些心理差异都是人格差异的表现。

3)心理障碍治疗的应用

在每所学校,几乎都会有极少数的学生有比较严重的心理障碍,大部分缘自家庭或童年时的痛苦经历。对于心理障碍非常严重的学生,要及时转诊,不能耽误;对尚未影响学习、生活的学生,可以慎用心理剧治疗的方法,进行心理剧治疗。但是,这是不能随便用的,只有接受过系统、严格、长期的心理剧培训的专业人员才能采用此方法。另外,一定要注意,作为心理剧治疗导演,一定要严格遵守职业道德,给主角打开伤口后一定要疗好伤,耐心、细心处理好伤口。

2. 校园心理剧的形式

笔者根据"河流三段论",将校园心理剧分三种形式,它们分别是:校园心理剧、校园心理情景剧和校园心理剧治疗,如图 1-2 所示。校园心理剧包括两个部分:第一部分是心理学知识的应用,即将心理学的知识编成校园心理剧,如笔者创作的《招牌》《电影院门口的风波》《休闲好时光》《三兄弟的故事》等。第二部分是将学生遇到的心理困惑及应如何解决编成校园心理剧,如笔者创作的《情感世界》《我的大学》《融冰》等。

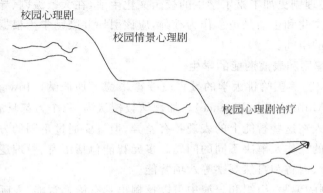

图 1-2 校园心理剧的三种形式

学校是教书育人的场所,作为教师,有责任和义务培养学生树立正确的世界观、人生观和价值观,通过校园舞台心理剧的方式来启发、引导学生思考人生,明确人生发展的方向,也许会比单纯的说教效果更好。

二、校园心理剧在学生心理健康教育中的作用和意义

(一)校园心理剧在学生心理健康教育中的作用

校园心理剧在学生心理健康教育中的作用表现在以下三个方面。

1. 有利于学校心理健康教育的有效开展

学校心理健康教育的有效开展有很多途径,如开展心理健康教育和心理健康知识讲座、学科教学中渗透心理健康教育、团体心理辅导与咨询、个别心理辅导与咨询、心理电影赏析等。其中校园心理剧是一种新颖而有趣的教育方式。校园心理剧是我国大、中、小学近几年来出现的新生事物,在学生心理健康教育方面能够发挥独特的和良好的教育作用与效果,是学校开展学生心理健康教育的一种有效的教育辅导方式。校园心理剧通过学生自编、自导、自演或观看反映学生自己或他人在校园生活中遇到的冲突、烦恼等,和应当受到的心理健康教育融为一剧,让学生在轻松愉快的气氛中潜移默化地学到一些解决心理问题的方法,得到一些有益的启示,重新审视自己的问题,从而改善人际关系,解决自己的心理困惑,获得成长。

校园心理剧有很大的魅力。在多年的校园心理剧理论研究与实践中,笔者对校园心理剧的感触是:"如果说听一场心理健康教育专题讲座,就像喝了一杯白开水,有营养但不太有滋味。那么,观赏一场校园心理剧,就像喝了一杯果汁,既有营养、耐于品味,还能吸引更多的观众,演员与观众互相感染,在表演和观赏中共同感悟与成长。"这就是校园心理剧的魅力所在。

2. 丰富校园文化生活,提高学生的文化和生活品位

一直以来,很多大、中、小学坚持以提高学生素质、服务学生成长成才为中心,广泛开展多彩的校园文化活动,丰富学生的课余文化生活,繁荣校园文化,拓宽学生的成才渠道,营造积极、向上、活泼和高尚的校园文化氛围。

特别是校园心理剧更加丰富了学生的校园文化生活,在大家编剧、导剧和演剧的过程中,提高了大家的文化和生活品位。作为教师,应该引导并鼓励学生根据自己的爱好和特长,拓展自己发展的空间。

3. 挖掘具有编剧和表演潜能的学生

20 世纪 90 年代,美国哈佛大学的教育教授霍华德·加德纳(Howard Gardner)提出了多元智能理论(Multiple Intelligence)。加德纳教授认为,每个人都具有多元智能,即八大智能,尽管每个人在这些智能上的表现各有差异,但只要通过不同的方式进行结合和运用,就能完成不同的工作及解决不同的问题。多元智能包括语言、数理逻辑、空间、音乐表演、肢体动觉、人际、内省和自然观察等八项智能。

在校园心理剧的编写、组织和表演中可以挖掘出具有语言智能、人际智能和音乐表演智能的学生,让他们在参加的过程中体验到了人生的快乐和自我价值的实现。

记得在一次校园心理剧的表演中,笔者选用的女主持人是笔者任课班级的学生,在互动教学课堂上她脱颖而出,充分表现出较强的语言表达和表演智能。她不但担任主持人,还在心理剧中担任主角,在她得到一阵阵掌声的同时,台下坐着的她的数学老师说道:"她还演剧!她的数学一塌糊涂。"正是在这次校园心理剧的演出中,她找到了自信,更加愿意参加集体活动,乐于为大家服务。

(二)校园心理剧在学生心理健康教育中的意义

校园心理剧在学生心理健康教育中的意义体现在以下三个方面。

1. 校园心理剧可以为学生提供一种比较真切的体验

校园心理剧在学校推广的意义在于校园心理剧可以为学生提供一种比较真切的体验,学生无论是当导演、编剧,还是当演员,在这个过程中都可以有不同的体验,得到很好的自我教育。

在笔者编写的校园心理剧《休闲好时光》剧本中的台词就有:"什么!我们也能做导演?""我们也能当编剧?""我们也能当演员?"结果,在未来的校园学习和生活中,大家真的圆了自己的各种梦。人人都能成为自己想成为的人。这正是"人生如戏,戏如人生"的真实写照。

2. 校园心理剧着重于学生行为的改变和自我感受,特别强调自发性

心理剧突出的特点是创造性和自发性。作为受教育者,其行为的改变不是被迫地接受新的理念和被动地转变认知,而是主动地自我感受,从而具有自发性。校园心理剧就具备了自发性的特征,学生在参与心理剧的编剧、导剧、演剧和观看的过程中,体现出了自发性和主动性,挖掘出了自身的潜力,同时也增强了自信心。

几年来,正是在与学生一起走过的路途中,我经常感受到自己有无穷的力量,以及作为教师教书育人的使命感及由此得到的满足感,这都源于创造力的力量。

3. 校园心理剧可以为更多的人群提供帮助,属于团体心理辅导的一种类型

校园心理剧也是舞台心理剧,它具有很强的观赏性。观众观赏校园心理剧的过程,不但是审美提高、心理知识普及的过程,同时也是心理素质提高、人生感悟的过程。因为心理剧的内容不同程度地与观众的生活、工作、学习和成长经历有相似之处,或者有某些联结,观看的过程,学习模仿、体验感悟,从而达到了自我的提升和自我的教育。因此,校园心理剧也属于团体心理辅导的一种类型,在团体中,大家共同成长。

在一次校园心理剧的主持词中笔者写道:"心理剧犹如春风,让学生沐浴在春风里。在编写剧的过程中,大家学会认识与反思;在排练剧的过程中,大家能够体验与互助;在观赏剧的过程中,大家提升自助与感悟。大家通过自编、自导、自演和观赏,从而获得心理健康,得到能力的锻炼及素质的培养。"

三、校园心理剧的功能

校园心理剧有三个方面的功能,它们分别是教育功能、审美功能和治疗功能。

(一)校园心理剧的教育功能

校园心理剧对学生的教育功能具有以下两个方面。

校园心理剧对学生的教育功能表现在两个方面,即由表及里和由点到面的功能。

1. 由表及里

个体的认知活动过程是由感性认识到理性认识,认识活动是从感觉开始的。校园心理剧将剧本中所表现的心理困惑、所涉及的场景及当事人心理冲突、困惑逐步呈现给观众,可能是现实存在的场景,也可能是幻想中的、现实中不存在的场景。观众及参与者开始并不了解当事人,但观众和参与者可以从当事人的言语、行为、处理事情的方式中探索当事人内心深处的价值观、世界观和人生观,并逐步理解当事人为什么这样做,当事人这样做的目的是什么,等等。这个过程已经帮助当事人、参与者和观众学会了怎样从一个人的外部世界走进他的内心世界。当事人、参与者和观众同时掌握了自己怎样从感觉层面受到感染后进入理性层面的思考,最后从中获得了某些引起自己强烈震撼的东西,这远比理论上告诫他们诸如在人际交往过程中怎样与他人相处要有效得多。

1) 发展性

咨询心理学强调发展的模式,它努力帮助来访者得到充分发展,扫除其正常成长中的障碍。参与者在观摩心理剧和演出心理剧的过程中,可以学习到的内容包括对心理问题的认识,对他人的认识,对自身行为和心理状态的了解,对问题的分析和应对技术,等等。

这些内容的学习对学生的健康发展及人格健全培养都会大有裨益。因为这可以使学生在分析自己所遇到的心理问题的同时,学会如何调适自己的心理,调整自己的行为。在这个过程中,学生不仅获得应对相同或相似心理问题的解决方法,更重要的是他们在这个过程中获得了如何应对心理问题的教育,获得了心理提升和自我发展。这种发展性教育使个体不仅获得应对当前心理问题的能力,同时还具备了积极应对未来可能发生的心理问题的能力。

2) 真实性

莫瑞诺认为,心理剧的效果取决于整个过程的自发性和创造性。其一,他认为自发性和创造性可以使当事人、参与者和观众对心理剧中所表现出的行为感到出乎意料、有点儿不相信自己的眼睛和耳朵,但舞台呈现的却是事实。因此,心理剧对当事人、参与者和观众所产生的教育作用是客观存在的、真实的。其二,心理剧让参与者及观众身临其境,通过事实对参与者产生教育作用。心理剧的题材源于真实的且经过挑选的具有典型性和代表性的生活,是绝大多数参与者可能经历过的,或是有机会了解到的。因此,当演出者将其搬到舞台上,大家则会感觉好像又回到了当时的情境,会将从前的感受、行为和现在的思考及可能采取的行动不停地与舞台上的"同病相怜"的当事人进行对照与比较,启发参与者与观众思考,从而获得全新的见解,产生新的解决问题的办法。对于未曾经历过类似心理问题的参与者及观众来说,他们通过观看演出和了解舞台上解决此类心理问题,一方面会引起他们对现实状况的联想和重视;另一方面,他们获得了应对此类问题的启发和教育,倘若在人生的未来道路上偶遇这样的困惑,则不会因此而认为"大祸临头",从而"手足无措",相反可以从容应对。

3) 预防性

从校园心理剧表演的全过程来看,当事人和参与者将一个心理问题形成、发展和应对的全过程完整地展示给观众。任何一个心理问题的产生均有一定的原因,或许是家庭原因,或许是当事人自身的原因,或许是他人的原因,或许是某几个方面综合的原因。心理问题的发展有其特点及规律,这样心理问题也有不同的解决方案。参与表演的学生通过参加演出,观众通过观摩演出,然后分享他们对该心理问题的产生原因的见解,分享心理问题发展甚至激化的认识,于是学生可以"以剧为镜",发现自己生活中应该注意的问题和细节,从而避免同样的问题在自己的身上重现。

2. 由点到面

从校园心理剧所呈现的人物关系这个角度来看,校园心理剧的功能会从当事人这一"点"扩大到参与者和观众的"面"。校园心理剧通过当事人、参与者将当事人的心理问题搬到舞台上,让观众和参与表演者共同感受当事人的心理。参与者及观众此时此刻的感受非常重要,在心理剧的演出中,当事人对心理剧所要表演的当事人的心理冲突感受比较深刻、丰富和细腻,更加具有爆发性和感染性。无论此时是什么角色,他的感受都会慢慢地感染周围的参与者及观众,逐渐地将这种感受通过无声的姿势语言或有声的语言文字传给他人,此时此刻的参与者及观众都会在某种状态下获得与这种感受的某个或某些联结,从而对自己的过去体验或未来的想法进行整理和疏导,从而获得教育。

另外,校园心理剧中同样会出现这样的情况,当事人所呈现的是一个情绪的问题,然而,参与者与观众会产生人际关系问题的联结,或其他深层次问题的联结,从而获得一定的教育作用。因此,无论从校园心理剧所呈现的人物关系看,还是从校园心理剧所反映的心理问题的内容来看,校园心理剧给参与者及观众的教育作用都是体现了"由点到面"的特点。

校园心理剧的教育作用的发生是在当事人、参与者和观众愿意将剧中所反映的心理问题与自己联结,接着与剧中当事人发生心灵的互动式交换,从而获得教育意义。

首先,参与心理剧的每个人,当发现自己与心理剧中所反映的心理问题有联结时,往往会做出行为的或情绪的反应。例如,剧中当事人是一个有网瘾的学生,当他描述他挂念母亲,对不住母亲所承受的痛苦时,有观众开始流泪。观众的反应并不只是释放自己痛苦的感觉,也会使当事人获得心理上的支持,从而感到放松。

其次,校园心理剧的教育功能的互动性特点体现在演出结束后的分享阶段。在分享阶段,当事人可能被保护而保持沉默,但他可以从团体成员那里接受分享这个剧是如何感动他们及影响他们的生活的。所有参与分享的人听到别人从这么多方面跟自己有联结,也就是自己和这么多人有那么多地方相似,常常会觉得很感动。经过分享,参与者会从别人的联结中发现自己与剧中观点的联结点,并进一步思索。

(二)校园心理剧的审美功能

校园心理剧实际上可以看作舞台戏剧的一种。作为舞台戏剧中一个广为应用的分支,它具有舞台戏剧的普遍特征、相近的机制和一般的功能,戏剧的审美功能在校园心理剧中也有其独到的作用与价值。

在人的多层次、多类型和多功能的心理中,审美心理是一种具有高性能渗透力和高强度稳固性的心理。由于它总是趋向"至善至美",因而又是一种高层次的心理,具有在自育、育人中优化完善各项专业心理及整体心理素质的功能。校园心理剧的审美功能表现在以下五个方面。

1. 塑造整体人格

校园心理剧的审美功能的一个重要方面，就在于审美过程中对整体人格的塑造。就受教育者而言，无论是心理剧的当事人、参与者，还是观众，心理剧的审美过程就是他们个体充满情感与灵性的生命的成长过程。校园心理剧的一个重要功能，就是对当事人、参与者及观众的心灵和情感进行升华与再造。作为富有灵性的人，其情感生命的成长过程比其结果更为重要、更有意义，这是因为情感生命价值的实现不在于人格成熟的某一时刻，而在于个体成长的整个过程。在心理剧的整个暖身、演出和分享过程中，受教育者积极投入、参与和创造，从而完成审美体验，达到心灵的荡涤与净化、升华。在审美过程中，受教育者的参与过程实际上就是一个融入的过程、一个生命体验的过程。作为一个身心比较健全的人，他的生命是一个系统且完整的开放有机体。

2. 促进自我成长

审美通过个性情感的解放，促进感性自我的成长。审美活动为个性情感的释放提供了足够的和适当的文化手段，它包括情感释放的机会、途径、能力、技能和环境。审美过程中培养的感性自我是真诚的自我。校园心理剧的审美能够促进感性自我的成长，促进人格的协调平衡，使个体生命充满活力，具有持久的创造性。审美过程是情感自由解放的过程，具有解放无意识，并使之得到适当释放和文化提升的功能，从而减轻对深层心理活动的压抑与束缚，使之不断得到激发，保持旺盛的活力。事实上，校园心理剧就像一面面镜子，它透过表象折射着人的心灵，每个人在成长过程中都少不了照照各种各样的镜子，特别是青年学生，更加需要很好地了解自己，反省自己。从心理学角度而言，每个人的自我其实都是在不断参照这种"镜像自我"的过程中形成的。校园心理剧无疑就是这样一面镜子。

3. 发展爱的能力

没有爱的追求，没有真实地表达和感受内心情感的能力，没有沟通和理解的能力，就不会有爱。爱就是创造性地突破人际的隔绝，实现人与人彼此融合的过程。在校园心理剧中有很多关于爱情与爱的优秀作品，这些作品可以培养发展学生审美情感的表达与理解能力，也就是培养爱的能力。爱的教育主要涉及德育和审美。就审美而言，校园心理剧可以通过观众与当事人及参与者情感的释放与升华，使他们体验他人健康美好的爱的经验和高尚的爱的意识，有助于树立健康、高尚的爱的观念，可以为他们日益丰富的内心情感提供健康的释放途径，促进高尚爱情观的建立。爱使人充满活力，充满幻想，充满创造性，使审美体验洋溢着青春的生命。

4. 增加沟通理解

校园心理剧的审美促进人际交流的功能，这种功能源于审美的超越性，还来自审美、艺术的非语词化的表达方式。艺术的对话具有超语言的性质，它以表达和理解的真切与完整，把人类的生存感受与经验生动地传递开去。而真切地感受与完整的经验并非普通的语言所能传达与交流的。审美过程为当事人、参与者或观众之间的情感交流，提供了一个突破某些语言对话障碍的"审美场"。在这个审美场中，当事人、参与者或观众的情感表达得到暗示和激发，使他们感觉到情感表现有社会性保障，内心情感的直接表露是安全的。

5. 促进社会性发展

个性的审美表现寓于社会性的相互作用之中。人与社会的一种关系社会情境是个体情感活动的寓所,在社会情境中,个体的情感体验与表达是他与自身和他人的相互作用的过程。从社会学的观点看,审美是社会情境中审美主体的感性自我与自身和社会的相互作用过程。就校园心理剧而言,作为戏剧艺术的一种,它所表现的是个性情感和人类情感的融合与协调。只有在个性化的创造性表现与人类情感的交流关系中,才能真正理解审美把个体引向与社会相协调的巨大力量,深刻把握审美的社会功能。

(三) 校园心理剧的治疗功能

心理治疗(Psychotherapy)又称精神治疗,是指以临床心理学的理论系统为指导,以良好的医患关系为桥梁,运用临床心理学的技术与方法治疗患者心理疾病的过程。按照给各类事物下定义的科学原则,心理治疗定义只有一句话:"心理治疗是心理治疗师对求助者的心理与行为问题进行矫治的过程。"

治疗因素可以分为以下七大类。

(1) 治疗师的技巧:专业能力和人格。

(2) 情绪发泄:宣泄、释出储藏已久的情绪。

(3) 认知领悟:自我了解、觉察、整合、知觉重建。

(4) 人际关系:透过会心、心灵感应、移情—反移情探索而去学习。

(5) 行为/动作方面的学习:透过赏罚来学习新的行为,行动外化。

(6) 想象模拟:"仿佛"的行为、扮演、象征性表现、假装。

(7) 不特定的疗愈辅助:整体性的辅助因素。

由此可以引出校园心理剧治疗的基本概念:在校园环境中,由经过专业训练的心理咨询师运用心理剧的治疗理论和技术,对来访者进行帮助的过程,以消除或缓解来访者的困惑或障碍,促进其人格向健康、协调的方向发展。

校园心理剧是以学生的现实生活为模式的心理治疗,它针对的是学生中出现的一些心理问题。心理剧有着丰富的治疗技术,根据不同问题我们可以选择相应的技术,从而达到一定的治疗功效。

校园心理剧的基础是角色扮演,是扮演某个人、某件事或者自己在某个不同情景下的行为。当当事人对如何扮演符合角色期待的角色有所察觉时,就有了相应的行为改变的方向。角色扮演在学校心理剧中有三个功能:帮助咨询师评估当事人的思考和感受,指导当事人使用新的处理问题的方法,训练当事人实践新的方法和技巧。与一般的心理咨询相比较,心理剧还有以下两个特点:第一,角色扮演是主动的,可以帮助当事人消除被支配感。比如,通过独白法等治疗技术,可以自由地表达自己心中的不良情绪。第二,角色扮演将抽象的问题具体化。他们是表演实际而不是谈论问题。比如,如何与别人交往,必须揣摩合适的行为方式,必须有一定的姿势、声调、音量,并和其他演员有一定的身体的接触等。

在校园心理剧的具体使用过程中,要根据特定的心理问题,结合运用一定的心理学理论和治疗方法。比如,在解决即将毕业的学生对未来发展焦虑问题时所采用的独白法,利用了心理动力学理论,其目的在于揭示造成问题的被抑制的认知情感因素。再如,刚入大学的新生有适应不良的心理困惑,在解决适应不良问题时可结合理性情绪理论,揭示造成问题的不合理信念。

总之,校园心理剧在探索当事人思想、行为和态度等方面有一定作用,特别是在情绪宣泄方面有其独特的功效,对改变不良行为等方面也有很大的作用。

四、校园心理剧在心理健康教育实践中应注意的事项

校园心理剧在心理健康教育实践中应注意以下七个方面。

(1) 心理剧演出过程中只需大致把握主题,要鼓励演出者即兴发挥,发挥得越好,心理问题表达得越淋漓尽致,效果越好。

(2) 心理剧是一种即兴的演出剧,非常重视当前的场景体验。不仅要重视参加演出者的语言表现,还要重视其非语言行为的表现。心理剧的演出不要以固定的剧本或模式强制性地让学生表演,而要让学生有足够的时间去发挥他们的角色,鼓励他们去探索。

(3) 心理剧的演出参加者必须表现对过去生活的体验,又要预想未来生活的场景及其行为的改善或发展状况,其内心的问题、矛盾在现在的演出中得到展示,或者得到解决的启示。因此,在演心理剧时,特别要注意三个阶段的准备工作,即演出前的准备、策划,演出中的心理剧本的大致线索、场景的设定,演出后的集体讨论与总结、充分达到辅导活动的认知或思辨的目的。

(4) 让所有想参与表演的学生都有机会出演,即便是重复的表演也有助于辅导活动目的的实现。同时要关注现场的观众,尽可能让每个观众都能看清表演。

(5) 指导学生评估演出者的行为而非扮演者个人,以免造成对扮演者的伤害。

(6) 应增加校园心理剧题材中的健康人格内容。心理剧的理念属于人本主义心理学的范畴。众所周知,人本主义心理学多以具有健康人格特征者为研究对象,研究健康人格目的在于为人类指明所能达到的人性境界高度。通过模仿健康人格者从而使模仿者达到与健康人格者相近同的身心状态。参加校园心理剧演出的演员,要扮演好剧中的角色,离不开模仿。同时,观众对他们所喜爱的角色也会有意无意地加以仿效,如果剧中角色具有健康的人格特征,那么也就意味着演员与观众均有可能通过对该角色的模仿获得身心状态的改变。

(7) 应重视校园心理剧在情商教育中的作用。情商(EQ)内容包括自我意识、人际沟通、自我激励、情绪控制和挫折承受能力五大类。

据心理学家研究,一个人的成功 20% 依赖于智力因素,即智商水平的高低,其余 80% 都依赖于非智力因素,其中最关键的是情商因素。在学校开展情商教育就是为了更好地引导学生正确认识自我,形成积极的自我意识和健康的价值观,使他们能够从容应对变化与挫折,勇于承担责任,成为心智健全、人格完善、意志坚强的合格人才。

参考与练习
校园心理剧模拟练习

气质类型练习

说明：这是一个关于体现四种典型气质类型的校园心理剧，在该剧中，导演宣布有 5 名学生分别扮演剧中的角色，这些角色是：1 位电影院检票的学生，4 位典型气质类型（胆汁质、多血质、黏液质和抑郁质）的学生。

剧情：电影开演 5 分钟了，检票的学生关上了电影院的门。按学校的规定，来晚 5 分钟的同学一律不许进。这时，分别来了 4 位同学，表现出四种不同的典型气质类型。

剧的结尾，检票的学生提出一个问题："同样的场景，却有不一样的行为表现。同学们，你属于哪一种类型呢？"

心理剧模拟练习的方法：
辅导教师说出剧情，由学生即兴表演。然后大家讨论四种气质类型的优点和缺点。

开场的音乐为中国民乐《喜洋洋》，道具有桌子、心理电影《心灵捕手》的广告牌子。地点发生在学校电影院门口。最后学生进行角色互换与分享。

讨论：导演组织团体成员进行讨论。

第二节　心理剧的理论基础

一、心理剧的产生与发展

（一）心理剧的发展历史

心理剧的产生有其独特的哲学基础和历史背景，莫瑞诺所处的时代，正值第一次世界大战的战火导致欧洲四分五裂的时期，整个维也纳充斥着各种改革思潮，大多数人都想用自己的思想改造社会，结果是血流成河、尸横遍野。而莫瑞诺则是另一种改革者，他根据自己的哲学思想发展出一套新的方法，这种方法以心理学为基础，以个人主动参与为特点，而不是控制个人，让具有各种极端思想的人在特定的时空中找到自己的位置，表现自己，展示自己的灵魂，并且因此得到改造。这个方法就是心理剧。在这一点上，我们看到了莫瑞诺的心理剧不仅对个人改变具有重要意义，对社会改革也具有重要意义。

心理剧发展的历史在相当长的时间内是以莫瑞诺为主导的，而且发展的阶段也不是那么脉络清晰，我们大致作以下的划分。

1. 早期的发展阶段

莫瑞诺是在 1919 年第一次使用"心理剧"这个名称的。但是，早期的心理剧跟我们现在所使用的心理剧在方法上很不一样。早期的心理剧整合了莫瑞诺个人在其专业生涯中不同时期的想法。心理剧结合了莫瑞诺在维也纳的花园中跟孩子讲故事的经验、早期在麦特多夫探索的社会计量学、在布达佩斯当医生的经验，吸收了弗洛伊德、马克思的思想，以及他在维也纳参加的那些哲学讨论的体会。这些都在 1922—1925 年维也纳的"自发性剧场"中得到初步发挥。

可以说这个阶段的心理剧有一个十分明显的特征,即心理剧只是主角(当事人)将他想说的故事行动化,医生只是催化作品的产生;在创设剧场之初,主要目的是表演且娱乐观众,治疗过程是次要的。莫瑞诺的目标是,在正式剧场中因有对剧本的排演缺少自发性,所以他发展即兴演出真实的人生经验的剧场。

2. 多学科的整合阶段

莫瑞诺发展心理剧,同时也发展了社会计量学、社会剧以及团体心理治疗,并进一步将这些方法整合到心理剧中,用来讨论社会以及个人的问题。莫瑞诺认为自己所发展的心理剧和团体心理治疗是两种不同的方法。在纽约,他使用社会计量的测验和探索,发展团体心理治疗。将社会计量学的观点加进心理剧,现代心理剧则变成了一种主要的团体心理治疗,比如说选主角,团体成员被要求选出他最认同的人。

心理剧可以用两个人或者是团体的方式进行。心理剧是从社会计量学发展而来的一种主动技巧,社会计量学使得团体动力可以被测量,这是与分析学派主要的不同。莫瑞诺认为团体心理治疗的主要目标就是社交的改变,而不只是分析个人的问题。所以我们可以这样理解,心理剧是一种可以使当事人的感情得以发泄从而达到治疗效果的戏剧。通过扮演某一角色,当事人可以体会角色的感情与思想,从而改变自己以前的行为习惯。

在心理剧中,当事人可以扮演自己家中的成员、老相识、陌生人或者治疗专家,剧情可以是一般的内容(离婚、母子冲突、家庭纠纷等),也可以是与当事人的实际情况相近似的内容。在舞台上,当事人所扮演的角色,其思想感情与平日的自己不同,他可以体验角色内心的酸甜苦辣,也可以成为当事人理想或幻觉的化身。心理专家可以在一旁指导,也可与当事人一道表演。观众则为当事人鼓掌助兴。

心理剧的目标是诱发当事人的自发行为,以便直接观察他的病情。有些心理学家或社会工作者也常安排一些带有强烈感情色彩或含有人格问题的剧情,以揭示当事人内心世界的秘密。这种办法特别适合于离婚者、吸毒者、轻生者及违法者。正是由于心理剧可以揭示深藏在当事人内心的症结,在知情观众的协助下,当事人才可以发泄或者控制自己的情感。随着剧情的发展,他们的情感行为最终可以得到抵制,并且去模仿一种正确的行为方式。

由于心理剧较好地体现了社会学以及社会心理学的理论,因此,在用来解决人际关系和交往能力方面的问题时非常有效。

3. 成熟的发展阶段

这一阶段心理剧发展到了一个对外在的条件较为注重的阶段。比如说,运用心理剧这一方法,还需要具备以下条件。

(1) 提供必要的设备,包括圆形舞台、观众席和必要的道具。

(2) 选择好表演者,当事人、工作人员、观众都可参加进来。

(3) 心理专家和观众都要事先明确通过心理剧需要解决的问题。

(4) 心理专家要大体勾画出剧情,鼓励当事人大胆表演,并及时引导剧情向目标方向发展。还要邀请观众进行评论,以加强取得的效果。

这种心理剧方法特别倚重于心理辅导老师。心理辅导老师必须经过专门训练,思路清晰,目光敏锐,并且具有很强的应变能力。特别值得注意的一点是,其他表演者或观众不能非难和攻击当事人,相反,应当热情地帮助他按照要求把心理剧演完,从而把问题解决好。否则,效果会适得其反。

心理剧成熟的另一特征是社会剧的兴起。莫瑞诺认为,社会剧是一种特别的心理剧。他注意到,有更多的社会问题无法依赖人际关系找到解决的方法。他举了一个例子,有两个邻居正在为两家之间的篱笆而争吵,这个争吵的背后是种族间对于两个国家的界线纠纷。社会剧提供了一个架构探索族群间化解冲突的方法,利用一种与心理剧类似但是不一样的行动方法,对社会问题的解决有很好的促进作用。在社会剧中,整个团体都是主角;而在心理剧中,主角仅是当事人(个体)。社会剧将心理剧的发展带到了一个比较繁荣的、在全世界广为流传的新境界,为心理剧的发展提供了一个极为宽广的平台。

经过80多年的研究与发展,心理剧已成为目前一种重要而基本的心理治疗方法,莫瑞诺提出的"我们是自己生活的演员",心理剧将我们内在的世界外显化,在舞台上演出一个人的生活,了解并清除过去,且训练未来,排演生命等观点已经为人们,尤其是专业工作者所理解和接纳。目前,心理剧已广泛应用于生活中的孩子教育,工作中医生、企事业单位的员工培训各种心理障碍的治疗和心理治疗专业工作中的培训、督导,也应用于医院或监狱的复建等临床与非临床工作领域,呈现出方兴未艾的光明前景。

莫瑞诺说:"心理剧乃是人类社会的缩影。"换言之,心理剧提供一个安全的场所及一群可以信任的成员,在经过心理剧导演催化下,允许成员探索心灵深处的一些情结。

莫瑞诺的部分主题与观念:

戏剧(play):是文化和助人关系的要素之一;

暖化在日常生活中的重要性:团体活动、心理治疗;

想象(imaginatin):是创造的潜能、幻想的运用;

自发性和创造性是人类成长的基本要素;

非口语沟通的重要性:像身体步调、身体动作、姿势、声音、色彩、质地、身体接触、笑、幽默等都是人际关系中的重要因素;

社会网络、家庭结构、社区结构及人际间互动关系;

此时此地是存在主义的方法;

角色互换。

心理剧与一般团体咨询最大的不同是成员不是仅用口诉说,他必须走向表演台创出情境再现,必须自己搭出场景,找成员扮演某些角色,也就是让自己有机会再回到当时的情形。因此,莫瑞诺强调以下几个基本观点。

1) 再创内心情境

心理剧犹如一座桥梁可以让成员将内在与外在的现实互通,而得到平衡与和谐。通常,每个人心中都有一些想说却永远没机会说的话、想做却一直无机会做的事,无论是生气的、懊悔的、感恩的或困惑的情境,都会时时萦绕在心头,尤其是某些极难忘的经验。例如恋爱分手、对父母的不谅解、生离死别等人生历程。这些比较容易引起情绪化的事情,会妨碍我们的心境,久而久之,甚至会酿成身心疾病。但在心理剧中我们可以重现这些事件,让我们能将想说的话说出、想表现的行为直接表现出来,以达到内心的平静、弥补遗憾。而通过心理剧将内心的世界具体化、立体化后,主角可以有机会揣摩别人对该事的感受或想法,并因此产生新的领悟与了解,如此或可打开心灵僵局和人际情结。

2) 尊重主角的现实性

心理剧允许主角从不同的角度或方式重新经历某些事件或心境。无论主角对某个事件的看法或叙述是否正确，必须尊重这是主角的反应与想法，导演或任何成员都应该随着主角的心意帮助他完成这出戏。由于主角可以掌控心理剧的场地、时间与所要呈现的剧情，在这样安全的情境下，通过一些心理剧技巧，使主角能切实感受到该事件对他所造成的影响，也让自己能省视当时真实的情绪感受，可以帮助主角解开过去的情结，将希望寄予现在与将来。

3) 演员的自发性（Spontaneity）

莫瑞诺当初别出一格创立心理剧，就是不赞同当代的戏剧对演员有许多不必要的限制，使演员只是在"演戏"，以专业的技巧表演一出别人写好的剧本，但却缺乏一种自然自在的精神。莫瑞诺说："自发性是在当下、现时、当场发生的；它触发个人对一个新的情境做出适当的反应，或是对一个旧的情境做出新的反应。"

（二）心理剧在中国的发展

1. 心理剧在中国台湾地区的发展

在1993年之前，主要是热爱心理剧的陈珠璋、吴就君、王行等人大力推广与发展，并结合本土文化特质来作为教学的参照依据，教育和传播心理剧理念和技术。

1933年，哲卡女士的学生龚钬博士到中国台湾开始训练心理剧导演。1996年及2000年，哲卡亲自访问台湾，为台湾心理剧导演的培养注入新的活力，从而推进了台湾心理剧的发展。10年1000多个小时里，台湾先后引进了许多经验丰富的心理剧训练师来协助教学。目前台湾已经培养出自己本土的合格的心理剧导演，他们都经历了10年1000多个小时的训练，并通过实务导剧及笔试才取得证照。

2. 心理剧在中国大陆地区的发展

20世纪80年代中后期，心理剧作为一种心理治疗方法逐渐被介绍到我国大陆，被大陆心理咨询与教育领域的专家学者了解并开始有所实践。近20年内先后邀请了世界著名的心理剧专家来大陆分别进行心理剧和音乐治疗、心理剧治疗自杀人群、心理剧基本技术、螺旋治疗模式等讲学或者培训。

心理剧的理论与技术先后被应用在大中小学心理健康教育、临床治疗实践中，心理剧的角色扮演方法也被应用在学校的外语、语文、医学等学科教育、道德教育及禁毒教育中。

二、心理剧的理论基础

心理剧是在特殊的历史条件下产生的，具有哲学和心理学的基础。我们概括为以下四个方面的理论基础。

（一）哲学观：创造力与自发性

创造力与自发性是莫瑞诺理论的核心概念，也是莫瑞诺心理剧的精华。

笔者认为，创造的动力等于自我实现的欲望。创造力不仅具有显著的社会发展价值，而且更具有鲜明的个人发展价值。因为每个人本质上都渴望自由、渴望成才、渴望实现自己的人生价值,而高创造力是满足这些渴望的最有力的保障。同时,创造活动本身能带给人的精神愉悦是任何物质和感官享乐都无法比拟的,许多个体和群体的心理问题往往是由于逃避、不处理或应对方式过时。这些行为可归因于缺乏创造性思考的能力。创造能力是人自由的尺度。可以说人类的创造能力发展到何种程度,人类的自由就可以达到何种程度。创造力是人全面素质的核心成分。从心理学对人素质的研究看,素质可分成许多种,如心理素质、行为素质、道德素质、智力素质、能力素质、个性素质、劳动素质、文化素质、审美素质等。在如此众多的素质中,创造能力可以说是人全面素质的核心成分。因为创造能力是一种复杂的心理能力,是多种能力结合的产物;它的形成和发展凝聚着优良的人格特征;它最高层次地体现了人作为一个高级生命体、一个社会化的精灵所特有的自觉能动性和极大的智慧。创造能力是自我价值实现的条件。人的另一个本质属性是追求自我价值的实现,人只有在不断的创造活动中、不断的超越中,才能感觉到自己生命存在的意义。而创造教育的最终目的就是使人的本质力量、人的需要和人的活动都得到最好的发展,进而获得更多的幸福。

事实上,每一个人都有创造的内核,这个内核不是得到提升就是遭到贬低。这内核包括四个方面。一是好奇心:一种提出问题、发展持久的兴趣能力;二是开放:灵活的思考,对新事物持积极的关注态度;三是风险,一种敢于走出自己的舒适区的勇气;四是能量:一种工作的动力和渴望,并随时转化为行动。而人的创造力不够往往会在与人交往中受到不良意识的影响,出现思维障碍就会被困住。一个极自卑的人,在心理剧的帮助下,可以摆脱自卑的阴影,焕发出神奇的活力。这便是心理剧独特价值的所在。

莫瑞诺对"自发"的定义是:对旧情境的新反应;对新情境的适应反应;对新旧情境组合的适应反应。因此,自发是一种与生俱来与环境互动的能力。自发是对时时刻刻的变化有创造性的应对能力。莫瑞诺所谈的创造性自发必须是循序渐进的,由适度的暖身引出个人的真情流露,从而产生有规律的行为。

莫瑞诺创立了心理剧和社会情景剧剧场,其基础就是自发性剧场。自发性演员成为治疗当事人和配角。莫瑞诺认为自发的发展依赖于个体的自发性。他说,"自我像一条河,它由自发性的溪流汇聚而成"。自我不是文化沉积的仓库,也不是重要他人留下的印记。莫瑞诺当初别出一格创立心理剧,就是不赞同当代的戏剧对演员有许多不必要的限制,使演员只是在"演戏",以专业的技巧表演一出别人写好的剧本,但却缺乏一种自然自在的精神。莫瑞诺说:"自发性是在当下、现时、当场发生的;它触发个人对一个新的情境做出适当的反应,或是对一个旧的情境做出新的反应。"所以,莫瑞诺希望心理剧激发每位成员的"天才型的自发性"。因为绝大多数的人在日常生活中只会对环境做出习惯性的反应,但那是例行公事,缺乏生气和活力,更缺乏创意。

随着自发性的引导,个体的直觉与自由增加,扩大了内在的自然智慧,产生了创造行为。创造也带来人与环境互动下的智慧财产和解决问题的方法。

(二)人际关系网络与社会原子

莫瑞诺认为个体是生活在人际关系网络中的,人们在社区或团体中有相互选择或排斥关系,一个团体要正常运作,必须有一定数量的人际网络。或者称为"社会原子"

（social atom）。社会原子是构成社会的人类组织的最小单元，或者是社会关系网络中的最小单元。也就是说，一个团体要正常运作，必须有一定数量的社会原子。所以，社会原子是社会个体与他人所连接的网络核心所在。其关系可以是情感的、社会的或文化的。是个人在选择或被排斥之后人际结构的总和。相吸或排斥不是情绪性的，而是选择或结果。在人际关系网络中，彼此之间的创造力得以充分发挥。

社会原子与物质世界的原子结构相似，莫瑞诺将人类社会也看成是原子结构式的。他将社会分成三个维度：社会现实、外部社会和社会关系网。社会现实是社会关系网和外部社会之间的动态渗透。外部社会由可见的、外显的、可观察的团体构成，它由所有合法的被认可的团体和所有非法的被抵制的团体组成，也包含那些尽管尚未分类和组织起来的，却已经存在的自然团体。这些团体都是文化原子，它们联合组成外部社会结构。

莫瑞诺还认为，在人际关系网中，彼此间的良好互动也将带动彼此的灵感与顿悟，从而达到相互吸引，牢固这种人际选择的网络。而这一切来自团体是否能提供支持个人创造力的环境，使彼此间的创造力得以充分发挥。个体生命要保持创造力，就必须有支持他的社会原子及网络。如果在团体中存在不相连接的网络，那么这个团体就有可能出现两极分化的倾向，也意味着在这个团体中有着较多的冲突，团体中个体的创造力将受到阻碍。要重建一个和谐的境界，需要的是没有人被拒绝，人人都有可以展示自己的机会。在心理剧的团体中会获得如此大的被无条件接纳的力量。

（三）角色与文化原子

角色先于自我存在。莫瑞诺将角色分成三个部分：身心角色（psychosomatic role）、社会角色（socio role）、心理/自我内在角色（psychodratic/ intrapsychric）。

身心角色指的是生活的角色，它是我们出生后第一次发展出来的角色，莫瑞诺认为当我们刚出生时，我们无法区分自己与他人的不同，我们总认为每个东西都是我的。换句话说，就是人我不分。而莫瑞诺认为这是认同的矩阵（matrix of identity），也是婴儿的第一世界（the first universe），此时世界是完全属于他的。渐渐地我会与他人开始互动，大约在两岁半时，孩子开始将我和你分开，他们开始明白二者的不同，莫瑞诺称此阶段为第二世界（the second universe），而此时孩子逐渐发展出社会角色和心理角色。

社会角色指的是我们开始与他人（父母、伙伴）互动而产生的角色。我们第一个社会角色是在与照顾者的互动中逐渐发展出来的，如婴儿饿了就会哭，妈妈就会喂他。在这个过程中日复一日，婴儿就会在他的行动中开始发展出持续且期待的互动方式。

心理角色指的是心理的、内心的，也就是内在的角色，如思考者、解决问题者、发明者、心理角色经常在我们所想象的生活世界中出现，如英雄、戏剧中的男女主角等。心理角色在我们的生活中占有极其重要的位置，它可以让我们深思熟虑、反思及发明，解决我们对角色的幻想，可以让我们放松。当我们在想象自己做某些事情时，我们会期待能做或可以不做这些事，有时我们对未来做一些想象，当我们用了心理角色，它会协调我们把想象的角色在现实生活中加以实现。有些内心的角色会转换成社会角色只留在内部。

莫瑞诺认为每个人都是天生的扮演者，个人所扮演的角色主宰了他的行为，并成为他的特征。他认为自我源自角色之中。然而，生活中任何角色都不是单独存在的，一定与其所处的角色系统有着联系。在角色系统中，每一个体都有着自己的角色目录，并在互动中扩大自己的觉知度。个人是种种角色的焦点，并且透过不同的角色与他人相连接。莫瑞诺把个体在特定时空下的角色关系叫作文化原子（atom），每一个人必须澄清自我内在的文化遗留，如对某一个人的刻板印象，或对某人的僵化反应等，接纳新的自发性和创造力，有勇气面对来自外在的社会原子中的新的尝试和突破，改变自己的生活环境。心理剧则提供了一个改变个体内在的文化原子的机会。

（四）团体动力

"团体动力学"是试图通过对团体现象的动态分析发现其一般规律的理论。简要地说，团体动力学就是在团体中，只要有别人在场，一个人的思想行为就同他单独一个人时有所不同，会受到其他人的影响。研究团体这种影响作用的理论，即团体动力学。

人类的行为经常受到所处环境的影响，这是个体与环境交互作用所产生的运作与结果。由于团体中的成员是彼此交感互动的，故团体动力也可以说是一种团体内互动的历程。在心理团体中，任何人都可能成为剧中活跃的参与者，由观察者转变为主角，或所谓的"戏剧中主要的人物"。心理剧毕竟是团体心理治疗的一种形式，期待团体中有更多的自发性、创造性和真实性，团体中的所有成员都能投入其中。

三、校园心理剧的创作

校园心理剧的创作、导演及演出过程，就是心理健康教育的一个活动过程。在这个过程中，表演者和观众会遭遇到生活中的各种问题。此时，导演或者是舞台上的表演者会引导大家随时将日常生活中的问题转变为成长和发展的机遇，指导人们用自己与生俱来的表演才能创造出新的生活形式，创造性地表演自己的生活，从而帮助大家成为环境的建设者和创造者。

（一）校园心理剧的创作过程

校园心理剧的创作是建立在对学生心理健康状况的调查与研究的基础之上的艺术加工和艺术化。创作过程包括四个环节：素材的收集，主题的确立，剧情和人物的安排，表演艺术效果的指导和排练。

1.素材的收集

在学校里，到心理健康教育中心来咨询的学生会把各自的心理问题说出来，以寻求心理辅导老师的帮助，心理辅导老师从而获得大量的素材。同时我们心理辅导教师根据目前临床心理学最常用的心理健康状况《症状自评量表（SCL-90）》，调查发现主要涉及学习、思维、情感、行为、人际关系、生活习惯等方面的心理困扰。并通过 F1（躯体化）、F2（强迫症状）、F3（人际敏感）、F4（抑郁）、F5（焦虑）、F6（敌对）、F7（恐怖）、F8（偏执）、F9（精神病性）、F10（其他）10个因子分别反映10个不同方面的心理症状情况。

2.主题的确立

"校园心理剧"是针对某一突出心理问题的艺术加工和创作，力求把握一剧一主题的原则，否则会加大表演者的难度，达不到教育和辅导的效果。因此，我们把学生在生活、劳动、交往中的心理冲突、烦恼、困惑等作为创作的热门主题。

(1) 适应环境的问题：新生刚入校的环境适应问题，主要包括环境不适应、生活自理能力差、自我认识出现错位等方面。

(2) 人际交往方面问题：人际交往方面问题主要包括宿舍成员关系失调、宿舍成员之间不和、缺乏人际交往的技能、难以被别人接纳等。

(3) 情绪性格问题：情绪性格问题，主要包括情绪不稳定、消极情绪体验过多、过于内向封闭、自身的性格缺陷等方面。

(4) 感恩的主题：帮助学生通过与亲情的连接，学会感恩，珍惜生命。

(5) 生涯规划：帮助毕业班的学生积极面对现实，展望未来，成为社会合格建设者。

总之，主题确立是在素材收集的基础上，进行高度概括的结果，达到心理辅导与咨询的目的。

3. 剧情和人物的安排

剧情是"校园心理剧"的灵魂，内容安排要围绕主题展开，人物选定要尽量少，安排要富于矛盾冲突与起伏，人物表演要富于大胆、夸张和创新。如当事人（或当事人的扮演者），是遭受心理困惑并亟须解决这些困惑的服刑人员，他们在表演的过程中提出问题并获得帮助指导，或者通过他人的表演演绎问题，领悟问题的原因，从而找到解决问题的方法。而参与者，饰演当事人生活中的重要角色，以其所饰演人物的口吻和行为方式同当事人交往并坦诚地说出自己的想法。

校园心理剧的导演工作是把学生心理健康教育活动具体到每一个心理健康问题的过程。导演者就是校园心理咨询师。工作包括演员的选定、主角和配角的确定、表演艺术效果的指导和排练等；演员的气质类型要符合角色，要指导演员认识、体会和了解角色的心理问题，这些问题或许就是他本人的心理问题或是他周围身边人的心理问题，从表演中找到是与非、对与错、正常与不正常等，从而达到解除危机和烦恼的疗效。最符合条件的演员就是提供素材的原型人物。严格地讲，"心理剧"诞生之初，本意就是给患者提供表演和宣泄其困惑等心理问题的工具；确立主角和配角，主角反映戏剧中的矛盾；配角是帮助主角完成整个戏剧表演的。有时，大家争着演主角，不愿演配角，这本身就是一种缺乏团队协作精神的不良心理表现，需及时得到咨询师的协调、帮助和教育。

4. 表演艺术效果的指导和排练

由于除少数有表演经验的学生外，多数学生的表演素质并不高，比如舞台的空间感、语言表情的艺术感、剧情发展的起伏感、节奏感等都需要导演给予指导和排练。尤其在语言和动作表演上，许多学生由于初次表演会极不自然，缺乏戏剧艺术性，他们总觉得生活中不是这样说话，不是这样的动作，其表演显得生硬、机械等。这一切对担任角色的学生来说，完全是一次全新的心理素质锻炼和各种综合能力的丰富与完善。当他们通过自己的艰苦努力与创作，初步达到了能上舞台表演并令观众和咨询师满意的效果时，其成就感和荣誉感便油然而生，而这正是素质教育中所强调的，是心理健康教育所期盼的。

（二）校园心理剧创作中的艺术手法

为了使剧情发展起伏变化，合情合理，引人入胜，引起观众的共鸣和反思，有力地表达编剧的创作意图,在校园心理剧的编排中,我们常常使用一些艺术手法。

1. 悬念

悬念就是在剧情发展中使观众产生好奇、不安和期待,使他们急欲探究其究竟,或对后续情节加以揣测的戏剧性因素。运用悬念必须注意:矛盾冲突的提出和解决要拉开距离;要绝对保密;整体悬念和小悬念要相结合。

2. 重复

在剧情发展过程中,对那些刻画人物性格、揭示主题思想,以及体现当事人强烈内心冲突的关键场景、动作、语言、道具、细节乃至音响做重要处理,强化作品感染力。

在重复中要有发展、变化、层次,在量变中孕育着质变。

3. 渲染

对重点场次、情节,加以淋漓尽致的描述,加强作品戏剧性。

4. 对比

对比包括形象之间的对比,情节发展的对比,性格前后的对比,心理状态的对比,语言、节奏等方面的对比,等等。通过提炼、加工、艺术化、典型化的对比描写,可以更深刻地反映学生心理的本质。

根据具体的情况恰当地采用合适的表现方法。

参考与练习

1. 心理剧创始人——莫瑞诺

1) 曲折而神奇的早期生活

心理剧的创始人是莫瑞诺。莫瑞诺出生于 1889 年 5 月 18 日,原名叫作 Jacob Levy。由于他是犹太人,在那个特殊年代里,为了逃避迫害和种族歧视,他的居住地和他的思想观念几经变迁,他的名字几经变化也反映了这样的特点,他总是在不停地进行着斗争,努力实现自身的追求。

莫瑞诺的母亲生下莫瑞诺时才 15 岁。而他的父亲是一位周游各地的商人,很少有时间陪伴妻子和小孩,留下妻子独立生活。莫瑞诺跟母亲的关系非常亲密,而对父亲有一种理想化的幻想。他还编了一个他是如何出生的故事,甚至在几本著作中不断提到这个故事。因为是犹太人,这给了他一些压力,他一生都在为自己的身份挣扎,挣扎着探索自己存在的意义和价值。母亲对莫瑞诺的影响是巨大的。尽管莫瑞诺的母亲信仰的是犹太教,但她是在天主教修道院的学校中受的教育。

莫瑞诺 1 岁时,得了软骨症,病得十分严重。一个吉卜赛女人要让莫瑞诺躺在被太阳晒得很热的沙子上,说这样莫瑞诺就会痊愈。这个吉卜赛女人说,莫瑞诺长大将会是一个很伟大的人,人们会从世界各地来拜会莫瑞诺。这个说法对莫瑞诺影响极大,在其早年尤其突出。他带着这样的信念持续尝试实现幻想,因此,每当他失败的时候,会好长一段时间都处于沮丧中。同时又促使他不断地奋进。莫瑞诺的早期生活是曲折而神奇的,他内心巨大的成就感期待推动他不断探索解决面临的各种内在和外在冲突,并不断改变他的方向。

2) 心理剧的探索

莫瑞诺在他早期还是维也纳某个医学院的学生时,做过维也纳贵族的家庭教师,他会花时间在公园里对一群孩子讲故事。后来,他鼓励孩子们站出来对抗家庭跟学校的压迫,并且建立一个孩子的戏剧团体,在公园或者小的表演厅中表演,将那些地方转换成剧场。这可以说是他对心理剧的最早探索。莫瑞诺在1913年最先使用了团体心理治疗。当时,莫瑞诺与性病专家格林及报纸从业者库博特开始对维也纳的妓女进行心理辅导工作。莫瑞诺说:"……并没有想要改变这些女孩的动机,我想到的只是拉萨尔(Lasalle)跟马克斯曾经为劳工阶级所做的事……"那时他还是医学院的学生,莫瑞诺主持一个计划,去改善妓女的健康,并帮助妓女防止性病的传播。部分的团体工作过程是团体讨论,这个过程一开始是各种不同健康主题的演讲。但是,团体工作继续进行,团体成员也从彼此当中得到很多的支持。这是莫瑞诺最早使用团体心理治疗的工作方法,但他认为团体心理治疗的发展跟心理剧的发展是分开的。

3) 社会计量学的发明

莫瑞诺还发明了社会计量学,也就是研究人际沟通的科学,这让莫瑞诺从社会大众那里得到了赞许。1933年在纽约的医学社会(Medical Society)会议上,他展示了他的原子计量图。社会计量学运动的探索在1915年开始于一个意大利难民营。莫瑞诺当时是健康中心的学生,那里给他提供了一个机会去观察一个社区的发展。在这次经历中,他提出社会图,一种用来计算团体互动的方法。这个方法让他对于难民营中的社会问题提供了解决方法。可惜的是,这些工具并没有流传下来。他在移居美国后,取得了更大成功。他在《谁能活下来》一书中写进了一个重要内容"哈某所女子学校的社会计量探索"(Sociometric Exploration in a Girls School in Hudson)。莫瑞诺一生都将他的热情放在用他发展的社会计量学、心理剧及社会剧的方法来处理世界的问题上,包括社会与人类互动的问题。莫瑞诺这样的热情是从19、20世纪交替时,在罗马尼亚跟奥地利的经验中开始燃起的。但是,心理剧的哲学根基却比这个经验更为古老。莫瑞诺的心理剧理论受到弗洛伊德的很大影响,虽然他自己没有意识到这一点,这从莫瑞诺的心理剧理论中可以清楚地看到,他们同时生活在维也纳,据说他们没有见过面。但是,正是这种影响的忽略成为妨碍心理剧发展的重要因素之一。由于缺乏了精神分析的基础,很多心理剧的临床工作人员很难将其他方法统合到心理剧中来。后弗洛伊德的理论很容易被运用到心理剧中来,这一点已经为现在许多心理治疗师的实践所证明。

4) 心理剧合作伙伴

莫瑞诺与妻子哲卡的合作对心理剧的发展做出了巨大的贡献。哲卡在1942年初遇到莫瑞诺,当时她陪姐姐到比肯的疗养院。初次见面,莫瑞诺马上就看出了哲卡的天赋,不论是作为他的同事或是伴侣都是最佳的选择。他们在1949年结婚,哲卡逐渐在心理剧的发展上扮演重要的角色,最后成为比肯训练中心的负责人。开始她主要是翻译莫瑞诺的思想,后来在推广发展过程中假设出心理剧架构,成为今天我们大家看到的形式。她为莫瑞诺归纳翻译的思想从两本书中可以看到:《心理剧的规则、技巧和附属方法》(Psychodramatic Rules, Techniques and Adjunctive Methods)、《精神疾病的心理架构》(The Psychodramatic Model Of Madness),后一本是第一本以哲学观、心理学及临床的架构写成的心理剧的构架。她将莫瑞诺的思想从德国的表达方式转变成简单的英文,让人们比较容易理解和接受。自莫瑞诺在1974年死后,她继续周游于世界各地,介绍和推广莫瑞诺的传统心理剧，使更多的人得益于这种治疗方法。

2. 心理剧经典技巧："神奇商店"

场景：商店

人物：店主、购物者

过程：店长在管理商店，而购物者一个一个进来购买在过去、现在、未来日子里他们觉得需要的真实或想象性的东西。在这样的神奇商店中，人们可以购买一千克勇气、一些幻想或其他未完成的任何愿望和要求。有一个人想购买他曾经失落的一部分，有些人想要变得出名，另外还有些人想购买可以嘲笑自己的能力。

价格不以金钱计算，而是在讨价还价后由店长决定。"一瓶自信要多少钱？"这位店长提出的价格是购买者身上的一些敏感度，且这价格往往无法被购买者接受。买一件东西所需付出的价格应该是跟该件东西有关的东西，同时也是购买者的某部分特质，而且购买者必须放弃对他而言很有价值的某些东西。比如，一位男士想要购买被太太所爱的能力，结果付出的价格是放弃某些工作时间、减少自私及交出大量的社会名望。

评价："神奇商店"带有象征及投射的内容，也有外在现实的成分，使得它成为一个绝佳的诊断工具。然而，"神奇商店"不仅可以作为刺激投射的材料，如果它包括了个人内在冲突的某些修通，它本身也可以是一项治疗性的媒介，可以带来象征性愿望的实现，对个人内隐需求内容的领悟，以及对外在现实更有创造性的适应途径的探索。

第二章

校园心理剧实施

[创建校园心理剧团,培养积极心理品质]

和谐、积极的心理品质,能帮助人从容地面对挫折、困难,能促进人的健康发展。为了培养学生良好的心理品质,师生可以共同来担任编剧、导演和演员,在校园心理剧中扮演各种角色。笔者所工作的学校于2005年5月创办了校园心理剧团,校园心理剧团从以下几个方面展开工作。

1. 挖掘校园心理剧素材

校园心理剧素材十分丰富,主要来自两个方面:一是心理咨询老师每天接待前来咨询的学生,会接触到各种类型的心理剧素材;二是学校师生会向心理咨询老师提供他们自己遭遇的事情,很多学生还将自己编写的剧本送给心理咨询老师。

2. 招聘校园心理剧演员

为了让校园心理剧的效应最优化,笔者在全校范围内招聘校园心理剧演员,学生们积极报名参加,招聘的原则首先考虑的是心理剧素材中的学生,因为让他们来演绎自己的故事,一方面能让他们的心理得到某种程度的释放;另一方面会促进其对事情的意义进行重构,从而改善他们的心理环境,改变对事情的认知。

3. 积极编排校园心理剧

在编排过程中,心理咨询老师将心理剧演员召集在一起,一同讨论剧本的角色,揣摩角色特点,交流角色扮演的感悟,为大家提供了良好的人际互动环境,让他们在鼓励、劝导和支持的心理互助氛围中,克服人际交往过程中的自卑心理,积累人际交往的成功经验。在心理剧的角色扮演中,有心理困惑的学生也与其他角色一起体验和感悟,大家在排练剧的过程中产生共鸣,调动了更多学生的参与积极性,表达他们的困惑,解决他们的心理问题。

4. 互动讨论校园心理剧

校园舞台心理剧上演的时候,学校组织全体学生观看。观看之后,学生相互交流观看的感受和领悟,大家从不同角度看待问题,了解别人的反应和感受,学会换位思考,改变不正确的认知。

5. 让有心理困惑的学生释放自己

有心理困惑的学生在表演的过程中,不仅能勇敢地表达出自己内心深处的困苦和矛盾,倾诉内心郁积的不良情绪,而且真实、直接的情感体验使他们学会了应对问题的积极心理方式,从而能够更好地适应学校里的学习、生活及人际交往。

校园心理剧团通过学生扮演他们自己的生活角色,借助舞台来呈现各种典型的心理困惑，通过行为模仿、行为替代、分享讨论，学会积极的认知、行为和心理模式，从而受到教育启发，为培养学生健康的心理品质提供了有效的途径。

第一节　天生我材必有用——人生观的教育在校园心理剧中的应用

在人生舞台上，每个人都演绎着不同的"交响乐"。

——心理剧之父　莫瑞诺

第一幕　音乐心理剧《感悟人生》——一个彷徨者的感悟

主题： 明确人生目标和感悟人生价值
编剧、导演： 刘嵋
目的： 启迪青年学生珍惜青春，感悟人生的美好。
方法： 音乐贯穿剧的始终，给观众营造视觉和听觉之美。
演员： 共13人。
　　　　主角：彷徨者；
　　　　配角：4个雕塑，1个思考者（静态）
　　　　　　　1个女小提琴手，4个伴舞女生（动态）
旁白： 男女两人，男旁白代表彷徨者，女旁白回答彷徨者的问题。
音乐：《沉思曲》（马斯奈）、《秋日的私语》（理查德·克莱德曼）、《幻想即兴曲》（肖邦）、《命运交响曲》（贝多芬）、《约纳森圆舞曲》（瑞典）。
道具： 拐棍、蒙眼布、水瓶、风衣、双肩包、帽子、小提琴等。
开场：

（马斯奈的《沉思曲》响起，幕缓缓地拉开。）

（首先优美沉醉的沉思曲给观众营造听觉效果，然后是视觉效果——红、白、黑三种颜色吸引观众的注意。一组由4位男同学组成的白色雕塑静止伫立在舞台的左后方；一位穿一身黑西服的思考者坐在舞台的右后方正在思考；在舞台的右前方挺拔站立着一位身穿红色连衣裙的美少女摆着拉小提琴的姿势）

（一彷徨者身穿黑色风衣，头戴帽子，身背双肩包，右手拄一拐棍，左手拿一矿泉水瓶，眼睛蒙着蒙眼布，从舞台的左方缓慢地入场）（追光）

男旁白：在漫漫的长夜里，我不知走向何方，也不知人为什么活着？唉！飘来飘去无尽头，无尽头。

（走到了舞台的中央，将瓶子里剩下的水一饮而尽，然后将空瓶子朝后上方抛扔掉。）

（又一段《沉思曲》缓缓响起，彷徨者注意到了世界的声音）

男旁白：听！这是什么声音？这么优美动听！
女旁白：这——是音乐！
男旁白：音乐？我还能听到这么催人奋进的音乐？
女旁白：是的！人类不但能听，还能看！

男旁白：看！（音乐停，彷徨者摘下蒙眼布）
男旁白：我要睁开双眼看看这个世界。
（音乐《秋日的私语》响起。舞台上的灯光全部亮起）
男旁白：啊！阳光普照，色彩斑斓。
（环绕舞台，从前向后，一直走到雕塑前，又惊讶于自己的新发现）
男旁白：这，又是什么？这么光滑细腻。
女旁白：这——是雕塑！
男旁白：雕塑！人类还能创作出这么精致的艺术。
女旁白：是的，人类用自己的双手还能设计建造高楼大厦、道路桥梁，规划城镇，装饰美化整个世界。
（彷徨者扔掉手中的拐棍，卸下双肩包）
男旁白：从今开始，我也用自己的双手创造这个世界。
女旁白：这还不够。
男旁白：怎么？还不够！还需要什么？
女旁白：还需要大脑。
男旁白：大脑。
女旁白：是的，人类是宇宙之精灵，需要用大脑去思考。
男旁白：思考！
（肖邦的《命运即兴曲》响起。彷徨者围绕着思考者转了几圈，摘掉帽子，与思考者相对）
男旁白：从今天开始，我也要学会思考！
（贝多芬的《命运交响曲》响起。彷徨者在思考者左侧与之相对，摆出思考的动作，小提琴手走到思考者的右侧，也摆出思考的动作，定格）
（音乐《杜鹃圆舞曲》响起。4个女生翩翩起舞，进入舞台）
女旁白：人生是美好的，青春是美丽的。
男旁白：人生——美好，青春——美丽！
（彷徨者脱掉风衣，身穿连衣裙，展现出青春的美丽，迈着轻盈的舞步，与4个女生一起随着音乐翩翩起舞，全剧在高潮中结束）

剧终

幕后分享

一个彷徨者代表一类人，对人生的逐渐感悟说明他们需要在社会化的过程中扮演好自己的角色。

一、校园心理剧体现教育的功能和审美的功能

最初萌发《感悟人生》心理剧是缘于帮助与启发一部分学生。十几年前笔者当班主任接手了一个高职3+2的乱班，大部分学生不爱学习，当一天和尚撞一天钟，对人生的目的和意义迷茫，家长也拿他们没办法。剧本写好后，演员就由他们来担任，男主角（彷徨者）就是班里比较调皮但具有表演天赋的学生，在排练的过程中，他们也受到了启发和教育，

同时在被挖掘出表演的潜力后增加了自信。在 2006 年笔者所在的学校第一届校园心理剧大赛中,音乐心理剧《感悟人生》经过进一步加工与修改,又一次登上了校园的舞台,这次的演员都是新的在校学生(尽管他们现在已经毕业了)。师生在观赏的过程中,不但有美的享受,还能对人生有所感悟,得到很大的启迪。更重要的是,笔者将"身、心、灵"健康人格模式应用在其中,注入了心理学认知心理过程的知识,通过人的感官、大脑与外界连接,达到人与自然的和谐发展以及人的自我需求的提高。如从彷徨者最初拿着瓶子喝水表达她的最底层次的需求到最后翩翩起舞表达她的顿悟与青春的勃发。

音乐心理剧《感悟人生》得到了广大师生的好评,有的老师评价此剧为"阳春白雪",它需要用心看、用头脑思考才能看懂。它不仅给青年学生带来斗志,使他们焕发青春,也很好地起到了校园心理剧教育和审美的作用。

二、音乐技术在校园心理剧中的应用

心理剧创始人莫瑞诺曾经描述过他早年将音乐融入心理剧的实验。尽管他当时还从未接受过正规的音乐教育,但他却本能地颇具创见地认识到音乐在心理剧中的力量和潜能。他称其方法为"心灵音乐"。

在这个剧的创作过程中,笔者根据剧情内容的逐渐推进,精心选择了大家比较熟悉的、又能比较准确地与内容相符合的世界名曲。因此使该剧能有音律地演出。在舞台上,通过强化对音乐的渲染和肢体语言的张力来表达主角内心的焦虑、喜悦、希望等情感世界。

三、校园心理剧对学生的影响

舞台暗示着一个神奇或神圣的空间,通过表演带来改变的可能。

在排练与演出的过程中,每一个角色都得到锻炼和启发。

例如:担任思考者的演员——吴科,他曾经很有感触地说:"舞台,对我的人生起到重大作用。在舞台上我是一直目视前方地板在做思考的动作,尽管我不是主角,也许观众的注意焦点不在我这儿,但是,我还是觉得我是一个非常重要的角色,能启迪人类思考的角色,担任这个角色后,我对任何场合、任何人都不胆怯了。感谢舞台,让我得到了锻炼。"

第二幕 《渔翁与富翁的对话》——两个长者的对话

主题:树立正确的人生观

编剧,导演:刘嵋

目的:明确人生价值

形式:舞台上的演员与观众互动

主演:

渔翁:曹辉

富翁:孙亚超

旁白:陈美曦

配角:观众

场景:大海边的沙滩上

道具：沙滩色的色布

开场：

（背景音乐：班得瑞《日光海岸》，一个穿着破烂的渔翁躺在沙滩上晒太阳，沉思冥想……）

旁白：在一望无际的大海边，在广阔的沙滩上，一个衣着破烂的渔翁正躺在沙滩上晒太阳，一顶破草帽盖在他的脸上。

（这时，一声急刹车，一辆高级轿车驶近，一个穿着讲究的富翁坐在了渔翁的身边。）

旁白：渔翁和富翁巧遇，都在这里晒太阳，于是产生了下面的对话。

（背景音乐停）

富翁：兄弟！你在这里干什么呢？

渔翁：（拿开草帽，斜眼看看身边的人，不以为然地）晒太阳啊！

富翁：晒太阳！那你怎么不去打鱼啊？

渔翁：打鱼干什么？

富翁：吃啊！

渔翁：哈哈！我昨天打的鱼已经够今天和明天吃的了，所以，今天不用出海了。我可以在这里舒舒服服地晒太阳了！一个人吃饱，全家不饿。

富翁：哎呀！真不可理解。你怎么不去打更多的鱼啊？

渔翁：（不解地问）打更多的鱼干什么？

富翁：干什么？（面向观众，大声问观众）同学们，你们说打更多的鱼干什么？

（台下观众肯定有呼应）。

富翁：是呀，卖了鱼挣钱啊！

渔翁：（不以为然地）挣钱干什么啊？

富翁：干什么？买东西啊！

渔翁：买东西？买什么？

富翁：房子啊！你看，那边的破草房是你的吧？既不能遮风也不能挡雨。盖一座好房子，舒舒服服过日子。

渔翁：咳！风吹雨打我不怕，我过得舒服着呢，无忧无虑。然后呢？

富翁：然后，打更多的鱼，挣更多的钱。

渔翁：干什么用？

富翁：买衣服呀！你看，你的衣服破破烂烂，买几件好衣服，现在穿衣不再是为了保暖，都在讲品牌了，你看我，世界名牌，一套又一套，穿出品牌，穿出品位来。

渔翁：我就习惯了穿这身破烂衣服，你让我打那么多鱼，还有什么用？

富翁：买车呀！你看，（指着远处）我的世界名车——劳斯莱斯，我每三年换一辆车，我开着自己的车周游了整个世界。（转过身，面向渔翁）你去过哪里？

渔翁：我去过哪里？（思考片刻）我哪里也没有去过，只是在这个岛上，然后就是入海打鱼，填饱肚子。

富翁：哎呀呀！（两手掌摊开，手心向上）太遗憾了，你的人生不完美，你的眼界太短浅。

渔翁：（挠着自己的后脑勺，不解地问道）什么？你说我的人生不完美，眼界太短浅？
富翁：是呀。你知道外面的世界有多大吗？你知道外面的世界很精彩吗？
渔翁：大？精彩？
（不服气地）外面的世界再大有大海大吗？外面的世界再精彩有我出海的经历精彩吗？
（一阵海风吹来，背景音乐：班德瑞的《梦幻之风》响起，两个人迎风目视着大海，聆听大海波涛汹涌的声音，他们都沉浸在各自的人生经历中……）
富翁：朋友，你认识马斯洛吗？
渔翁：马斯洛？马斯洛是谁，我不认识。
富翁：马斯洛是美国著名的人本主义心理学家，他提出了人的需求层次说，人的最底层次的需求是生存的需要；其次是安全的需要。
渔翁：我的这两个需要满足就知足了。
富翁：朋友，你知道马斯洛的需求层次说的最高层次是什么吗？
渔翁：我怎么能知道，我没有上过学，我什么也不会，我只会打鱼，我只认识我自己。哈哈！我只会打鱼，我就认识我自己。
（两人又沉默了片刻）
富翁：朋友，你知道你是谁吗？你了解你自己吗？你在埋没你自己。
渔翁：（不解地）埋没我自己？大海都没有把我埋没，我还能把自己埋没了？不可理解！
富翁：朋友，你知道吗？你的嗓音这么雄厚，你可以成为帕瓦罗蒂；你的身体这么健壮，你可以成为马拉多纳；你如果能打更多的鱼，你也许能成为阿甘，因为阿甘捕了很多的虾；你……
渔翁：（打断）老兄，我听不懂你的话，我只会打鱼，不会捕虾。
富翁：那你可以打更多的鱼啊！
渔翁：（不耐烦地）打那么多鱼，然后呢？
富翁：（被问得无奈）然后……然后……然后和我一样在这里舒舒服服地晒太阳。
渔翁：（朝天大笑）哈哈！我现在不就在这里舒舒服服地晒太阳吗！你忙活了半天，忙活了大半生，到头来不和我一样在这里晒太阳吗？我不比你更舒服啊！
富翁：可是，你还不知道你除了打鱼还能做什么？最适合做什么？你还有很多潜能没有挖掘。
渔翁：（不解地问道）我能有什么潜能？
富翁：没准儿你是比尔·盖茨，你是爱因斯坦，你是马拉多纳，你是……
渔翁：我谁都不想是，我就当我的渔翁。
旁白：同学们，你们愿做渔翁还是富翁呢？请分别站在他们后面。
（背景音乐：《溜冰圆舞曲》）
旁白：（旁白分别采访站在渔翁和富翁后面的同学）你为什么这样选择？

剧终

幕后分享

　　对话的两个人代表了两种人,也许他们两个都太极端,一个太闲,一个太累,你也许哪个角色都不赞同,那我们应该更深入地思考我们应怎样生活才更有意义,幸福指数更高。

一、心理剧模仿生活,生活也在模仿心理剧

　　我们要清楚,人生既不是哈姆雷特式的悲剧,也不是安徒生式的童话,它必然是幸福与痛苦,笑声与眼泪交织的。也只有这样,人生才能算得上完整。

　　事实上,在人的一生中,任何人都有精彩难忘的故事,而且人人也乐于关切、欣赏与学习他人故事中的经验。

　　这个心理剧的创作来源于一个预言故事《渔翁与富翁的对话》。在当今的中国社会,在市场经济大潮的发展与冲击下,有的人顺应潮流,勇往直前,挖掘潜能,体现智慧,体验着奋斗的艰辛和成功的快乐,像比尔·盖茨、李嘉诚、俞敏洪等当代的成功人士,他们为社会、为人类做出了贡献,不但体现了他们的人生价值,而且社会对他们也有丰厚的回报,所以,他们可以称得上是"富翁"。而有些人却安于现状,或者对工作、生活倦怠了,产生了悲观的人生态度。笔者在不同的群体进行心理学专题讲座时,经常引用这则寓言故事,同时也让大家进行角色选择,结果,出乎意料的是在职业工作者群体里很多人选择渔翁的角色,特别是在中小学教师的群体里表现得尤为突出。笔者想这种现象有主、客观原因,但是这种人生态度不但不利于个人发展,影响生命质量,更不利于整个民族的发展,甚至会对学生有潜移默化的影响。在学校与学生接触的过程中也发现学生有不同的人生态度和价值观,如何引导学生树立正确的世界观、人生观和价值观,这是教师教书育人的使命。

　　现实激发创作灵感。在学校的心灵讲坛上我经常给学生讲这个寓言故事——《渔翁与富翁的对话》,然后请同学们讨论:①渔翁和富翁谁更快乐?快乐的层次一样吗?②角色选择。③谁对社会做出的贡献大?激烈的讨论激发了笔者的创作欲望,为让更多的师生参与角色选择,激发奋发向上的人生态度,笔者就将此寓言故事编写成心理剧。

二、校园心理剧体现台上台下互动

　　2008年7月,在笔者所在学校的第二届校园心理剧大赛上,心理剧《渔翁与富翁的对话》被搬上了舞台,两位主角——渔翁和富翁由年轻的班主任、辅导员担任,旁白也由班主任担任,观众学生担任配角,没有想到这个剧参与的人数很多,台上台下互动。当时笔者是在幕后指挥服务的,当看到这么多的学生站到了渔翁的身后时,我不由得跑上舞台站到富翁的身后(我想,作为导演,作为心理辅导教师,在心理剧的舞台上应把握好教育的尺度,这也充分体现了心理剧的创造性和自发性),旁白也发挥了很好的自发性和灵活性,当旁白分别采访了两种角色选择的同学之后,将中心转向了我:"观众同学们,刘老师选择了富翁,让我们听听她的理由。"然后,将话筒交给了我……

第二节　独特的我——心理学知识在校园心理剧中的应用

　　心理剧是一个内心剧,它解决的并不是客观的事实,而是探视一个人内在的主观世界里的事实,了解是什么困难在阻止个体的成长、幸福和快乐。

——心理剧之父　莫瑞诺

第三幕　《三兄弟的故事》——人格三结构

主题: 人格结构

编剧,导演: 刘峭

目的: 明确本我、自我、超我平衡发展才能发展健全人格

人物:

老大——超我(身披红色绸布)

老二——自我(身披黄色绸布)

老三——本我(身披白色绸布)

尼采——哲学家(身披深蓝色绸布)

剧情:

三个兄弟分别代表了人内心的三个部分:道德的我、心理的我、本能的我(即超我、自我、本我),这种划分来源自弗洛伊德的心理结构划分,三兄弟平时在一起形影不离,老大和老三是老二的左膀右臂,老大和老三的情绪影响着老二。最近老大和老三经常吵架,老大说他最厉害,要求老三一切听他的指挥,而老三不服气,说自己厉害,要寻求自由,两个人吵得不可开交,老二的头都快炸了。于是,兄弟三人经过长途跋涉之后来到山上找到哲学家——尼采来帮忙评理。

开场:

三个兄弟之间遇到了问题,他们之间的冲突无法解决,于是他们找到了哲人尼采,希望尼采能够指点他们。

三兄弟怀着痛苦与困惑来到了尼采所在的山上,他们在山的最高处遇见了尼采。

尼采:我看到了三个结伴而行的兄弟,他们同床异梦,被迫绑在一起,三个不完整的人,可怜的人啊,告诉我发生了什么事,是什么让你们如此痛苦?

老二:他们怎么总是吵个不停?

老三:老大该管的也管,不该管的也管,干涉我人身自由!

老大:我是为了你好,怕你走错路。

老二:个个都是为了自己好,尼采啊!你救救我吧,他们如此吵闹不休,我活着已经没有了意义。

尼采:可怜的人啊!你们看看自己成什么样子了:老大是一个彻头彻尾的伪君子;老三是一个丑陋的东西,只为满足自己而活。

老二:我困了,想睡觉!

尼采:你必须变得强大起来。

老二:什么是强大?强大是什么样子?我既不想成为老大,也不想成为老三,我现在只想自杀,为什么?

尼采:放弃生命是对存在最大的亵渎,这样的人不配跟我说话,我要教你们做超人。

三兄弟一起说:那你告诉我们怎么成为一个超人。

老二：我不做超人，我要做自己。

尼采：想要做超人，老二必须变得强大起来，超人是一种超越，超人的良知必须从内心里散发出来，只有如此，你才能重新变得纯洁和超然。

忽然之间，争执消失了，尼采的声音在森林里流淌，长时间的沉寂！

老三：你叫大哥不要管我！

尼采：我只跟老二说话。

（老二受宠若惊，一种被人尊重的感觉重新又回到心中。于是，他很尊敬地对尼采说：您想对我说什么呢？）

尼采：是你把自己置于这种两难的境地的，你太过于屠弱，成为超人是一种危险的事情。在我看来，你要么成为彻底的善，要么成为彻底的恶。

老二（头痛欲裂）：您说了等于没说啊，怎么不给我一个办法呢？您不是哲人吗？怎么不可以给我一个办法呢？

老三和老大在旁边又吵起来了。

老二对尼采：大师啊，我现在因为夹在老大和老三的中间，每天听他们不停地争吵，觉得快要崩溃了，痛苦得恨不得用自杀来解脱。

尼采说：你觉得你这样痛苦有价值吗？

老三听了老二的说辞，忍不住插了一句：你有什么好痛苦的？如果老大不管我的话，我们不就没有痛苦了吗？我真不明白，我不过是想要属于自己的自由罢了，怎么就那么难。

尼采对老三：你可以有自由。只要你愿意抛开兄弟的情谊，脱离这个家庭，你就可以不再受老大管制，你就得到你想要的自由了。

老大到这时候也忍不住了，也说了一句：什么是自由？难道自由就是简单地为所欲为吗？那和畜生有什么分别？我觉得，一个人的自由必须以不损害他人的利益为前提，自由必须由纪律，还有道德来约束。我们为什么比动物高等？就因为我们有道德。

尼采：所谓的社会道德规范都是不良的，它只会给人带来痛苦。你们可以看到世上有很多这样的事实，一部分不受道德规范约束的人，反而为这个社会做出巨大的贡献；而大部分墨守成规的人，终身却碌碌无为。话既如此，你们兄弟还会坚持道德就是唯一正确的吗？

老大不屑地说：这些都是一些极端的例子，不能代表全部，并且我一直在努力寻找一个平衡的方法。

尼采：你要知道这并不是一个公平完美的社会。

老大：所以我才痛苦，才要来找你。

老二在这个时候又开始说话了：我根本不想谈什么自由和社会道德，我只想过平静舒适的日子，不要每天都吵吵闹闹不得安宁。

尼采：你这样烦心是为了什么？你是想让你自己得到安宁还是想让这个家庭得到安宁？

老二：我想我应该是希望这个家得到安宁吧，毕竟这是一个家，我不希望最后因为兄弟不和搞到家庭破裂。

尼采：你要知道，现在你的大哥和三弟就像是水和火一样。水火是永不相容的，如果老大是水，老三就是火。你偏向老大，老三的生命之火就会水被泼熄；你偏向老三，老大的水就会被火的热力蒸发升华，进入自由境界。

老二：所以我更希望自己可以做一个容器，把水装起来，而火通过我与水和平相处。

尼采：伪善的人啊，你是多么的世俗狡猾！你想要控制这两个人为你自己装潢门面，好让你自己看起来很完美。但是你想你的大哥和三弟是可以轻易受你控制的吗？

老二：我知道这不容易，这也是我们来找你的原因，但是到现在为止，你除了批判我们每一个人，最终也没有得出什么好的结论，我看我们是找错人了。

老三：我觉得人应该是为自己而活的。

老大：都是老三不对，做破坏团结的事情，和唐朝的三兄弟比我们很不好，错误都在老三，不注意道德。

老三：尼采，你教教我大哥，什么是自我，别整天就知道说道德。

老二：我很矛盾和痛苦，不知道要帮谁，自己什么都做不了。

尼采对老二：你做好你自己就好了。

尼采对老三：你爱怎样就怎样。

老大：那怎么能说什么就是什么？

老二：他们都做回自己了，那我怎么活？

尼采：做自己想做的事情，别人是不可能改变的。

老大：亏你还是哲学家呢，什么问题都解决不了。

老三：那好，做自己。

老二：反正你们三个都很高兴，都要做自己，那我怎么办？我想去死。

尼采：你有死（自杀）的权利。

尼采对老三：如果没有老大、老二，让你自由地放纵自己，那每个人都和你是一样的，那你的生活会是怎样的呢？

老三：我会觉得很爽，很开心。

尼采：很好，你很开心，那第二个月呢？

老三：也很好，但没什么新意了。

尼采：第三个月呢？

老三：好无聊。

……

尼采：第五个月呢？

老三：已经无所作为了。

尼采对老大：如果老二和老三都听从你的，你说什么就是什么，那你的生活会怎样？

老大：很好啊，理所当然的……

尼采：第三个月呢？

老大：我已经没什么要求了。

尼采：第四个月呢？

老大：他们什么都不反抗，但我准备了很多……

尼采：第五个月，你说什么他们就做什么，你不说什么，他们就不做什么，你会怎样呢？

老大：他们都这么听话了，那我用这些还有什么用呢？两个兄弟都已经没有了，只是两个机器人。

老二：这样就可以解决问题了吗？我不喜欢操纵我们的老大，也不喜欢这样的老三，我还是喜欢我们以前的三兄弟。

尼采：我只能是这样了。

老二：希望大哥和三弟不要这样整天围着我，他们两个我都喜欢，最好需要自由的日子就有老三，需要道德的时候就有老大。大家的故事都非常的精彩。

其实大家在说故事的过程当中，也都表现了自己内心里的三兄弟之间的关系，不止如此，还有自己三兄弟和别人家三兄弟之间的关系。这就是故事治疗技术在团体中的应用。

剧终

幕后分享

三个兄弟埋藏在我们体内，他们三人和睦相处，我们的人格才能健全发展。否则，人格就会扭曲发展。

一、校园心理剧可将抽象的心理学知识演给观众

这个心理剧清楚地介绍了人格三结构，处理了三者应平衡发展的关系。

精神分析理论流派的鼻祖——弗洛伊德曾提出著名的冰山模型（意识、潜意识、前意识），潜意识在冰山之下，前意识在水的界面之间，意识是露出水面的部分，潜意识占绝大部分。但后期他重新提出了人格结构模型，而放弃再将地形模型看作一种人格结构理论。值得注意的是，结构模型除了是一种人格结构模型，从更本质的意义上讲，是一种人格动力学模型。

结构模型将人格分为三部分：本我位于无意识中的本能、冲动与欲望之中，是人格的生物面，遵循"快乐原则"；自我介于本我与外部世界之间，是人格的心理面。自我的作用是一方面能使个体意识到其认识能力；另一方面使个体为了适应现实而对本我加以约束和压抑，遵循的是"现实原则"；超我是人格的社会面，是"道德化的自我"，由"良心"和"自我理想"组成，超我的力量是指导自我、限制本我，遵循"理想原则"。本我、自我和超我之间不是静止的，而是始终处于冲突—协调的矛盾运动之中。本我在于寻求自身的生存，寻求本能欲望的满足，是必要的原动力；超我在监督、控制自我接受社会道德准则行事，以保证正常的人际关系；而自我既要反映本我的欲望，并找到途径满足本我欲望，又要接受超我的监督，还有反映客观现实，分析现实的条件和自我的处境，以促使人格内部协调并保证与外界交往活动顺利进行，不平衡时则会产生心理异常。自我只有处理好与本我、现实和超我之间的关系，心理才不会发生异常。

二、舞台色彩的效果

本剧的4位演员分别都披着各种颜色的绸布。

第一，不同的颜色可以给观众一个良好的视觉效果。

第二，不同的颜色也可以表达不同的寓意：

（1）红色：老大——超我，身披红色绸布，寓意激情澎湃，控制欲望强；

（2）黄色：老二——自我，身披黄色绸布，寓意向往光明，干净明亮；

（3）白色：老三——本我，身披白色绸布，寓意纯洁神圣，开放与梦幻；

（4）深蓝色：尼采——哲学家，身披深蓝色绸布，寓意思想深邃，权威与稳重。

笔者在其他的舞台心理剧中也是比较注意舞台色彩效果的，比如《感悟人生》。

第四幕 《电影院门口的风波》——四种典型气质类型

主题：气质类型体现

编剧、导演：刘峒

演员：5人。

主角：男1号扮演典型胆汁质的人

男2号扮演典型多血质的人

男3号扮演典型黏液质的人

女1号扮演典型抑郁质的人

配角：女2号扮演典型检票员

开场：

（音乐：中国民乐《喜洋洋》，道具：广告牌上写着"心理电影赏析——心灵捕手"）

检票员：今天我们阳光心理学社应广大学生的要求，再为大家放两场心理电影——《心灵捕手》。

（看看手表）

电影已经开演5分钟了，我要关门了。

男1：（迈着大步上场，登台，自言自语道）

天天盼，夜夜盼，一直盼着把心理电影看。

（举着电影票，大声地朝检票员喊）

票，我要看电影！

检票员：这位同学，对不起，电影已经开演了，不能进门。

男1：什么？不能进门？

检票员：对，我们阳光心理学社规定，电影开演5分钟以后，一律都不能进场。以保证影院里的安静。

男1：（生气地）那不行，你知道我买这张票多不容易吗？吃了几天方便面才省出20元买了这场票。你总不能让我把票浪费了吧？

检票员：那你再等看下一场吧。

男1：不可以！（愤怒地）我必须看这一场！

（提高了嗓门）听见了吗？我必须看这一场！

检票员：（非常耐心地说）同学，不行，就是不行。这是社团的规定。

男1：规定？规定是可以打破的！

检票员：那可不行。

男1：（卷起袖子）怎么？你想惹我动手吗？

检票员：你想打人！我要报警了，我要报告邵班长了。（注：邵班长是我们学校非常敬业和知名的保安班长，学生都很敬畏他）

男1：什么少班长、老连长，我谁都不怕！

（一想恍然大悟）噢，邵班长，别，别，我可不能违反校规。

（下场）

男2：（急匆匆地上台，自言自语道）

天天想，月月想，一直想着《心灵捕手》快登场。

日日盼，夜夜盼，一直想着把《心灵捕手》看！

（非常兴奋地对检票员）你好！票！

检票员：同学，实在对不起，电影已经开演了，你不能进了。

男2：为什么电影开演了就不能进了？

（思考片刻）噢！你怕我进去影响别人，你放心，我悄悄地，悄悄地进去，站在后面，不会影响别人！

检票员：（仍然非常耐心地说）那也不行。

男2：（怎么办？眉头一皱，计上心来，掏出10元钱，自言自语道：这个准灵！）

嘿嘿，一点小意思，你们阳光心理学社为大众服务不容易，天气这么热，买几瓶水喝。嘿嘿！

检票员：同学，这可不行。我不会收你的钱的。

男2：（自言自语：经得起糖衣炮弹的腐蚀，然后又整出一个方法，指着前方。）

你看，你看，那边有打架的。

检票员：啊？是吗？（走向前，遥望远方。）

男2：（趁机从检票员的后方溜进电影院。）

男3：（迈着四方步登台，手拿电影票，自言自语道）

我跑了多少腿，转了多少弯，找了多少人，才终于买到一张电影票。

你好！票。

检票员：同学，真抱歉，电影开演了。不能进了。

男3：（惊讶，不解地问道）为什么啊？

检票员：这个时候进去，怕影响别人啊！

男3：（恍然大悟地）噢！你放心，我绝不会打扰别人，我悄悄地，悄悄地，我就站在后面看，放心，不会影响别人的。

检票员：非常抱歉，那也不行。我要履行我的职责，请原谅。

男3：（无可奈何地解释道）你知道我能得到这张票多不容易吗？我首先找了学生会主席，又找到外联部部长，然后又找到宣传部部长。又去找到郑顺。哎，郑顺你认识吗？

检票员：有谁不认识？我们阳光心理学社社长。

男3：对啊！他给我开了个条子，最后终于找到阳光心理学社宣传部部长——黄中民。

你看,这张票来得这么不容易,你就让我进去吧。

检票员:对不起,我很理解你。但我不能违反规定。

男3:那这么办?总应该有解决的办法吧!总不能浪费了这张来之不易的电影票吧!(搔头思考片刻问道)那下一场的电影几点?

检票员:四点半。

男3:那我就等下一场吧!

(搬一凳子坐下耐心等待)

女1:(低着头慢慢上场,面向观众)

我从小就喜欢看电影,阳光心理学社为我们放映的心理电影,我场场不落。

(走到检票员跟前)

你好,票!

检票员:哎哟!实在对不起,电影开演10分钟了。你来得太晚了,我不能让你进了。

女1:(非常沮丧地说)啊!来晚了?都怨我们宿舍的同学,她们非要我帮她们打水。我光学雷锋了,就来晚了。你就让我进去吧!

检票员:不行。这是纪律,来晚了谁都不能进。

女1:(抓着检票员的胳膊,乞求地说)求求你,就让我进去吧。否则我今天什么也做不下去了。我会为此伤心的,求求你,你就让我进去吧!

检票员:同学,真的不行。实在对不起,请原谅!以后记住早来,不要迟到,谢谢!

女1:(无可奈何地,只好转身准备下台,一边自言自语。)

我怎么这么倒霉啊?电影看不成了,都是她们非让我打水,还是回宿舍吧!

检票员:观众同学们,领导老师们,刚才同样的场景,为什么他们4位同学的情绪行为反应却不一样呢?

(4位同学上场)

男1号:(声音非常洪亮地)我是典型的胆汁质。

男2号:(非常机智灵活地、语速比较快地)我是典型的多血质。

男3号:我是典型的黏液质。

女1号:我是典型的抑郁质。

男1号:我就像鲁智深,路见不平,拔刀相助。

男2号:我就像孙悟空,眉头一皱,计上心头。

男3号:我就像宋江,遇事不慌,稳重如山。

女1号:我就像林黛玉,多愁善感,优柔寡断。

检票员:观众同学们,你们属于哪种气质类型呢?气质是与生俱来的,它没有好坏之分,只有优点和缺点,我们要发挥我们的优点,弥补不足啊!

幕后分享

一、创作目的

创作目的是使学生了解"你不是我,我不是你",四种典型气质是天生的,了解自己、做好自己,发挥自己的长处,弥补自己的不足。

二、心理学知识在校园心理剧中的应用

气质是一个人生来就具有的,并是后天性格形成的重要的生物学条件。一方面,气质可以按照自己的动力方式渲染性格特征,使性格特征具有独特的色彩,并影响到一定性格特征形成或改造的速度。例如,同样是乐于助人,多血质者在帮助别人时往往动作敏捷,情感明显表露于外;而黏液质者则可能动作沉着,情感不怎么表露出来。再如,要形成自制力,胆汁质的人往往需要做出极大的努力和克制;而抑郁质的人则比较容易形成,他用不着特别控制自己就能办到。另一方面,气质在个人后天的生活实践过程中,也受到了性格的改造和掩蔽。

要了解自己的气质类型,可以通过日常生活中对自己的观察,或他人的评价,还可参考一些气质量表的测量结果。不过,更重要的是要认识到:气质是没有好坏之分的;只有适合与不适合之别。一般地说,各种气质类型都有其优点和缺点。

多血质的人情感丰富,反应灵活,易接受新事物,但是情绪不稳定,精力易分散;胆汁质的人直率热情,精力旺盛,反应迅速而有力,但是脾气急躁,易于冲动;黏液质的人安静稳重,善于自制,但是对周围事物冷淡,反应迟缓;抑郁质的人情感体验深刻而稳定,观察敏锐,办事认真细致,但是过于多愁善感,行为孤僻。气质只是人的性格和能力发展的一个前提,各种气质类型的人都有可能在事业上取得成就。

第五幕 《招聘》——自我五结构

主题:体现自我意识,了解"我是谁?"

编剧、导演:刘峭

演员:8人(公司经理,文秘,6名应聘的大学毕业生)

音乐:《我的未来不是梦》

道具:公司经理桌椅、"天生我材必有用"字样的牌子

开场:

文秘:大家好!今天,我们国际监理公司要招聘两名大中专应届毕业生。(转身面向坐在经理办公桌前的经理)经理,今天下午我们通知了6名学生来面试。

经理:好!今天我们的考题是:"我是谁?"开始吧!

文秘:××。

男1:到。

经理:请问你是哪个学校的?

男1:山南建筑学院建筑系。

经理:请你说一下你是谁?

男1：我是谁？（丈二和尚，摸不到头脑）我是我啊！我是××，我是山南建筑学院建筑系的毕业生。我是未来女朋友的男朋友，我是……我也不知道我是谁。

文秘：谢谢！请下！下一位：×××。
女2：到！
经理：请问你是哪个学校的？
女2：山北建筑学院规划系。
经理：请你谈谈你是谁！
女2：我是谁？（不知如何回答）我是女的，我是妈妈的女儿，我是同学的同学，我是同位的同位，我是……我也不知道我是谁！

文秘：谢谢，请下，下一位：×××。
男3：来了！
经理：请问，你是哪个学校毕业的？
男3：经理，您还不知道？这事闹的，我是驰名中外的山左大学毕业的大名鼎鼎的学生会主席。
经理：请你说15个"我是谁？"吧！
男3：15个"我是谁？"好的，听好。（非常狂妄地，掰手指）我是风，我是雨，我是闪电，我是暴风雨，我是高山，我是大海，我是展翅飞翔的雄鹰，我是森林里的兽中之王，我是宇宙，我是银河，我是星星，我是太阳，我是月亮，我是……
文秘：谢谢，请下。
男3：我还没说完呢，不到15个呢！

文秘：谢谢，下一位：×××。
女4：来了，你们好！
经理：请问你是哪个大学毕业的？
女4：看不出来吗？我是山右艺术学院表演系毕业的高才生。
经理：请你用15句话介绍一下你是谁。
女4：15句我是谁？太少了，听好！（非常自信地）我是章子怡，不，比章子怡还漂亮。我是巩俐，不，比巩俐年轻多了。我是张曼玉，不，比她声音细。我是林黛玉，不，比林黛玉快乐多了，我可不像她多愁善感……
文秘：谢谢，请下。
女4：客气啥？何时来上班？

文秘：一会儿听通知，下一位：×××。
男5：到！你们好！
经理：请问，你是哪个学校毕业的？
男5：山东城建建设职业学院。

经理：什么专业？

男5：监理专业。

经理：请你说15个左右"我是谁？"。

男5：好的。

（1）我是一名20岁的男青年。

（2）我的家乡在沂蒙山区，我继承了家乡勤俭节约、艰苦朴素的光荣传统。

（3）我毕业于山东城建建设职业学院。

（4）我在学校是一名校阳光心理学社成员，为学生服务，自己也得到了锻炼。

（5）我是优秀毕业生、入党积极分子。

（6）我喜欢体育运动，如打篮球、乒乓球等。

（7）我喜欢文学，喜欢读现代小说。

（8）我还喜欢历史、哲学和心理学，因为学历史使人明智，学哲学使人聪明，学心理学使人更好地了解自己。

（9）我在我的学校经常听心理学讲座，参加一些团体心理辅导活动。

（10）我憎恶懒惰、不讲道德的人。

（11）我的气质属于多血质与黏液质的混合型，比较适合做管理工作。

（12）我小时候的理想是当一名人民教师，现在因为我的专业，我的理想是当一名高级监理师。

（13）我工作以后，业余时间想为社区服务，普及心理学知识，提高百姓的心理素质，有助于心理健康。

（14）我平时经常熬夜画图，早晨起不来，忽视了身体锻炼，这是我的不足，工作后应加强身体锻炼，以健康的体格为社会做更大贡献。

（15）从小到大，父母为我付出了许多，我今后一定多挣钱，报答他二老养育之恩。

经理：非常好！请回。

文秘：下一位：×××。

女6：到，你们好！

经理：你好！请问，你毕业于哪所大学？

女6：我毕业于山东省电大外贸系。

经理：请介绍一下你自己。

女6：（手指指着大脑，明白地说）噢！你们要考考我的"内省"智能啊。

（1）我的性格属于外向。

（2）我的气质属于多血质。

（3）我的兴趣爱好：唱歌、主持。在学校获主持人大赛一等奖。

（4）我还特别喜欢心理学，我是阳光心理学社文艺部部长，组织过多期朋辈心理活动和团体心理活动。

（5）我有别人羡慕的许多优点，如……

（6）我也有自己一直要改的致命缺点，如……

(7) 我喜欢交朋友,我有很多朋友,他们是我的支持力量。
(8) 我的理想是……
5 年以后……
10 年以后……
20 年以后……
50 年以后……

经理:很好,谢谢!

文秘:(朝台下观众)尊敬的老师们、观众同学们,你们认为哪两位同学能够应聘成功呢?
(台下哗然)
(文秘和经理商量)
根据大家的建议和我们经理的决定,下面宣布招聘结果:
(音乐:《我的未来不是梦》响起,6 个同学上台站成一排。)
××、×× 应聘成功。祝贺!
下面请你们谈谈感想。

男 1、女 2(合):你不知道你是谁,你忧郁。
男 3、女 4(合):你知道你不是谁,你幻灭。
男 5、女 6(合):你知道你是谁,你放心!
(音乐:《我的未来不是梦》响起)
经理、文秘(合):只要我们知道自己是谁,提高"内省"智能,天生我材必有用。
大家一起谢幕!

剧终

幕后分享

近几年,学生参加应聘时,经常被问到这个题目,所以了解"我是谁"非常重要。

一、心理学知识在校园心理剧中的应用

这个剧本的创意来自团体心理辅导《我是幸运园丁——自我探索团体心理辅导》的一次活动设计——我是谁。在这次团体活动中要团体成员了解与体验自我意识的结构,即5个我:物质的我、社会的我、心理的我、理想的我和反思的我。

第一步:笔者让团体成员自己选择角色:经理,文秘,6 名应聘大学毕业生,围绕着介绍自己是谁,自发性与创造性表达,讨论谁能应聘成功,结果都不合格。为什么?留下悬念。

第二步:笔者将写好的剧本发给大家,根据剧本,大家再进行角色选择,上演心理剧,然后角色互换,不断体验不同的角色,领悟自我结构的 5 个我。

后来,剧本经过加工,由团体成员担任演员,他们又经过刻苦排练。2006 年 5 月,校

园心理剧《招聘——天生我材必有用》登上了校园的舞台,这是笔者所在学校第一届校园心理剧。

在舞台上,表演者充分体现出心理剧的创造性与自发性。当文秘与台下互动,征求哪两位能应聘成功时,6位应聘者上台站成一排,观众沸腾了,分别喊着不同的应聘选手的号,当经理宣布男5、女6应聘成功时,全场掌声,为成功者祝贺,此时张雨生的《我的未来不是梦》的音乐响起。就在这时,未应聘成功的4位演员主动与男5和女6握手,真诚地祝贺他们,这是在剧本里没有的细节,他们表现出从未有过的激动。

二、舞台可以影响人的一生

人生如戏,戏如人生。在这个心理剧中扮演男5应聘者的同学,在后来应聘工作面试时真的被考到了这个题。他回校后很自豪地对笔者说,经理对他的回答很满意,说他比本科生和研究生回答得还要好,他们不知怎么回答,问一句回答一句。我们打的是有准备之仗。无论是演员还是观众,只要认真观赏,仔细体味,一定会有收获的。

中国台湾著名导演李安在《十年一觉电影梦》中说:"舞台,改变了我的一生。在此,我的灵魂第一次获得解放。混沌飞扬的心,也找着了皈依。"

曾经站在舞台的人深深明白这句话的含义,还没有站上舞台的你,想要试试吗?

第六幕 《休闲好时光》——休闲六层次

主题:体现休闲六层次

编剧、导演:刘嵋

目的:了解校园休闲六层次,提高休闲层次。

演员:主角7人(阳光心理学社社长,简称社长;6个选择不同休闲层次的学生),配角若干人。

音乐:《同桌的你》、轻音乐(《溜冰圆舞曲》、张韶涵的《隐形的翅膀》)。

道具:有"校园休闲好时光"字样的牌子;各种颜色的布;角色牌子(正反面,阴影部分为反面)6个:其中正反面5个,只有正面的1个,牌子上分别有如下字样:

编剧和导演/创造性地参与活动 ; 演员/积极地参与活动本身 ;

观众/情感投入观看活动 ; 旁观/被动消极观看活动 ;

不管/纯官能享受活动 ; 不道德行为或违法行为活动 。

场景:校园绿荫下

背景音乐:《同桌的你》

一群学生在校园绿荫下各自做着自己的事情:读书、弹吉他、聊天、等人、沉思冥想……

社长:(从台下上场)大家好!

成员1:同学们,阳光心理学社社长来了!

成员们:(大家站起来,齐声喊道)社长好!

社长:告诉大家一个好消息。

成员们:什么好消息?

（大家开始你一言我一语地猜测）

成员2：社长、社长，是不是又要举办心理讲座了！我想听听如何面对失恋，我刚刚失恋，好痛苦啊！

成员3：社长，是不是要放映心理电影？我最喜欢看电影，这次放映什么片子啊？

成员4：是不是要举办新的团体心理辅导？我先报个名！

成员5、6：社长，社长，是不是要……

（大家争先恐后地问着）

社长：都不是。

成员们：啊！都不是，那是什么好消息呀？

社长：我们阳光心理学社下个月要举办我院第二届校园心理剧！

成员5（女生）：（非常兴奋地）校园心理剧！太好了，太好了！我就是为了校园心理剧才报名参加的阳光心理学社，终于盼到这一天了。

社长：好吧！我们现在开始准备。

成员们：怎么准备？

社长：大家来选择自己喜欢的角色。

成员们：都有什么角色？

社长：有编剧、导演、演员和观众。校园心理剧就是我们自编、自导、自演和自赏，将校园里同学们在生活、学习中的人际交往、情绪、情感、学习焦虑等心理冲突与困惑表现出来，然后再给予正确的解决方法。

（大家很惊讶地分别问）

成员5：我们可以当编剧？

成员2：我们可以当导演？

成员6：我们可以当演员？

社长：是的！相信自己可以成为你想成为的人物。好了，现在我们分一下工，进行角色选择。

（一同学将6个牌子拿上台，摆放在舞台中间，大家不时地念着：演员、编剧和导演、观众、旁观、不管、不道德行为或违法行为活动。然后大家进行选择。）

成员5：我当编剧和导演。（拿起牌子，站到了一边）

成员2：我当演员。（拿起牌子，站到成员5的旁边）

成员7：我当热心观众。（拿起牌子，站到成员2的旁边）我是阳光心理学社成员，我对阳光心理学社有着深厚的感情，我要支持他们，我要给他们加油！

成员8：（拿起牌子，站到成员7的旁边）我选择旁观，我也可以当观众，但除非班主任组织点名，我才去。我总是这样，任何活动都不愿意参加，参加任何活动也都是被迫的。唉！（无可奈何地）

成员9：(拿起牌子，站到成员8的旁边)我选择不管，我对什么活动都不感兴趣，我什么活动也不愿意参加。我就愿选不管。

成员们：那你喜欢什么？

成员9：我喜欢的事多着呢，上网！玩！喝酒！

成员们：啊！

成员1：还有一个牌子没人选。

成员2、3：(念道)不道德行为或违法行为活动。这个肯定没人选，我们也不会选。

社长：尊敬的观众同学们，你适合哪个角色？你选择哪角色呢？请站在他们5个人的后面！

(背景音乐：《溜冰圆舞曲》响起，观众席上的学生开始上台进行角色选择，5个牌子分别呈现的是：编剧和导演、演员、观众、旁观、不管，后面都站了很多人，但"不管"后面人最少)

社长：通过角色选择，我们可以了解自己和他人的休闲层次水平。

成员们：休闲层次水平？有哪些休闲层次？

社长：有6个层次。

成员们：哪6个层次？

社长：请你们把牌子翻过来。

(5个牌子翻过来，分别呈现的是：创造性地参与活动、积极地参与活动本身、情感投入观看活动、被动消极观看活动、纯官能享受活动。拿牌子的成员分别念道)

成员5：最高层次，也就是第六个层次是创造性地参与活动！

成员2：第五个层次是积极地参与活动本身！

成员7：第四个层次是情感投入观看活动！

成员8：第三个层次是被动消极观看活动！

成员9：第二个层次是纯官能享受活动！

成员5：那最低层次的休闲水平是什么呢？

社长：(举起牌子 不道德行为或违法行为活动)最低层次的休闲水平是不道德行为或违法行为活动。当然，我们大学校园里几乎没有这个层次的同学，但也要时刻注意，做有道德、懂法守法的公民。

合：是啊！我们都是遵纪守法的大学生。

成员9：(回头看看身后的人最少，又环视，摸着脑袋思考)

选择"不管"的人没有几个，看来我的角色有问题，我应该重新选择，我应该提高休闲层次水平。

(选择其他队列)

成员8：(回头看看身后没有几个人)

选择"旁观"的人这么少,我也要认真考虑一下。我也要重新选择。
(选择其他队列)
(现在,舞台上还剩3列队伍)
社长:好了!现在大家的角色选好了,大家按照自己选择的角色开始行动吧,做编剧的开始编剧,做导演的准备导演,当演员的演好角色,希望在校园心理剧的舞台上能看到你们的身影,听到你们的佳音!
(背景音乐:张韶涵的《隐形的翅膀》,全体人员谢幕)

剧终

幕后分享

一、创作目的

当今社会,大学生校园也不同程度地受社会上一些负面的影响,比如认为学习无用,消极地对待生活;更为令我们担忧的是上网的同学特别多,大部分是聊天、玩游戏、交朋友等。所以,笔者认为实际上大学生的休闲层次大部分都是在第四、五个层次上。笔者编这个校园心理剧的目的是试图用校园舞台心理剧的方法告诉学生休闲的6个层次的知识,提高大学生的休闲层次水平,提高生命质量。

二、心理学知识在校园心理剧中的应用

学生校园生活休闲有6个水平层次,由最低层次到最高层次分别为:不道德行为或违法活动、纯官能享受活动、被动消极观看活动、情感投入观看活动、积极地参与活动本身和创造性地参与活动。见表2-1。

表2-1 休闲的6个水平层次

层次	价值特征	描述
第一	负价值	不道德行为或违法活动
第二	零价值	纯官能享受活动
第三	价值为1	被动消极观看活动
第四	价值为2	情感投入观看活动
第五	价值为3	积极地参与活动本身
第六	价值为4	创造性地参与活动

第一层次是负价值的不道德行为或违法行为活动,如破坏公共财产等。为什么要从事这些活动呢?有道德方面的原因,但生理、心理学上的观点表明,在休闲时间内,人的能量、精力、情绪的动态循环需要既定的载体,一旦选择了不正当渠道,便会发生诸如暴力等纯属发泄而导致的犯罪。

第二层次是零价值的纯官能享受活动,如酗酒、赌博、长期沉湎于电视和网络等,这种活动不会直接对社会造成危害,但不利于自身的健康发展。

第三层次是价值为1的单纯寻求轻松、刺激、娱乐的活动,如心不在焉地翻读小说、听音乐等。

第四层次是价值为2的情感投入观看活动,在这种观看中,观看者虽然不亲自参与活

动,但因为有情感的积极投入,它具有发挥净化心灵、陶冶情操的功能。

第五层次是价值为3的积极参与活动本身,如跳舞、乐器演奏等。

第六层次是价值为4的创造性地参与活动,如音乐创作、游戏发明、写作等创造性的活动等。

三、舞台圆了她当编剧、导演和演员的梦

在人生的舞台上,你可以演好自己的角色。

在这个心理剧中扮演成员5的女同学,正如她的台词所说的:"我就是为了校园心理剧才报名参加的阳光心理学社,终于盼到这一天了。"

2006年5月,笔者所在的学校举办了第一届校园心理剧,她是2007级的学生。入校后,听说学校阳光心理学社有心理剧的演出,就报名参加了阳光心理学社,并积极参加社团的各种活动。机遇属于有准备者。2008年7月,笔者所在的学校举办第二届校园心理剧大赛,她成为整个舞台的主角。她为了这次活动,亲自创作编写校园心理剧《打开心灵之窗》的剧本,厚厚的剧本改了一遍又一遍,她自己根据剧本的角色,在全校范围选拔演员,有扮演老师、同学的,有扮演父母的,还有扮演酒吧老板的,等等。剧本分为好几幕。她在剧中既担任导演,又担任女主角。最后她还被评为最佳编剧和最佳演员。

据说,她当天晚上到各个演员的教室去给他们送棒棒糖表示感谢和祝贺。

成功的喜悦发自内心,快乐的体验金钱难换。

第三节　阳光总在风雨后
——心理困惑及其解决在校园心理剧中的应用

在学校一次次个别心理辅导与咨询之后,笔者将学生普遍存在的心理困惑及解决的办法编成校园心理剧,让更多的学生在观赏的过程中,学会用科学、有效的方法来解决心理问题,同时也对学生起到预防作用。淄博市教育局于2009年和2011年分别举办了首届和第二届中小学校园心理剧大赛,大赛中也呈现出很多优秀的原创作品。

第七幕　《神奇之门》——学会从不同的角度看问题

(注:该剧荣获淄博中小学首届校园心理情景剧大赛高中组一等奖)

主题: 学会从不同的视角看问题

参赛学校: 淄博第一中学高二(24)班

指导教师: 张诺

演员: 李涵、胡芮、张静思、张珊、刘霄飞、宋震、王琳、张欣、裴有权

音乐: 《不要认为自己没有用》

道具: 多媒体,大屏幕,心理学图片:《舞者与手势》《节约时间的暗示》《会变的脸》。

开场:

第一阶段　破冰阶段

(1) 主持人上台,走进"你'心'我'心'工作坊"。

大屏幕依次展现3幅心理视图。

《舞者与手势》　　　《节约时间的暗示》　　　《会变的脸》

（2）主持人引导。

请看大屏幕上的瑞士艺术家桑德罗·斯普瑞特创作的这幅图（出示《舞者与手势》）你看到了什么？一双手？两个人？

请再看斯坦福心理学家罗杰·谢泼德创作的这一幅（出示《节约时间的暗示》），图中有什么？黑色的是什么？白色的呢？

再请看这幅（出示《会变的脸》），你向前、向后、向左、向右变换一下位置，两个人的表情便会发生互换。

（3）主持人总结，引出剧目。

同样的事物，不同的人看会得到不一样的东西，我们关注的重点不同也会得到不同的结论，不同的距离去观察同一个物体有时会出现截然不同的情景。

人生不如意事十有八九。谁都难免有失意之时。生活中有一道神奇之门，跨过这道门，我们的生活就会洒满阳光，我们的生命就会充满力量。（引出剧目《神奇之门》）

（4）破冰演出剧《半杯水》，揭示主题。

① 学生演出《半杯水》的故事。

故事梗概是一个学生在打完羽毛球后急需喝水，得到同学的水后却不满足，嫌少。体现出一种消极心态。跨过神奇之门后心态变得积极起来，懂得知足和感恩。

② 主持人揭示主题：同样是半杯水，同一个人用不同的心态来看待它，带给自己的竟然是天壤之别。让我们感到沮丧、感到痛苦、失去斗志的心态是消极心态，让我们感到愉悦、获得力量的心态就是积极心态。正可谓：

愁烦中具潇洒襟怀，满抱皆春风和气；

暗昧处见光明世界，此心即白日青天。

第二阶段　演出阶段

（学生分别演出3个生活场景中的两种心态，旨在让观众通过观看他们的表演感受积极心态的力量，学会转化心态的方法，唤醒自己的积极体验）

场景一——《考试之后》。考试之后两种心态的对比。张某考了51分，消极心态表现为把考试当作给父母的回报，与自己脸面联系起来，于是变得自暴自弃了。积极心态表现为通过试卷来分析自己的问题，为自己今后的努力指明方向。

场景二——《竞选台下》。一竞选学生干部但落选的学生，本来情绪就低落，结果遭到同学冷嘲热讽，终于造成情绪的失控，表现出一种消极的心态。跨过神奇之门，于是开始客观冷静地看待自己。

场景三——《遭遇无理》。两个素不相识的人在路上相撞，其中一个很不讲理，一场争斗即将发生,弱者于是要来报复。跨过神奇之门后,他变得宽容大度,合理地化解了危机。

第三阶段　共享阶段

心理剧演出人员的感受共享

(1)《半杯水》　知足、感恩可以让我们快乐,珍惜当下的一切吧!

(2)《考试之后》　理性、全面可以让我们变得客观,全面地、积极地看待得失吧!

(3)《竞选台下》　自知、自信可以让我们变得坚强,爱自己吧!

(4)《遭遇无理》　宽容、大度是一种境界,它可以化解危机。

音乐响起:《不要认为自己没有用》,一对男女同学上场领舞,后面的演员合唱。

《不要认为自己没有用》

很多时候我们都不知道,

自己的价值是多少,

我们应该做什么,

这一生才不会浪费掉,

我们到底重不重要,

我们是不是很渺小。

深藏心中的那一套。

人家会不会觉得可笑。

不要认为自己没有用,

不要老是坐在那边看天空,

如果你自己都不愿意动,

还有谁可以帮助你成功。

不要认为自己没有用,

不要让自卑左右你向前冲,

每个人的贡献都不同,

也许你就是最好的那一种。

剧终

心理点评:

《神奇之门》给我们讲述了应从不同的角度看问题这一道理,只有以积极的心态看待一切,才能与人更好地和睦相处。

此剧形式新颖,在舞台上很好地表现出心理学的原理,观众能非常直观地接受抽象的心理学知识。

第八幕　《渴望》——渴望爸爸妈妈和睦相处

(注:该剧荣获淄博中小学首届校园心理情景剧大赛小学组一等奖)

主题: 父母的和睦对孩子的心理特别重要

参赛学校: 淄博世纪英才外语学校

编剧：殷兴雷　王莺锦
导演：王琳琳　沈红
剧务：张霞　陈宁　杨丽红
旁白：毕宝娣
演员：
小宇：孙崇熙　饰
小宇爸爸：张加涛　饰
小宇妈妈：杜丽华　饰
班主任：王莺锦　饰
网吧小混混：王家豪　饰
开场：

〔独白〕小宇是一名五年级的学生。在家，他是个乖孩子；在学校，他是个品学兼优的学生，老师父母对他赞不绝口。可是，今天，班主任王老师找他谈话了，说他上课精力不集中，成绩有所下降，整天闷闷不乐，不像以前那样爱说话了。

第一场：出走

【场景：小宇家客厅道具：两个单人沙发，一个小茶几，一个衣架，一张课桌，一个台灯】

小宇爸爸："哭，就知道哭，烦死了！"（此时，小宇侧耳听）

小宇妈妈："烦，你烦我还烦呢！我怎么瞎了眼，找了你！"

小宇爸爸："怎么啦？后悔了？那离婚啊！咱们离婚！"（此时，小宇收拾东西准备离家出走）

小宇妈妈："想离婚，没门儿！"

（此时，小宇推开卧室门，对着爸爸妈妈说："吵吵吵，你们就知道吵，我受够了！"）（摔门，下台）

小宇爸爸："小宇，你去哪儿？小宇，你回来……"（追下台）

第二场：寻找

旁白：小宇精神恍惚，一个人在街上游荡，初冬的雨夜很冷很冷，风吹着路上的落叶发出哗哗的声音。

（小宇背着书包上场）

小宇独白："怎么又下雨了！我又该去哪里呢？"

（小宇孤零零地蹲在了地上）

（背景音乐《虫儿飞》）

黑黑的天空低垂，亮亮的繁星相随，
虫儿飞，虫儿飞，你在思念谁？

天上的星星流泪，地上的玫瑰枯萎，
冷风吹，冷风吹，只要有你陪。
虫儿飞花儿睡，一双又一对才美，

不怕天黑,只怕心碎,

不管累不累,也不管东南西北。

(小宇站了起来,正在徘徊)

(突然响起汽车刹车声,小宇倒地)

小宇:"哎呀!疼死我了。这么冷的天,我该去哪儿呢?同学们早在家里吃上爸爸妈妈给他们做的晚饭了,可我……爸爸妈妈是我不好吗?我每次考第一,积极参加各种活动,不就是为了让你们开心吗?这么大的家没有人知道我的心。你们知道,你们有多久没有听我的心里话了吗?爸爸妈妈,我想用我所有的压岁钱,买你们一天的好心情,陪陪我,好吗?"

(独白完后,躺下)

(小宇爸爸妈妈上台)

小宇妈妈(哭喊):"小宇,小宇,你在哪儿?我的孩子……"

小宇爸爸:"儿子,你在哪儿呢?"

小宇妈妈:"小宇,我的孩子,你跑哪儿去了?小宇,你快出来吧,别吓妈妈,是妈妈错了。"(小宇妈妈瘫倒在地下,小宇爸爸赶紧上前搀扶)

小宇爸爸:"丽华,快起来。"

(话外音:"这样的寻找持续了一个晚上。清晨,夫妻二人拖着疲惫的身体坐到街边的长椅上。他们慢慢回忆起以前生活的点点滴滴。")

(两人背对着坐到长椅上。背投照片,背景音乐起,开锥光)

(照片播放一会儿,小宇爸爸和妈妈开始对白)

小宇妈妈:"还记得孩子小时候生病的事吗?我们一起陪着他,虽然孩子身体不舒服,但有我们的陪伴,他依旧开心地惹我们笑。"

小宇爸爸:"是的,我还记得咱俩一块送小宇上学、放学,我们三人一起玩耍时,有那么多的家长和孩子看着我们,那时,他们多么羡慕我们啊!"

小宇妈妈:"我们现在为了自己的事情,有很久没有陪孩子了。"

小宇爸爸:"小宇很久没有要求我为他做什么事情了,但经常劝我多回家陪陪你。"

小宇妈妈:"加涛,我们太自私了。"

小宇爸爸:"是啊,我们太自私了!"

(电话铃响,准备播放王老师和小宇爸爸的对白)

对白如下:

小宇爸爸:"喂,您好!"(小宇妈妈抢过电话)

王老师:"喂,您好!是张小宇家长吗?我是小宇的班主任,小宇今天没来上学,我想问问什么原因。"

小宇妈妈:"王老师,小宇不见了,不见了。"(哭)

王老师:"喂,喂,小宇妈妈,你说说到底是怎么回事?"

小宇爸爸(接过电话):"王老师,昨晚我跟小宇妈妈有点儿问题,吵了几句,恰好让小宇看到了,小宇就跑了,我们找了一个晚上,还没有找到。"

王老师:"噢,是这样。您帮我转告小宇妈妈,让她别着急,您也是!放心,我们一起找。"

小宇爸爸:"谢谢您,王老师。"(电话挂断,长吁一口气)

小宇爸爸:"丽华,走,咱们一起再去找。"

(小宇爸爸、妈妈相拥下台)

(网吧小混混上台,走到台前)

小混混:"哎呀,又到时间了,这一关马上就要过去了,就差那么一点点。不行,我得看看上哪儿弄点儿钱去。"

(向小宇的方向走过去,发现小宇)

小混混:"咦,那边有个小子,看样子穿得不错,找他弄点儿钱去。"

(走到小宇边)

小混混:"喂,老弟,这么冷的天,你咋躺这?快来,哥带你去个又暖和又好玩的地方。"

(两人一起向网吧的方向走)

小宇:"网吧!"

(画外音:网吧是人员密集的地方,小学生可千万要抵制网吧的诱惑啊!)

小宇:"不行,不行,老师说过,小学生不能进网吧,我不去!"

小混混:"哎呀,来吧,没事,我给你介绍个又刺激又好玩的游戏,保准你玩后忘掉一切烦恼。"

小宇:"可是……"

(画外音)

小宇爸爸:"我对你太失望了,这个婚离定了!"

小宇妈妈(哭喊):"想离婚,没门儿!"

小宇:"哼,反正爸妈要离婚了,反正我以后就是没人管的孩子了,去它的!"

((网吧音效起)小混混把小宇带到电脑前,小宇坐下,小混混开始教小宇怎么玩)

小混混:"会了吗?"

小宇:"嗯,会了。"

小混混:"走,哥带你交钱去。"

小宇:"哦?还得交钱啊?"

小混混:(猛然想起状)"对了,你有钱吗?"

小宇:(掏兜,拿出一张100块钱)"我只有这些了,可是……"(做状要收回)

小混混:"拿来吧。"(去抢小宇的钱)

小宇:"还给我,这是我的钱!"(去跟小混混夺钱)

小混混:"去你的!"(抬脚将小宇踹倒在地)

(小宇趴在地上哭)

(王老师上台,看见地上的小宇,跑上前去)

王老师:"小宇!"

(小宇抬头看见王老师,扑到王老师的怀里痛哭。(音乐起,要求音乐声音一定要低))

第三场：回家

（两人坐在台阶上，王老师掏出手帕，给小宇擦擦脸）

王老师："小宇，好点儿了吗？孩子，怎么了？跟老师说说好吗？"

小宇："老师，我爸爸妈妈要离婚了，我没有家了。"

王老师："小宇，老师理解你的心情，现在的你一定很难过，听到这样的消息，老师也很难过。不过，孩子，别哭，有老师在，咱们一起想办法。面对现在的情况，你想让爸爸妈妈怎么办？"

小宇："我不想让他们再吵架了，不想让他们离婚，我想让他们像以前那样爱我。"

王老师："可是，孩子，你出走，进网吧，被别人欺负。这样，你得到你想要的了吗？"

小宇："王老师，这一晚上，我好冷，也好害怕。可我又怕看见爸爸妈妈吵架的样子，我又该怎么办啊？"

王老师："小宇，你是个懂事的孩子，爸爸妈妈找了你一晚上，他们都快急疯了，老师能够感觉到，他们还是爱你的。其实，解决问题的办法有很多，你自己想想，现在我们能怎么办？"

小宇："那，该怎么呀？要不，我打个电话？不，不，我再也不想听到他们吵架的声音了。再也不想听了，可是……还有别的办法吗？（停顿了一下）要不，我用您的手机给爸爸妈妈发条短信？"

王老师："好，我觉得是个好主意，把你的想法和心里话都告诉他们，给。"（把手机递给小宇）

（小宇接过手机，低头开始操作）

（画外音：爸爸妈妈，对不起，我让你们担心了。我曾经是世界上最幸福快乐的孩子。那时候虽然爸爸妈妈工作都很忙，家里也没有多少钱，但你们对我的爱却很多。还记得，每天吃完饭我们全家人都会到小区里去散步。每个周末我们全家人都会一起出去玩。可是自从爸爸有了公司，我觉得你们变了，我甚至觉得你们不再爱我，除了每天的争吵，我听到最多的就是钱钱钱，连对我的关心也变成了钱，动不动就是给我钱，让我自己去买自己喜欢的东西。你们知道我们全家人有多长时间没有一起去散步了吗？散步需要的是时间不是金钱，我好想再回到以前，回到我们每天都一起出去散步的日子。）

王老师："孩子，别难过，一切都会过去的。"

（短信提示音，收到短信）

王老师："小宇，爸爸妈妈回信了。"

（小宇拿过手机）

（画外音："儿子，回家吧，爸爸妈妈不离婚了，我们一起找回从前的幸福时光。"）

小宇："太好了，王老师，爸爸妈妈终于不离婚了！"

王老师："看！孩子，爸爸妈妈还是爱你的，我们给爸爸妈妈发条短信，告诉他们，我们一起回家吧！"

（小宇含泪点头，王老师搂着小宇的肩膀走向舞台的中央）

小宇看到爸爸妈妈，奔上前去，同时喊着："爸爸，妈妈！"

（三人抱头痛哭，音乐起（声音稍大）。王老师在一边高兴地点头，抹眼泪）

拉幕,然后所有的演员出去谢幕。(小宇说一句:谢谢大家!)

剧终

心理点评:

这个心理剧反映了家庭对孩子成长的作用。父母的不和与争吵直接影响孩子的正常生活和学习。孩子渴望爸爸妈妈的和睦相处。在老师的帮助下,问题得到了解决,家长也理解了孩子。

校园心理剧不但是演给学生看的,也是演给家长看的,如果有更多的家长看了这个剧,就会产生更好的启发与教育意义。

第九幕 《融冰》——理解万岁

(注:该剧荣获淄博中小学首届校园心理情景剧大赛初中组一等奖)

内容简介:

受单亲家庭的影响,孩子的心理问题已引起全社会的普遍关注。本剧重在通过一个女孩的心理变化过程,凸显因为家庭破碎、重组而出现的各种心理问题。从内心封闭到感受真情,女孩通过自我认知的调整,理解父母,学会感恩,促成了心理的成长与发展。

参赛学校: 张店区建桥实验学校

编剧创作: 司娟、刘晓慧

指导老师: 程慧

参与人员:

凌落:赵子宁 饰

班长:杨振东 饰

萧羽:姜欣愉 饰

宋阳:刘宋洋 饰

小吉:宋世琛 饰

爸爸:逯雷 饰

妈妈:周慧 饰

老师:司娟 饰

旁白:刘晓慧

独白:孙思凡

配乐:刘艺璇

独舞:常月

声控:张良玮

其他演员:周波瀚 梁菁 王天心

音乐:《火柴天堂》、郑智化的《生日快乐》、班德瑞的《天空之城》、《许愿树》

开场:

第一场:寒风肆虐的路边

(吉他女孩坐在舞台的左前方,弹唱着《火柴天堂》)

旁白：凌落是个孤独的女孩，因为家庭原因，她的亲生母亲离开了她，在一个重新组合的家庭中，她似乎感受不到一丝爱意，一切都是冰冷的。失落的她，找不到自己的方向。

舞台右侧

凌落：我终于知道爸爸为什么为我取名叫凌落了，原来孤单已是命中注定，面对别人冰凌的眼神，却无法尘埃落定。或许，离开他们，去走自己的独木桥，是我唯一的选择。

（凌落孤单地坐在路边）

舞台左侧

（同学们都在寻找凌落，着急、紧张）

老师：凌落，老师找你来了，你在哪里啊，快回来吧！

小吉：凌落，大家都在找你啊！

宋阳：凌落，快回来啊。老师，等等我。

老师：宋阳，上那边找找。快！

波瀚、班长：凌落，凌落，你在哪儿？

天心、萧羽：凌落！（两人相撞）

萧羽：天心，你去那边找找。

天心：凌落，快出来吧，急死我们了。

凌落父母：凌落，凌落，你在哪儿啊？爸爸和阿姨在找你，快回家吧！

旁白：凌落仿佛听到了他们的呼唤，她的心乱了，不要去听那些声音，不要！可是，回忆总那么清晰，往日的情景一幕幕闪现。那温暖的教室，热情的同学，妈妈一样的老师……

第二场：教室

老师：同学们，今天的课我们就上到这里，大家有疑问可以下课交流。下课！

班长：起立！

同学们：老师再见！

老师：班长，请你过来一下。

（老师和班长边走边谈班里的事情）

（周波瀚抢过王天心的书，两人在教室里追逐，宋阳上前）

宋阳：凌落，我有道题想请教你。

（凌落内心比较挣扎，冷漠的表情遮不住火热的内心）

凌落：省略解题过程。

宋阳：大家来看啊，凌落做出这道题来了。

（大家围上来，讨论）（班长跑进来）

班长：大家先安静一下，我宣布一件事情。

（众人看着班长，凌落不以为然）

班长：学校里有个演讲比赛，是以爱为主题的，我们班有一个名额，大家说推选谁好呢？

（大家互相推选，然后看向凌落）

班长：凌落，大家都推荐你参加，不然，你去？

凌落：我不去！（迅速扭头，语气坚决）
（大家上前）
萧羽：凌落，去吧，为什么不参加呢？
宋阳：是啊，凌落，你这么优秀，为什么不参加呢？
班长：凌落，为我们班争光吧，加油！
凌落：（略带犹豫地）那——好吧——
（众人鼓掌）
（4个男歌手站到吉他女孩后面，合唱郑智化的《生日快乐》）
（老师走进来）
老师：同学们冷静一下，今天是零落的生日，她的家人给她送来了一个大蛋糕，让我们一起为凌落庆祝生日吧！
（老师手捧蛋糕走进来，大家都围上去）
思凡：你真幸福啊！
萧羽：多漂亮的蛋糕啊，快许个愿吧！
（凌落闭上双眼，低下头，许愿，大家一起吹灭蜡烛）
萧羽：凌落，许的什么愿啊，跟我们说说吧！
凌落：我希望我能融冰化水。
思凡：凌落，吹蜡烛吧！
（敲门声响起，零落的爸爸妈妈走进来）
（凌落的表情凝固，气愤，眼神充满敌视，慢慢后退）
同学们：阿姨好，叔叔好！
凌落爸爸：（和老师握手）老师，您好！
老师：您好！
凌落妈妈：老师都在呢，凌落，今天是你的生日，这是我和爸爸送你的礼物，祝你生日快乐！
（凌落妈妈把礼物递上前，凌落转过头，不理）
（同学们推凌落上前，凌落把礼物拍到地上）
凌落：我——我不要你的东西！我要我的妈妈！
（跑出门外）
凌落爸爸：（生气地喊）凌落！
萧羽：凌落！（惊奇）
老师：凌落！（关爱）
凌落爸爸：（上前，轻拍凌落妈妈的肩膀）这孩子，还是这么任性！
凌落妈妈：（眼里含泪）没关系，慢慢来。她会接受我的。
凌落爸爸：真难为你了。
（电话铃响）
凌落爸爸：老师，凌落还没回家！
老师：萧羽，凌落在你家吗？

萧羽：宋阳，凌落不见了！

宋阳：我们快出去找找吧！

旁白：大家都认为，凌落只是一时的情绪失控。可是当夜幕缓缓降临后，大家才发现，凌落没有回家，也不在学校。雪在下着，整个世界白茫茫一片。

第三场：路边

（吉他女孩继续弹唱着《火柴天堂》）

旁白：凌落一个人在川流不息的马路上走着，她失魂落魄，万家灯火，哪一个明亮温暖的地方是自己的家？

（凌落在舞台上孤单地走着）

凌落：为什么她要来，为什么？在她来之前，我明明很快乐的。曾经以为在岁月上锁的时光里，我已寻不到半分温情。她不是我的妈妈，为什么要给我祝福？我不会要她的祝福。可是，我想要的，一直想要的。

舞台左边

凌落妈妈：凌落，你在哪儿？天这么冷，会冻坏的。

（凌落妈妈失神地在马路上走着，汽车越来越近，马上就要撞到凌落妈妈了，刹车）

司机：干什么哪，看不见车啊？

（凌落妈妈眼神涣散）

凌落爸爸：对不起，对不起。

（背景音乐：班德瑞的《天空之城》响起）

舞台右边

凌落：我一直是孤单的，自从她来了以后，爸爸好像爱她不爱我了。我一无所有了！她之所以要对我这么好，只是要让爸爸开心，她怎么会真正爱我呢？可是，她为我做的种种事，她为我送来的日用品，她打的一个个电话，她殷切的关怀，以及她温暖的眼神。这一切多么像妈妈一样让人觉得温暖呀。演讲比赛？明天，就是演讲比赛了……

第四场：演讲比赛场

主持人：（缓缓走上台）尊敬的老师，亲爱的同学们，大家好！（鞠躬）今天的演讲比赛正式开始。首先，有请初三（1）班的同学上台演讲，他演讲的题目是"心系祖国"。

宋阳：老师，同学们，大家好，今天我演讲的题目是心系祖国……

凌落妈妈：我的心跳得越来越快。凌落，你会来吗？爸爸和阿姨在等你，孩子，快来吧！

主持人：下面让我们有请初三（2）班的同学演讲，她演讲的题目是"与全运同行，共创灿烂辉煌"。

关心：老师，同学们，大家好，我演讲的题目是"与全运同行，共创灿烂辉煌"。

老师：凌落会来吗？我的心乱极了。凌落，老师相信你，你一定不会让我们失望的！

主持人：最后，让我们有请初三（4）班的凌落同学。

大家：（大家屏息凝神）凌落同学！

大家：（大家对望，眼底全是担忧）凌落同学！

萧羽：大家要相信凌落，她一定会来的！

（凌落缓缓走上台去，大家看看凌落，惊讶和安慰）

（凌落妈妈紧张地盯着台上）

（背景音乐：班德瑞的《雨的印记》响起）

凌落：老师，同学们，大家好！

一直以来，我想为我的阿姨写一篇文章，可记忆中全是平和与自然。阿姨为我做的，就是亲妈妈做的事情，仿佛已是一种习惯。曾经以为封闭的心门不能承受陌生人的爱；曾经以倔强的性格拒她的关心于千里之外；曾经认为从此再也得不到爱，世界对我关闭了爱的大门，可是……

（女生感动，牵手）

凌落：在外读书时，是她一遍一遍不厌其烦地打电话询问：吃得好不好，住得惯不惯？……她知道我的爱好、习惯，知道我的生日，了解我的性格……

（同学们联想到自己的母亲）

凌落：一想到同学们的特别关心（凌落看向同学们）、老师的特别关注（凌落看向老师）、爸爸慈爱的眼神（凌落看向爸爸）、阿姨忍辱负重的付出（凌落满含愧疚地看向妈妈），我觉得我是多么的自私。今天，我要告诉我的爸爸，其实，我也很爱你的她，我得到了比其他同学更多的爱。

爸爸，请允许我把她称为妈妈（凌落爸爸上前），妈妈，对不起！

（凌落爸爸拉着凌落妈妈上台，抱住凌落）

凌落：妈妈！

凌落妈妈：孩子！（擦眼泪）

凌落爸爸：（拥抱）让我们永远在一起。

（老师和同学们高兴地交谈）

《许愿树》（吉他女孩弹唱着《许愿树》高潮起）

（齐唱，快乐地舞蹈）

尾声：

凌落：我要的幸福就是永远和爸爸妈妈在一起。

心理点评：

现代社会中，单亲家庭中的学生心理问题理应引起全社会的普遍关注。本剧旨在通过角色扮演，侧面描述学生的心理变化过程，使学生从不同角度看待问题，了解别人的反应和感受，学会换位思考，改变不正确的认知，从而获得团体的支持和帮助，消除自闭情绪。

我们相信，爱能融化冰雪。

剧终

第十幕 《化蝶》——升学历程

（注：该剧荣获山东城市建设职业学院第三届校园心理情景剧大赛一等奖）

参赛单位：山东城市建设职业学院工程管理系社团联合会

指导教师：卜凡鸿

音乐：班德瑞《初雪》《日光海岸》，《一路上有你》

道具：课桌、牌子等

演员：女主角：小梦(李梦)

男主角：小浩(李文浩)

配角：同学(小敏、小帅、小乐、小景、小璐、小欣)

开场：

第一场

场景：高考成绩看榜处

（背景音乐：班德瑞《日光海岸》）

旁白：小梦和小浩从小一起长大，在生活上他们互相照顾，学习上互相督促。小梦学习一直非常优异，深受老师和家长的喜爱，但就是这种宠爱让小梦日益骄纵。小浩的学习成绩虽然略逊一筹，但勤恳执着的他，成绩也一直名列前茅，也正是这种勤恳踏实让小梦渐渐地喜欢上了小浩。

旁白：这一日，高考成绩放榜，小浩和小梦相约前去看榜。

小梦：(上场，回头招手)小浩，快走啊！

（小浩跑上，两人边走边聊）

小浩：还有点儿紧张呢，不知道考得怎么样。

小梦：(不屑一顾地)这有什么呀，我肯定还是全校第一！

（小敏和小帅也正在看榜）

小帅：(仰天大笑说)自古皇天不负有心人，一分耕耘，一分收获。

小敏：(低头长叹)我还是接受这残酷的现实吧，谁让咱没耕耘来着。哼，是金子总会发光的，哪个大学不是大学，走了。

（小敏、小帅下台）

小梦：(对小浩说)你看，这样子的都敢来看榜，你紧张什么呀？

（小梦、小浩走到榜前，开始查询成绩，小梦非常不屑地面对观众说）

你看你看，我又是第一，下次查成绩别再叫我了，浪费体力。

（小浩非常不安地用手指榜，查找着自己的成绩，一脸痛苦无奈，转身欲走）

小梦：(转身继续看榜，边看边问)小浩，你考得怎么样？

（小梦脸色逐渐凝固，双手定在嘴边，两人定住）

小浩：(走到舞台中央，往前开始内心独白)怎么会这样？

（双手握拳）为什么会这样？难道我和C大真的无缘吗？难道我的理想就这样变成了空想？不，我！我要复读！

（无奈状）可是，明年还考成这样该怎么办？那时我该如何面对父母？他们已经为我操劳了18年，难道我还要继续挥霍他们的心血吗？不，我已经长大成人了，我要靠自己的努力，通过专升本考试，我一样能实现自己的理想。

（回到位置）

小梦：(小浩回位置停好后，小梦回头)小浩！

（小浩回头，两人面对面）

小梦：小浩，你……（欲言又止）你别难过。

小浩：恭喜你，小梦你考得不错。我……我去个专科也挺好的，早毕业早工作早帮父母分担。

小梦：（责问道）你的理想呢！你的C大呢！你甘心吗？

小浩：（点了一下头说）好吧，其实我刚才做了个决定，我想通过专升本考试再向C大奋斗一下。

小梦：（走到舞台中央面对观众内心独白）专升本？对呀，还有专升本。专升本也是一次考试吗？

（不屑状）考试对我来说，就是小菜一碟，我要去陪小浩，无非就是再多考一次试呗，我还能在学习上督促他，帮助他。

（眉头一皱）不过父母那儿我该怎么交代？

（眼珠乱转做思考状，然后雀跃地喊道）对，就这么办！

（回位）

小梦：小浩，你决定好了吗？

（小浩点头）

小梦：那……我告诉你，我也有一个决定，我陪你！

小浩：（惊讶地，吼道）你疯了吗？这太胡闹了！

小梦：不就是再考次试吗，easily啊！

小浩：你父母不会同意的。

（小梦回头撕榜，揉成团扔在地上）

小梦：搞定！我发挥失常了。天知地知你知我知，三年以后，我第一，你争第二吧！

（抓住小浩的手）

小浩：（甩手朝台下走说道）不，这对你不公平。

小梦：（小跑到小浩前推了一把说）行了，别婆婆妈妈的了，你难道不相信我的能力？

（小浩摇头）

小梦：（抓住小浩双手）我……我愿意陪你。

旁白：就这样，小梦为了小浩，毅然放弃了直接升入C大的机会，和小浩一起进入一所高职院校。

第二场

场景：一半场地是教室，一半场地是宿舍。

（背景音乐：班德瑞《初雪》）

旁白：小浩和小梦怀揣着对C大的向往和专升本的理想，开始了全新的大学生活……

（小梦和小浩坐在教室，小浩正在学习，小梦在玩手机。）

小璐：（宿舍里小璐正在梳妆打扮，挑选衣服）

我穿哪件好啊，是这件好呢，还是这件好呢？（无奈地）唉，都穿过了，我叫小梦去逛街吧。

（小璐收拾东西，出门下台）

(在教室里)

小浩：小梦啊，别玩了，来来来，看看这道题。（两人一起看题，小梦帮小浩解题）都学完一学期了，你感觉怎么样啊？

小梦：什么怎么样啊，你不是告诉我，我又是第一吗？我要是再刻苦点，还让别人活吗！

（小璐开始往台上走）

小浩：小梦，那……（无奈地）那你再帮我做做这道题吧。

（小璐走到舞台中央，拨打手机）

小梦：（手机铃声起，拿起手机说）喂！小璐呀，我正在上自习呢！

小璐：上自习？小梦你别土了，大学现在最土的两个字就是学习！走啦走啦，出去转转。

小梦：那……好吧！

（小璐在台前搔首弄姿，小梦扣上电话回头对小浩说）

小梦：小璐叫我去逛街，你在这好好看书吧，别忘了好好争第二啊！

小浩：你别去了，好不容易有节自习，抓紧准备准备专升本课程吧！

小梦：（不耐烦地说）那还早呢。

（走出教室，同小璐一起下台）

（小梦潇洒离开，留下无奈的小浩，小浩叹气摇头走到舞台中央，拿出成绩单）

小浩：我该告诉小梦她的真实成绩吗？让这残酷的现实警醒她，今天这样的结果都是我害的，是我耽误了她的前程，我对不起她。

（想了想）不行，我不能伤害她的自尊心，我要靠我的努力，督促和帮助她，她基础好，一定能赶上的。（拳头做肯定状）

（小浩回到教室继续埋头苦读，小梦和小璐提着包装袋，大包小包地高兴地走上舞台）

小梦：小璐，你先回宿舍吧，我去找小浩。

小梦：（快步走进教室）我回来了，快吧？

小浩：快，快看看书吧。

小梦：这么简单不看也罢。

（小浩坚持地瞪小梦）

小梦说：好吧好吧。（摊开书本）

（这时，小欣进教室大声对小梦说）

小欣：小梦，真巧，路过教室，看见你了，正好陪我出去一趟。

小梦：好啊。

小浩：（非常生气地）干什么去？

小欣：（非常惊讶地）哎哟哟！管得真多，女孩子的事，你掺和什么？

小浩：小梦，别去，一上午，你屁股都没坐热，书半页也没看完，不学考试能会吗？

小欣：（面对观众，做肯定状）小梦可是女状元，还用你管？

小浩：（做无语状，语气加重）你知道什么呀，谁生下来就能考状元，不努力，不付出，怎么能有收获。

小欣：(不屑地对小浩说)大道理讲得不错啊,人是铁,饭是钢,我们吃点儿东西去不行？走！

(拉起小梦,走出教室,小浩收拾物品起身追出去,一把拉住小梦)

小浩：你不能去,咱们来这儿,是有目标的,专升本和高考一样,你一点儿都不能放松啊！

小梦：(回头对小浩说)我,放松？没有啊,你不是告诉我上次又考了第一名吗？

(小浩欲言又止)

小欣：走啦,真啰唆,一点儿都不像年轻人。

(拉起小梦要走,小浩双手去拉小梦,小梦胳膊划过小浩,打掉了小浩手里的课本,里面夹着的成绩单落出,大家愣在那里,小帅小敏跑上)

小帅：都别动！

小敏：(推开众人来到成绩单前)呀！这是什么呀？这不是咱高考状元的成绩单吗？专业课都挂了,还不如我呢……

(小梦要去拿小敏手中的成绩单,小浩抢走,跑下舞台,小梦走到舞台中央开始内心独白)

小梦：这怎么可能是我的成绩单呢？小浩明明告诉我,我是第一的……

(小敏回头把成绩单扔给小梦)

小敏：接受现实吧！这就是你的成绩单！

小梦：这……这怎么可能是我的成绩？从小到大我都是第一名的,难道……那都是假的吗？

小浩：那是真的,小梦你要相信自己,从前的你是那么的优秀。

小梦：真的吗？那……我的专升本还有希望吗？

小帅：没希望了,回家种地去吧！

小梦：(欲哭状)没希望了……

小浩：小梦,你要相信自己,你行的！别忘了我们的约定。

小梦：(抬头向往地)约定……对呀,我们还有一个美丽的约定……

不,我不能再这样下去了！我要努力改过！做回从前那个自信而又乐观的我！

(回头向小欣告别回宿舍)

(小梦在宿舍学习,同时,小浩进教室,把厚厚的复习资料放在桌子上,走到舞台中央)

小浩：本来一心想保护她,却让她在朋友面前被嘲笑,是我深深伤了她的自尊心！她……她一定恨死我了吧,她不会再理我了……

没关系,我帮她整理复习资料吧,让她可以快点儿跟上进度。只要默默帮助她,看到她快乐就可以了……

(回教室埋头整理复习资料)

旁白：天气渐冷了,粗心大意的小梦整日忙着学习,结果感冒了。

(小梦在宿舍,打喷嚏,摸摸头,拿出手机给舍友小景打电话)

小梦：喂,小景,我感冒了你能不能给我捎点儿药回来？我在宿舍。

小景：(惊讶心疼地)感冒了？好的好的,我中午吃完饭就给你捎回去。

(小浩在外头认真地听着,然后转身离开,一会儿拿着药回来,递给小景)

小浩:麻烦你把药带给小梦吧,别告诉她是我买的……她,会生气的。还有还有,这是我整理的复习资料,也一并带给她吧。

(小璐和小景在小浩不让告诉小梦的时候,对视一下表示疑惑)

小景:那?好吧。(回宿舍……)

小璐:小梦,小……

(小景拽了一下小璐的胳膊)

小……小梦,感冒药是我们给你买的,还有,我们看你学习那么辛苦给你整理了一份复习资料。

(小梦感激地接过药和资料,脸色渐渐地暗下来)

旁白:时间在他们忙忙碌碌的学习中流失,小浩一直在背后默默关心、保护着小梦。当看到小梦忙于学习日渐消瘦,他悄悄地将小梦喜欢吃的蛋糕放进她的书桌。而小梦也将这一切看在眼里,放在心里,更加努力地学习。看到小梦渐渐找回自己,小浩感到很是欣慰。他们俩看似像两条平行线,没有交集,可是彼此都在为了那个美好的约定而努力。

第三场

旁白:时间总是过得很快,转眼间毕业在即,专升本录取的名单也在此时公布了……

(大家一拥而上,热烈讨论成绩,众人下。小浩和小梦不期而遇。两人微笑对视)

小梦:嗨!你也在这里啊……嗯,刚才看到你的成绩了,恭喜你。

小浩:嗯!也恭喜你通过自己的努力成功了……

(小梦还想说什么,小浩上前先说)

小浩:我还有事,先走了。

小梦:(上前一步,小浩背对)别!我还有话想对你说。今天取得的成绩不只是我自己的努力!

(小浩回头打断)

小浩:就是你自己的努力。

(背景音乐:《一路上有你》)

小梦:不!不是这样的!我知道,我什么都知道!是你一直在帮助我!那复习资料上满是你的字迹,我怎么会不认识?还有药,只有你知道体质过敏的我对哪个牌子不过敏!我能坚持走到今天是因为我知道,你一直在那里,从未走远。

小浩:对不起,如果不是我,你根本就不用来这里,你应该有更美好的生活。

小梦:这是我自己的选择,这三年的经历,让我重新认识了我自己。现在,我们实现了我们的理想,也证明了我们的选择没有错。

小浩:(感慨万千地)我们长大了,也变了!

小梦:是呀!我们长大了。因为我们已经破茧成蝶了!

(背景音乐:《一路上有你》声音达到高潮)

旁白:年轻的爱情总是带有一点苦涩,在未知的方向里枯萎又得到升华。尽管时间凋谢了它,却无法阻止它成长加速的步伐。

剧终

心理点评：

这是一个关于大学生专升本的故事。很多高中生考学的理想是直接考入本科，但是有些考生由于种种原因不能如愿，只好进入专科院校。这样便有了分流：有的沦丧、迷茫，失去了前进的方向，而有的却更加奋发，经过努力，实现了专升本的目标。

本剧还反映了同学之间真挚的友情，体现了男主角的执着与真诚。

第十一幕 《我的大学》——学会适应大学的新环境

（注：该剧荣获山东城市建设职业学院第三届校园心理情景剧大赛二等奖）

参赛单位：山东城市建设职业学院工程管理系

编剧：刘嵋

指导教师：高原

音乐：班德瑞《雨中印记》、贝多芬《命运交响曲》

道具：课桌

演员：男主角：示强

配角：小游（男，最喜欢玩游、爱情、篮球、学习）

　　　小爱（女，喜欢浪漫）

　　　小明（男，喜欢体育运动）

　　　小希（女，喜欢跳舞）

场景：教室

开场：

（背景音乐：班德瑞《雨中印记》）

旁白：示强考上了梦寐以求的大学，大学的生活本应该是丰富多彩的。可是，示强天天闷闷不乐地整天在教室里苦苦地思索着。

示强：难道，这就是我的大学生活？自从进了大学校门，我天天在寻找，寻找我想要的东西，要什么？我不知道，找什么？我更不知道。

（示强低头继续看书）

（小游上场，文化衫上写着"游戏"）

小游：（兴冲冲地上台，先是面向观众说）大家好！我是小游，游戏的游，你们知道我的爱好是什么吗？（拍拍文化衫上的字）是玩游戏。哈哈，我最拿手的就是闯关，《魔兽世界》你们玩过吗？我都闯过28关了。我闯关的水平，天下无敌。至今还没有找到对手，谁敢和我比！（拍自己的胸膛）

（转身看到示强，惊讶地大声喊）

哇噻！示强，你怎么还在教室？干什么呢？

示强：（没有抬头回答）学习。

小游：什么？学习！（进一步走到示强跟前，一拍桌子）知道校园里流行的最傻的两个字是什么吗？

示强：（先是一惊，然后站起来）是什么？

小游：（向观众说"看他这个书呆子呀！"然后转向示强大声说）学习！

示强：学习！我们上学不就是为了学习吗？

小游：学了有什么用？我才不学呢！

示强：不学习？那你做什么？

小游：玩游戏啊！

示强：玩游戏？怎么玩？

小游：哎哟哟！你是外星人啊，都这个时代了，竟然还不知道游戏怎么玩？

（于是抓住示强的胳膊）

走吧，去网吧，我教你，免费教。

（示强甩胳膊挣脱）

（小爱上场，文化衫上写着"爱情"）

小爱：你们两个怎么了？别打架啊！为了哪个女友争风吃醋啊？

小游：你想哪里去了，我想带他出去放松，他一天到晚就知道学习，学习，学习，再学习。

小爱：学什么呀！学习这么苦，这么累。

示强：我们上大学不就是学习吗！

小爱：这可不是大学的全部呀！

示强：（不理解地问）大学的全部？

小爱：多着呢！哎，其中恋爱是大学的一道亮丽的风景线。示强，谈恋爱去吧，我给介绍一个，你长得这么帅，很多女生会喜欢你的。

示强：（害羞地）那可不行。听说在大学谈恋爱，成功率不高，将来各奔东西，浪费感情。

小爱：（哈哈大笑）想得还怪远呢！你知道校园里流行的一句话吗？

示强：什么话？

小爱：不在乎天长地久，只在乎曾经拥有。

示强：啊！那是没有承诺的爱，不也是玩游戏！游戏人生啊！

小爱：哎呀，什么游戏人生。走吧，寻找爱情去吧。

示强：我不去。

小爱：哎哟哟！你是冷血动物啊，都这个时代了，竟然还不去谈恋爱？

（于是抓住示强的胳膊）

走吧，去寻找爱情。

（示强甩胳膊挣脱）

（小希上场，文化衫上写着"跳舞"）

小希：哎，小爱，你怎么又爱上示强了？别打架啊！别强人所难啊！

小爱：你想哪里去了，我想带他出去寻找爱情，他一天到晚就知道学习，学习，学习，再学习。

小希：带他满校园去寻找呀？示强，跟我走吧，我带你去跳舞，在舞厅里，你有得是机会选择女朋友。

示强：我可不会跳舞。

小希：不会就学呀！我教你，先学跳"青春舞曲"。

示强：我不喜欢跳舞。

小希：那你喜欢什么？总不能只喜欢学习吧。一天到晚就知道学习，太单调乏味了。

（小明上场，文化衫上写着"运动"）

小爱：小明，你好，你和你的女朋友怎么样？爱情甜蜜吗？

小明：你就知道爱情，我来找示强一起打篮球去。

小希：打篮球？他可不去，他只知道学习，学习，再学习。

小明：（非常关心地）示强，只知道学习可不行，要学会劳逸结合。

示强：小明，怎么劳逸结合，我天天学得头脑发涨。

小明：你天天学习，一直用你的左脑，一刻也不让它休息，你把你的左脑累死了。

示强：是啊，从上中学我就一直这样学习，效率总是不高。

小明：让左脑歇歇，用用你一直闲着的右脑。

示强：（莫名其妙地）右脑？

（小游和小爱也好奇地听着）

小明：左脑和右脑是有分工的，我们要学会交替使用。

小游：（非常感兴趣地）左右脑怎么分工？

小爱：（非常急切地）左右脑怎么交替使用？

小明：好，请耐心听我说。

先说左脑主要负责逻辑理解、记忆、时间、语言、判断、排列、分类、逻辑、分析、书写、推理、抑制、五感等。

小游：那右脑呢？

小明：右脑主要负责空间形象记忆、直觉、情感、身体协调、视知觉、美术、音乐节奏、想象、灵感、顿悟等。

小游：顿悟！玩游戏可以顿悟。玩游戏可以开发右脑。

小爱：情感！就是爱情，爱情也可以开发右脑。

小希：音乐节奏！跳舞也可以开发右脑。

小明：身体协调！包括运动。示强，课余时间经常运动，既可以让你的左脑休息，还可以让你的右脑活动活动，更重要的是强壮我们的身体。

（小游、小爱、小明和小希分别抓住示强的胳膊，然后一起各往各的方向拉示强）

小游：上网玩游戏去吧！

小爱：寻找爱情去吧！

小希：跳舞去吧！

小明：还是打篮球去吧！

小游：游戏！

小爱：爱情！

小希：跳舞！

小明：篮球！

示强：（示强受不了了，一声怒吼，挣脱开大家）不！

定格

(背景音乐:贝多芬《命运交响曲》响起)

旁白:观众同学们,示强应该选择谁呢?他的大学生活应该怎样度过呢?

剧情的发展:台上台下互动。

剧终

心理点评:

这个剧反映了大学生在刚进入大学时的迷茫,表现出强烈的内在的心理冲突,同时也表现了外在的矛盾冲突。

本剧采用了台上台下互动的方法,让主角通过角色转换的方式,有效地达到解决矛盾冲突的目的。这种方法对观众也有很好的启发与帮助作用。

第十二幕 《情感世界》——学会处理亲情、友情和爱情的关系

(注:该剧荣获山东城市建设职业学院第二届校园心理情景剧大赛一等奖)

主题:体现学生的亲情、友情和爱情

目的:理解万岁

编剧、导演:刘嵋

演员:主角:莎莎(女):只顾学习,忽略爱情

配角:丽丽(女):莎莎的室友,只顾恋情,忽略友情

大军(男):丽丽的前男友,正在追求莎莎

虎子(男):莎莎的老乡

楼妈

旁白1:女,做解说

旁白2:(爸爸)

旁白3

道具:桌子、凳子、"女生宿舍"牌子

音乐:《思乡曲》、韩雪《想起》、《听妈妈讲那过去的故事》、《爱的代价》

场景:女生宿舍

开场:

[女生宿舍]

(背景音乐:《思乡曲》)

(莎莎坐在堆满书的桌子前,托着腮若有所思地,定格)

旁白1:莎莎是个特别刻苦好学的学生,为了准备参加工程造价师考试,她五一节放假都没有回家,今天上午考试顺利结束。此时的莎莎对家乡的思念油然而生,思念家乡的亲人,思念爸爸和妈妈。

莎莎:(拿出手机,拨通电话)爸爸!我是莎莎,你们都好吗?

旁白2(爸爸):莎莎!我的好女儿,考试顺利吗?

莎莎:顺利!爸爸!我好想你们啊!你们都好吗?

旁白2(爸爸):莎莎,不要怪爸爸,为了你安心复习考试,家里有件事情没有告诉你。

莎莎：什么事？爸爸！是不是妈妈的病加重了？

旁白2(爸爸)：是的！五一的时候病情恶化，医院建议做手术。

莎莎：做手术！什么时候？

旁白2(爸爸)：今天！现在！

莎莎：现在！

旁白2(爸爸)：是的，妈妈刚刚被推进手术室，我们正在手术室门口等结果。

莎莎：爸爸，有了结果马上给我打电话，我等着好消息。

(莎莎坐着，定格，表情抑郁)

(背景音乐：韩雪《想起》)

(丽丽上场，走动，站着，定格。)

旁白1：美丽善良的丽丽失恋了，与她相处两年多的男朋友突然提出与她分手。

丽丽："爱你一万年，我的生命不能没有你。"他却提出与我分手，为什么受伤的人总是我？(趴在桌子上哭泣)

[女生宿舍门口]

大军：(唱着："爱你怎能说出口，让我心里好难受。"上场)

楼妈：哎，哎！小伙子，没看见，(指着"女生宿舍"的牌子)这是女生宿舍，男士免进。

大军：楼妈，楼妈，你真好啊！你是世界上最好的人，我去找人，就放我进去吧。楼妈！

楼妈：不行，不行。女生宿舍是你们男生随便进的吗？

大军：那，我只好给她打手机了！唉！(拨通莎莎的手机)

莎莎：(莎莎听到手机响，以为是爸爸打来的，迫不及待地接通，急切地问道)爸爸！妈妈怎么样？

大军：莎莎，我是大军！

莎莎：大军！什么事呀？

丽丽：(抬起头)大军？

大军：莎莎，告诉你一个秘密，我特别喜欢你，咱们交朋友好吗？

莎莎：不可以的，我和丽丽是好朋友，这绝对不可以的。

丽丽：(起身，走到莎莎跟前)好朋友？原来是你抢走了我的大军啊！

莎莎：(辩解道)丽丽，听我说，不是的，我怎么能抢你的男朋友呢，我们是好朋友啊！

丽丽：(气愤地)什么好朋友？你还是我的好朋友吗？

(这时，手机对方大军还在说话)

大军：莎莎，你下楼来，我们出去走走，谈谈好吗？

莎莎：我根本不想谈朋友。对不起。(挂机)

大军：莎莎，莎莎！(发现挂机)

莎莎：(走到丽丽跟前，耐心地说)丽丽，你听我说。

丽丽：(捂上耳朵)不听！不听！我活着好没意思啊！爱情飞了，友情也不见了！伤心的人怎么总是我？

(趴下又哭)

莎莎：丽丽，丽丽。
（莎莎手机又响，"是我爸爸吗？"打开手机。没想到又是大军）
大军：莎莎。
莎莎：哎呀！对不起，不行。（挂机，继续安慰丽丽）
（莎莎手机又响，莎莎气得立刻关掉手机。两个女生呈静态）

[女生宿舍门口]

楼妈：小伙子，爱情要专一，不要见异思迁，走吧。
大军：专一，那我就在这里等她。
虎子：（气喘吁吁地上场）楼妈，您好，我要找莎莎。
楼妈：（惊讶地）你也要找莎莎？（坚定地）谁找莎莎都不许进。
虎子：楼妈，我有急事找她。
楼妈：有事到教室里去说。
虎子：楼妈，我有十万火急的事。
楼妈：十万火急！打手机多快啊！（面朝观众）现在的男同学呀，花招可真够多的，这可骗不了我楼妈。
大军：怎么？你想插一脚？我苦苦等了这么久，你还想捷足先登啊！
虎子：哎呀，什么呀！（直接对楼妈解释）楼妈，我和莎莎是老乡，她的手机没有开，她爸爸有急事找不到她，打给我了，让我马上转告她。
楼妈：是吗？那我们一起上去找她吧！我陪你们上楼。
虎子：（高兴地跟在楼妈后面）谢谢楼妈！
大军：（也趁机跟在后面）谢谢楼妈！

[女生宿舍]

楼妈：莎莎，莎莎，刻苦学习的莎莎，有同学来找你。
虎子：莎莎，你的手机怎么没开，你爸爸联系不上你，打电话给我，所以，我赶快来通知你。
莎莎：都是大军惹的祸，我把手机关掉了。（着急地）虎子哥，我妈妈的手术怎么样？
虎子：你妈妈的手术非常成功，你爸爸让你放心！
莎莎：（高兴得手舞足蹈）太好了！太好了！
丽丽：莎莎，对不起，我误解你了。你怎么不早告诉我你妈妈的事情啊？
莎莎：我们都是好朋友。大军，你要珍惜感情啊！丽丽对你这么好，你们应该进一步好好了解，感情路上漫漫走！
大军：对不起，丽丽，你能原谅我吗？
丽丽：没什么，没有爱情还有友情，我们都是好朋友。
虎子：对了莎莎，我五一回家时去看过你妈妈，你妈妈让我捎给你一封信，她嘱咐我，在你考完试后再给你。
（背景音乐：《听妈妈讲那过去的故事》）
（莎莎开始看信）

莎莎：

  我的好女儿。

  当你打开这封信的时候，不知妈妈是躺在冰冷的手术台上，还是已经去了另一个世界！依稀记得，襁褓中的你是那么的可爱，那熟悉的感觉仿佛就在昨天。

  不知从何时起，我就习惯了每个清晨为你准备早餐，习惯了每个深夜起来为你盖好棉被，习惯了听你讲学校的趣事，习惯了你躺在妈妈怀里撒娇时的样子。太多的习惯，太多的回忆，而现在却变成了太多的不舍、太多的留恋、太多的眼泪。妈妈知道莎莎长大了，懂事了，所以，还请你原谅妈妈没有把生病的事情告诉你，因为妈妈怕耽误你的学习，怕自己的女儿会伤心！

  在手术前，我已写好了这封信，因为妈妈怕，怕自己会没有机会向自己的女儿说声"再见"！怕以后再也不能说"我爱你宝贝"，不知道这次手术能否成功，或许会，也或许以后阴阳两隔。如果妈妈去了另一个世界，也会祝福莎莎，会为莎莎默默祈祷。

  无论结果怎样，但请宝贝答应我：这辈子无论有没有妈妈陪在你身边，我都希望自己的宝贝一定要幸福地生活。也要记得，无论妈妈身处何地，你都要学会照顾自己，你永远是妈妈最爱的宝贝！

永远爱你的妈妈

（看完信，背景音乐：《爱的代价》）

大家一起搀着莎莎，陪着她在台上环走一圈，下台。

谢幕！

心理点评：

  这是一个关于大学生处理亲情、友情和爱情的校园心理剧，心理剧的主角——莎莎平日以学习为主，忽略了亲情，冷漠感情，又被同学误解，产生了矛盾冲突。随着剧情的发展，这些矛盾都得到了解决。

  本剧利用音乐效果表达主角的内心世界，也表现出主角内心的冲突。

第十三幕 《梦想变奏曲》——家长对孩子多元智能的了解与鼓励

（注：该剧荣获淄博中小学第二届校园心理情景剧大赛初中组一等奖）

主题： 父母对孩子的关爱特别重要

参赛学校： 淄博市张店区实验中学

编剧： 朱爱玲

   王碧玥 刘津豪 杨健亭 陈鼎新

导演： 朱爱玲

演员：

小明：（初三学生）刘津豪 饰

爸爸：杨健亭 饰

张老师：（小明班主任）王碧玥 饰

小新：(小明的朋友)陈鼎新　饰
阿姨：(小明的继母)田雪琪　饰
小凡：(同学)逯梦凡　饰
小健：(同学)李明健　饰
小江：(同学)宋本江　饰
旁白：(同学)朱爱玲　饰
音响：刘啸尘
音乐：《我的未来不是梦》《真心英雄》

开场

旁白：小明的爸爸妈妈9年前离婚，小明跟着爸爸生活。两年前爸爸再婚，阿姨又生了个小弟弟。

第一场　序曲

(下课铃声)

(雨天，学校，放学路上)

众人上：(背着书包，欢快地)放学喽！

小新：(和小明边走边热烈地讨论着)

小明，听说最近学校要组织一个漫画社团，我们一起参加吧！

小明：真的吗？

小新：真的，我听说有很多漫画高手都报名了，去吧。

小明：(心中惊喜，又转念一想)唉，我倒是想去啊，恐怕我爸又要说我不务正业了。

小新：是不是期中测评没考好的原因啊？

小明：(更加垂头丧气)唉……别提了，别提了。

(雷雨声)

小新：(出乎意料地)啊！下雨了。你带伞了吗？

小明：(耸肩，双手一摊)没有啊。

小新：(无奈地)这可怎么办呢？

(远处传来小新妈妈的呼喊)

小新、小新，妈妈在这儿，快过来。

小新：(高兴地)哎！

(转身急促地对小明说)

我妈妈来接我了，我先走了啊。

小明：(目送小新远去的身影，羡慕又失落地摇了摇头)

要是我爸妈不离婚该多好啊。

(把书包放在头顶挡着雨，慢慢地走下台)

第二场　现实

(小明家里。椅子、衣服架上挂着毛巾。)

(小明爸爸坐在椅子上，怀抱着孩子，阿姨拿着一件小被子在椅子旁边俯身看着孩子，

两人谈笑风生)

爸爸:(抱着孩子亲热地逗着,摇啊摇,摇啊摇)

小宝贝,笑一个,笑一个。

阿姨:(急切地)你小心点儿,孩子还小,别摇这么厉害。

爸爸:(自豪地)这样才能把他培养成男子汉。(转身对阿姨)你看小家伙是不是越来越有出息了?

阿姨:(佯装嗔怨)还不都随你。(说完,拿着小被子走了下去。)

(小孩呓语声)

(小明顶着书包跑上台,把书包随手一放,拿毛巾擦头上、身上的雨水)

爸爸:(正在哄孩子,抬头看到小明回来,喊一声)

小明,把奶瓶拿来。

(小明放下毛巾,一脸不情愿地去拿奶瓶)

爸爸:小明,还有你弟弟的玩具,快点儿!(小明再跑去拿)

爸爸:小明,把热水端来。(小明再跑去端)

爸爸:行了,快去写作业!(小明沉默,提起书包走进房间)

爸爸:(一手抱着孩子一手拿着奶瓶,亲切地)咱可别学你哥哥懒散样。找妈妈去喽。

(小明的房间,书桌,漫画书)

小明:(小明疲惫地走进自己的房间,把书包放在书桌上,拿出试卷,刚看一眼)

(小孩哭声)

爸爸(画外音):小明,赶紧去拿片尿不湿……小明端盆热水来……

(随着声音,小明来回去拿东西,最后疲倦地坐在座位上。耳边传来爸爸逗引孩子的声音和孩子的哭闹声。小明不耐烦地捂住了耳朵。他重重地合上书本,把试卷放在一边。拿出漫画纸和笔,开始画漫画)

小明:这么画就好了。(举起画来看)漫画啊漫画啊,还是你好。只有你能给我带来好心情。(再继续低头专注地画着)

爸爸:(小明正在专注地画着,爸爸推门走进来,边走边喊)小明,小明……

(走到小明身后,看到小明在画画,生气地)

你怎么又在画漫画!作业写完了吗?

(刚要走,转眼看到小明的试卷,拿起试卷一看,生气地)

这是怎么学的,都考成这样了还画!能画出什么名堂?!我让你再画!

(拿起画来给撕了)

小明:(起立,着急,做生气状)你凭什么撕我画!

爸爸:你还有理了?!考这么烂你还有理了?!

小明:你就知道成绩,成绩。你管弟弟吧,别管我!

爸爸:你……你……,告诉你,你要是不想待在这个家,就给我滚!

小明:(生气、害怕地)我……我……

阿姨:(快步走上台迎着爸爸)这又是怎么了?都吓着孩子了。快过去,孩子又闹了。

爸爸:(一边生气地转身离开一边说)真是没出息!

阿姨：(悄悄对小明说)小明，你爸就是好着急，别生气了。快做作业吧。(说后离开)

(小明站立，委屈地、心碎地、慢慢地把撕碎的画纸一片片收起来。小明疲倦地坐在座位上。他慢慢地拿出书本，疲惫地、毫无兴趣地翻开书看着。耳边又传来爸爸逗引孩子的声音和孩子的哭笑声。小明不耐烦地捂住了耳朵。他重重地合上书本，拿起漫画书，看了几页，又不耐烦地合上。再无心写作业了)

小明：妈妈，妈妈，你在哪儿啊？你为什么要离开这个家呀？

(最后，趴在桌子上睡着了)

旁白：(音乐响起)

在睡梦中，小明看到自己的妈妈来到了身边，围绕着自己，轻轻地抚摸着自己，亲切地喊着自己的名字。

旁白：(小明妈妈的呼喊声)明明，明明，妈妈来看你了。

小明：(趴着头，在睡梦中，幸福地呓语)妈妈，妈妈……

(边喊着边惊醒地坐起来) 妈妈别走！妈妈，妈妈……

(左右看看)原来是个梦啊。

(惆怅起身下台)

第三场 关爱

(第二天早上，教室里，上课前)

(小明在桌位上画漫画，同学们围过来)

小江：你在画什么啊？

小凡：你们看小明画得这么好啊！

小明：(笑了)是吗，呵呵，是吗？

小健：嗯，真是不错。对了小明，听说学校最近马上要举办艺术节，我想你去一定能获得一个好名次！

小明：是吗？唉，我倒是想去啊，只是爸爸不同意。

小新：不会吧？

小新：(抬头无意朝门外望了一眼，然后小声地)哎，王老师来了。

(众同学快速归位)

老师：同学们，这次的期中测评，我们班取得了好成绩，但是还是有少数同学成绩下降了。

(看了一眼小明，小明低下头去)

众同学：(小声议论)

老师：希望这些同学找到原因，努力赶上来。今天我们班会课的主题是梦想……

众同学：(议论纷纷)

老师：大家安静一下。梦想是一个人的未来，是希望，是力量。想想看你的梦想是什么？是怎么树立的？

小新：我的梦想是做一名歌手！我喜欢唱歌，我更喜欢在舞台上被人关注的感觉。

小健：我的梦想恰恰和你相反。我想做一名科学家，安静地在实验室里研究，发明创造，没准儿我还能获得个诺贝尔奖呢！

小凡：我妈妈是医生，很受人尊重。我也希望当一名好医生，救死扶伤。

小江：我爸爸是干企业的，他说中国的强大离不开实业的发展。我要学好企业管理，做大事业。

老师：是啊，每个人的理想不尽相同，只要能根据自己的特长，做最适合自己的，并能体现自己的价值就好。小明，你呢？

小明：（刚从发呆中被惊醒，慢慢地站起来，表情略显呆滞）

啊？我……梦想？哦，那个，我……没想过……

（众人诧异地看着他，窃窃私语）

老师：（无奈）好吧，再想想吧。

（小明坐下）

小新：（举手）老师，小明漫画画得很好。

小凡：是啊，老师，我们都看过，小明真的有绘画的天分，有画画的实力。

老师：是吗，小明？兴趣是最好的老师，努力去做就会成功。

小明：（看了看老师，又低下头做深思状）

（下课铃响）

老师：刚才大家都谈了自己的梦想，希望大家努力去实现。谢谢大家的参与！下课！

众同学：老师再见！

（小明家中）（门铃响了）

爸爸：来了来了。（连忙开门）

老师：您好，是小明爸爸吧，我是小明的班主任张老师。

爸爸：张老师，您来啦，快请坐（转头对阿姨说）快给张老师倒杯水！

老师：（客气地）谢谢，不用麻烦了。我这次来，就是想和二位谈谈小明的事。

爸爸：小明怎么了，是不是又惹什么麻烦了？

老师：没有没有，您多虑了。主要是有些事儿想跟您商量一下。小明其实是一个很有才华的孩子，心地善良又坚强。可能家里的情况对他有一些影响。为了孩子着想，家长还是应该对他多关心多鼓励，毕竟孩子还小啊。

爸爸：（若有所思）嗯，想想也是……您说得很对，确实自打孩子小时候就没给他一个暖心的家，其实，我心里觉得也挺对不起他，我这个做父亲的也没有尽到责任……老师您放心，我一定会多上心，多鼓励他。

老师：小明很喜欢画漫画，不少同学都夸他漫画画得好。只是听说您不是很支持他，这让他情绪很失落。

（阿姨上台把水递给老师）

爸爸：唉，这件事我也犯愁，就是怕他因画画耽误了学习。这不，前几天晚上我还看见他不写作业画漫画，把我给气得……唉。

阿姨：（坐爸爸旁边，面对爸爸）不是我说你，你就是好生气。老师说得对，画漫画只不过是个爱好，不至于影响学习吧……

爸爸：那可不一定。

老师：这个……

（这时候小明推门回家，看到老师在家，非常惊异）

小明：老师，你怎么来了？

阿姨：小明回来啦，先坐下吧。

老师：小明，正好，我正跟你爸爸谈你喜欢画漫画的事呢。

小明：老师，我……

老师：小明，老师知道你喜欢漫画，爸爸妈妈也不是不支持你，只是怕你耽误了学习。你觉得怎么处理学习和兴趣的关系好呢？

小明：学习的时候认真学。

老师：比如说……

小明：课堂上认真听讲，晚上认真完成作业后再画画。

老师：（欣慰地）这就对了，把时间安排好，家里就放心了，是吗？

小明：嗯。

阿姨：是啊，小明，学习也不能落下。你真喜欢画画，改天我叫你爸带你报个业余学习班，行吗？

小明：（兴奋地）真的？（又不相信地看看爸爸）

爸爸：小明，以前爸爸不让你画画是怕你耽误了学习，以后只要你能把学习和画画调整好，爸爸一定会支持你！

小明：（肯定地）嗯！

老师：那就太好了，那我先走了！

爸爸：老师，太谢谢你了！（回头对小明）小明，快，送送老师！

（爸爸、阿姨、小明一起送老师下场，爸爸和小明又走上台）

爸爸：（拉小明坐下，亲切地）小明，来，咱爷儿俩说说话。

（小明坐到爸爸旁边，低着头）

爸爸：小明啊，弟弟还小，全家人对他照顾得多，是不是冷落你了？你和弟弟都是爸爸的好孩子，爸爸都爱你们。

（抚摸着小明的肩膀，亲切地）

爸爸工作忙，没照顾好你，都是爸爸不好。

小明：（委屈地哭了）爸爸……

爸爸：（抚摸着小明的肩膀，亲切地）爸爸也想明白了，自己的路要自己走。你是个自觉的孩子，我相信你会走好自己的路的。以后你就放心去画吧。

小明：（感动地面向爸爸）爸爸，我会做好的！

爸爸：走，我们先去吃饭。

（爸爸拥着小明一起下台。）

第四场 奋起

（放学路上，小明快步走在前）

小新：（跑步追上来伸手拉住小明，喊着）小明，小明，你走这么快，忙着干啥啊？

小明：（停住回头）什么事？

小新：（气喘吁吁）诶，你现在每次放学都走得这么快，忙着干啥啊？

小明：我得赶紧回去写作业。
小新：以前也没见你这么急啊？
小明：我还要留出一个小时的画画时间呢。
小新：你爸支持你了？
小明：(得意地)简直是180度大转弯，还给我报了漫画班呢。
小新：看把你美的。(忽然想起某事状)对了，刚才张老师要我告诉你，你的漫画在校园艺术节上得了一等奖。
小明：(兴奋地)真的，太好了！
(两人兴奋地讨论着一起走下台)
(家里，小明爸坐在椅子上，怀抱着孩子逗着玩，小明进屋)
爸：小明，放学了。
(低头对孩子说)
看哥哥回来了喽，咱出去玩，不打扰哥哥学习。走喽！
(抱孩子下)
(小明感激地看着爸爸的背影，心情愉快地来到自己房间。快速拿出书笔本写着)
小明：(把笔一放，伸着懒腰)作业做完了。
(看看表)开始画画(整理好书包，拿出纸笔)
小明：(抬起头，沉思状)是啊，为什么不当个漫画家呢？既然大家都这么支持我，要当就一定当漫画领域的王者。
小明：(翻着漫画书，摇着头)唉！为什么中国动画、漫画比不上日、美呢？
(激动地站起来)
就让我担起这个重任吧！为中国的漫画世界打下一片天，真正让中国的漫画震惊世界！
(背景音乐：张雨生《我的未来不是梦》)
旁白：从此小明在课堂上全身心地投入到学习中，业余时间全身心地投入在漫画创作中。
小明：(起身，挥拳，一幅画创作好后的幸福喜悦感)噢耶，终于完成了。
小明：(起立，拿着画边看边说)给爸爸看看去。
(一边欣赏自己的杰作，一边走下台)

第五幕　超越

(3个月后，教室里)
老师：同学们，这次期末测评，我们班的成绩有了很大提高，很多同学都进步了，为我们的努力鼓掌！
众同学：(鼓掌)
老师：在这里特别要表扬的是杨小明同学，他进步最大。同时，我刚刚得到消息，杨小明同学的作品《星空》获得2011年全国漫画比赛特等奖。
众同学：(欢呼、鼓掌)小明，你真行！小明，你怎么做到的？小明，你学画画了成绩还能进步？

老师：小明，你看大家都想知道你是怎么做到的。下面我们请杨小明同学给我们介绍一下他的经验。

小明：首先感谢大家，是你们的鼓励与支持让我坚持了梦想。其实兴趣爱好不一定会影响学习。因为良好的爱好会调节心情，会激发自信心，这些都对我们的学习有帮助。只要把学习和爱好的时间安排合理，不仅不会耽误学习，还会激发学习动力，提高学习效率。还有家长的支持也很重要，所以我们要用自己的行动赢得父母的信任。最后，我想说，坚持自己的梦想吧，冲破乌云，就能看到属于自己的彩虹！

（众人起立，鼓掌。背景音乐：《真心英雄》）

尾声（大家齐上台）：让我们珍惜现在，为我们心中的梦去奋斗，让我们的人生更加精彩。

谢谢！（大家鞠躬谢幕）

剧终

心理点评：
家长给自己一个多元开放的心情，去欣赏孩子多元的智能表现吧！

不了解孩子，就不可能进行科学的智力开发。

每个孩子与成功的距离是一样的，关键是要找到发展方向。

本剧反映了再婚家庭孩子的生活状态以及孩子多元智能应该得到关注的重要性。多元智能包括绘画、音乐、体育、语言、数学、人际、观察和内省智能。家长和老师应该了解和关注孩子的兴趣爱好，发现并鼓励孩子的特长，让孩子快乐、健康地成长。真正体会到"天生我材必有用"和"我的未来不是梦"。

第十四幕 《我们都是好孩子》
——父母对孩子青春期的理解与关爱

（注：该剧荣获淄博中小学第二届校园心理情景剧大赛初中组一等奖）

主题： 父母对孩子的关爱特别重要

参赛学校： 淄博市临淄金岭回中

编剧、导演： 孙瑞云

演员：

小东：褚金宝

小萌：赵红博

小东妈：孙瑞云

小东爸：常亮

道具： 衣架、沙发、连椅、四棵树

音乐：《放学路》《孤孤单单一个人》《思念是一种病》《恋人未满》

开场

第一场：放学路上

旁白：（背景音乐：《放学路上》）周五下午放学了，小东走在回家的路上。

【场景一：放学路上】

小东上场：同学们两两"组对"地在前面走着，一路说笑着……，小东的死党大鹏也被"女朋友"喊跑了，只剩下小东孤孤单单没人陪。

（背景音乐：《孤孤单单一个人》）

【场景二：教室里】

老师的好帮手、父母的乖乖女小萌正在收拾书包，然后锁门，往外走。

旁白：唉，没人陪的黯然心伤，向前看人海茫茫，往后瞧……

小东：咦！……小萌！

旁白：此情此景这两个同学碰到了一起，都有一丝惊喜，也有一份羞怯。因为他俩一直就有些朦朦胧胧的好感，这可有好戏看了。

小萌：（故作镇静）小东，今天你怎么走得这么晚？怎么自己呀？哥儿们呢？

小东：（夸张地）啊！他们结伴走了，就剩寡人我一个啊！不然将就着跟你一块儿好了。

小萌：切！谁稀罕，不过，可怜一下你还是可以的。

旁白：终于，两人有个合适的理由近距离交谈一下了。彼此都有些惴惴不安，又有一丝丝甜蜜。

（小东、小萌回头定格，雕塑一下，然后退场）

旁白：这难道就是爱之初体验吗？

第二场：约会

【场景一：小东家】（背景音乐：《思念是一种病》）

旁白：晚饭后，小东百无聊赖，他下意识地掏出手机，两眼直勾勾地盯着手机发呆。

小东：（鼓起勇气，下决心）小萌，在吗？

小萌：在，啥事啊？

小东：嗯……周末晚上有空吗？

（小萌好久也没有回应）

小东：（焦躁不安、急切地）小萌，就问你几个题而已，你说话呀。

旁白：小萌略有所思，看着短信，犹豫着。忽然，她被自己的想法吓了一跳。

（小萌敲出了几个字：好吧。）

旁白：小东兴奋不已，激动得跳了起来，大声唱《不见不散》。

小东妈：我觉得小东这几天有点儿不太对劲，整天把自己关在屋子里，神神秘秘的，饭桌上，也不好好吃饭老发呆，还无缘无故地嘿嘿笑两声。哎，我这宝贝儿子今天就更奇怪了，晚饭结束后，竟然打扮得一码儿整齐，嗯！还喷上发胶啦。看样子，像是要出门。不行，我就在这儿等他。

小东：妈妈，我出去一趟。

小东妈：干吗去啊，儿子？

小东：问同学个问题。（腋窝下夹本书）

小东妈：这么晚了，还要出去。天黑，注意安全，早去早回啊……

小东：好，妈，我记住啦！

(小东下台)

小东妈：哼！我儿子长这么大，第一次见他如此穿戴整齐。肯定有事，不行，我得探个究竟。

【场景二：中心公园的长椅上，长椅后面是4个学生举着树。】

(小东早早地等在那里，今晚他打扮得甚是帅气，并时不时地照一下镜子，撩一下头发)

(背景音乐：《恋人未满》)

小萌：(羞怯地)嗨！小东，什么问题呀？说吧！

小东：(非常绅士、有些夸张地)小萌请坐。

旁白：两人就这么聊起来了，年轻的脸上写满了憧憬和甜蜜。正当两人有些得意忘形的时候，殊不知，小东妈妈已在树后了然于心。

(小东妈偷拍照)

小东妈：哈！原来我的儿子恋爱了。不行，我得拍下来给他爸看看，铁证如山，看看他宝贝儿子干的好事。这个当爹的一天到晚不着家，除了应酬，还是应酬。哎，不行，我得给他打个电话。(拨号)

小东妈：喂！张德帅，你在哪儿？我不管你多忙，你立马给我回来！听到了没有！立即！马上！快……

第三场：战火弥漫

【场景：家里，小东父母坐在沙发上，佯装看电视】

小东妈：(气呼呼地)张德帅，应酬是你的强项，如果你再继续发挥的话，儿子可就成了你的弱项。(掏出手机)你看看，这是什么？

小东爸：(惊讶，气愤地)啊！这女孩是谁？

小东妈：(阴阳怪气，一字一顿地)我哪知道，等你儿子回来你就什么都明白啦！

(小东进门，脱鞋，换衣服)

小东爸：(一字一顿地)你看看几点了？干吗去了？(眼睛上下打量小东，满脸怒气)

小东：(若无其事，故作镇定)没干吗呀。爸，我能干吗呀，就去问了一个作业题。

小东爸：(站起身，怒火中烧，从小东头上拿下几片树叶)问作业问到树林子里去了？

旁白：小东还沉浸在甜蜜中没出来，对爸爸突如其来的袭击感到惊慌失措。他眼睛盯着爸爸，一时无语。大脑一片空白，不知如何应对。

(父子两个定格，雕塑一下)

小东妈：(走到小东跟前，点着他的脑门)

我说呢，这几天神出鬼没，弄得这头跟刺猬似的，你整天跟手机亲得不行。

(指向小东爸)还有你！一天到晚不见人，整天搞你那些狗屁烂事，怎么样啊，搞来搞去，把儿子搞到人家姑娘手里去了。看看你儿子，魂不守舍，还学什么学啊！

(面向小东)越来越像个小流氓，不干正事，我告诉你！现在你要是做流氓，长大了就是文盲。

旁白：小东听着妈妈如此数落自己，压抑不住怒火，马上就要爆发。

小东：(恼羞成怒地)妈，你说话太难听了！什么叫流氓啊，我怎么就流氓了！

小东妈：就你这样的！

小东：班里的男女生都有交往，我呢？难道我就不能吗？哼！来来回回一个人，丢死人了。再说了，你天天加班不管我，我爸也是天天不见人，我……我……我跟女同学说说话都不行吗？！

旁白：小东蹲在地上呜呜地哭了起来。作为大学老师的小东妈，一时语塞，看看儿子，又看看小东爸，颓然坐在沙发上，无奈地哭了起来。

小东爸：（面向小东妈，长叹一口气，然后转身）唉……

旁白：今夜无眠，三个人各怀心事，委屈，不满，还有愤怒……

第四场：青春总是美好的

旁白：第二天，周一上午，小东父母经过了一夜的反思，决定来学校寻求老师的帮助。

【场景：办公室里】（李老师正在批改作业）

（咚咚咚，敲门声）

李老师：谁呀？请进。

（彼此握手）

小东妈：李老师，您好！我们是小东的父母。

小东爸：找您有点儿事。

李老师：来，坐下慢慢说。

小东爸：（面向小东妈，很无奈地）你说吧！

小东妈：（强压怒火）你说！我没脸说。

旁白：小东爸把昨晚的事情跟李老师说了一遍，希望从李老师那里获得帮助。

李老师：嗯，青春期的孩子，心理和生理都在急剧发展，处于情绪的动荡期，有时他们也不明白自己为何总是感觉很孤单。他们需要有人倾诉、有人陪伴。很多父母以为孩子大了，往往忽视了他们的情感需要，把他们晾在一边天天忙于自己的工作。殊不知，青春期的孩子处在皮肤饥饿的高峰期，如果你们能够每天给予他们情感的安抚，再给他们正确的引导，我想，亲子关系也许就不会如此紧张了。作为父母，你们要多体察孩子的心理需求，多陪陪孩子，与他们敞开心怀谈一谈、说一说。再者，咱不能一看到孩子与女生在一起，就用成人的眼光给扣上个"谈恋爱"的名头，即使他们真的"谈恋爱"了，我们也不能武断地贴一"坏孩子"标签。我们也年轻过，试着去理解他，接纳他当前的状态，积极引导……

（咚咚咚，敲门声）

李老师：你们稍等一下。

小东妈：（对小东爸说）好像是儿子的声音……

李老师：（走过来）你们先到屏风后等一下，小东他们来了。

李老师：你看看，真是很奇怪，你俩成绩怎么都下滑这么多啊？尤其是小东你，你看看你的数学成绩。小萌，你俩同桌应该互帮互助、共同进步啊，现在倒好，一起退步了。青春总是美好的，处在人生的黄金季节，把你们这份纯洁而又美好的情感深藏，暂时冷一冷、凉一凉，看清自己到底要追寻什么，人生的目标在哪里，奋力向前啊！

小萌，你觉得呢？想一想自己追求的是什么，目标在哪里。

小萌：好，老师，那我先走了。
李老师：小东，不瞒你说，你的父母刚刚来找过我了，如果你的父母就在现场，你想跟他们见面吗？
（小东下意识地后退一步）
小东：老师，你想听假话还是实话？
李老师：当然是实话。
小东：（难为而又无奈地）老师，我，我不想见……
李老师：但是，有了问题我们必须去面对、去解决呀。
小东：那……可是……哎！好吧。
李老师：好了，小东父母，你们也别躲啦，快出来和孩子见个面吧！
（小东爸妈上场）
小东：爸，妈。
小东妈：（见到儿子很不好意思）儿子，妈妈昨晚上确实有些……，还跟踪你。我大惊小怪了，妈妈有些难为情……
小东：妈，我也有不对的地方，不该跟您撒谎……
小东妈：（看了一眼小东爸）他爸，你说话呀！
李老师：好了，你们一家三口回家好好交流一下，以后的路还很长呢。青春时节总是美好而又富有活力的，青春时节的他们是单纯而又美丽的。他们都是好孩子……
（小萌上场）
小萌与小东：（一起说）是啊，我们都是好孩子！
众人：谢谢！（大家鞠躬谢幕）

剧终

心理点评：
本剧反映了父母对孩子的关爱特别重要性。青春总是美好的！青春期的孩子对异性的向往和关注是正常的心理现象，多一分沟通与理解，多一分接纳与爱护，这是做家长需要努力做到的。作为学生，学习是主要的，只有把握现在，才能拥有更加美好的未来！所以，家长和老师应该帮助孩子很好地、顺利地度过这个人生美好的阶段。

本剧的舞台效果非常好，道具用得也很新颖，提高了观赏性。

第十五幕 《昨天、今天、明天》
——了解父母的艰辛，展望自己的未来

（注：该剧荣获淄博中小学第二届校园心理情景剧大赛高中组一等奖）

参赛学校：淄博市临淄中学
编剧：于春旺
导演：于春旺老师、焦可可
演员：
男孩：（少年）孙熙坤 （成年）崔景川
天使：崔艺丹

妈妈：(青年)杜佳雯　(中年)王筱晗　(老年)杨筱晗
爸爸：(青年)徐玉　(中年)齐建春　(老年)曹永浩
道具：花门、树、灌木丛、连椅、茶几、电话、水果盘、轮椅
旁白：许达
开场：
旁白：成长道路中，充满了阳光，但"阳光"中也蕴藏着一些烦恼。

　　成长，就好比我们人生中的一艘小船，行驶在波面上。有时风平浪静，有时也会遇到汹涌澎湃的海浪。所以我们的成长之舟，也不是一帆风顺的，其中也会经历各种风波。对我们而言，酸甜苦辣咸，样样都有。

　　这是一个关于中学生如何排解心理问题的故事。这里面的中学生或许就是你、我、他。或许你此刻也正在受到同学的误解、老师的批评和父母的唠叨，也许你正在纠结于自己的心情。那么。希望你看了我们的心理剧之后，能够给你一定的启迪，也更希望你能够让自己阳光快乐健康地学习生活。

　　请看，故事开始了——

第一场：昨天
(画外音：
妈妈：你给我滚，有本事你别回来！
男孩：滚就滚，我还不稀罕回来呢！
妈妈：气愤地，你……你……你给我回来……)
男孩：(气冲冲跑上场)不回来就不回来，凭什么我就这么倒霉！(冲着时光树怒吼)凭什么！
天使：(从树后出现)哎哟！刚才是你吼的吧！
男孩：(小惊吓)你——你是谁啊？
天使：(生气)我是守护时光树的天使啊！
男孩：(不屑)天使？你骗谁哪！当我3岁孩子啊！(转身欲走)
天使：你站住！你是小达吧？被你妈妈赶出来了吧？
男孩：(惊讶)嗯？你怎么知道？
天使：我知道的还有更多呢。你之所以被妈妈赶了出来，是因为班主任让你回家反思了，班主任让你回家反思，是因为你和同学打架了。是不是？
男孩：天呐！那根本不是我的错！是他们先惹我的！哎呀，你不会明白的……还有我妈妈，连我都不知道她是怎么想的。唉……从小到大，所有的路，所有的事，都是她为我设定好的，都不问问我的想法。我的人生！我连这点自由这点权利都没有吗？还有，每次我犯一点小错误，都会被她夸大其词地批评半天，我解释什么她都不听！我经常想……我到底是不是她亲生的！
天使：你怎么能这么想呢，你当然是她亲生的，这点我可以做证，而且……她可是比任何一个人都爱你。
男孩：爱我？哼！爱死我了都！
天使：你还不信？那你愿意回到过去，去看看她吗？

男孩：嗯，可是过去……又怎么能回去呢？

天使：（拽着男孩）跟我来，看看你父母昨天的时候……（天使魔棒一挥）时光树，带我们回到昨天吧……

（青年父母上场）

青年爸爸：小丽啊，外面天气凉，我们回病房吧。

青年妈妈：外面空气多好啊，病房里待着很闷的。

青年爸爸：现在入冬了，又是晚上，很容易着凉，都要当妈的人了，怎么还这么不知道照顾自己。听我的话，我们回病房吧。

青年妈妈：哎呀，老公，你就陪我散散步吧，就散一小会儿，好吗？

青年爸爸：好好，依你依你，把外套披好，别冻着，就散一小会儿。（披外套）

青年妈妈：嗯，老公，我腰有点儿累了，咱坐一会儿吧。

青年爸爸：来，小心一点。

（青年爸爸扶着青年妈妈慢慢坐在连椅上，按摩青年妈妈的肩）

青年妈妈：老公啊，你说，我们的宝宝长大以后会是什么样呢？

（青年妈妈一脸笑容，幸福开心地抚摩着肚子，青年爸爸神情凝重）

青年妈妈：哎！老公？

青年爸爸：（回过神来）啊！

青年妈妈：你啊，最近怎么了？怎么老是心不在焉的？来，坐下陪我聊。（青年爸爸坐到椅子上）老公啊，你说，咱们的宝宝将来会做什么呢？你说他是男孩还是女孩？我比较希望是个男孩，如果生得像你一样儒雅大方，像我一样乐观开朗，那就好了，唉，老公！

青年爸爸：嗯？

青年妈妈：老公，你怎么了？想什么呢？

青年爸爸：小丽啊，你，你真的打算要这个孩子吗？

青年妈妈：老公，你，你什么意思？你，你不要他了吗？

青年爸爸：不是，小丽你听我说，甲亢怀孕生子的危险系数很高，如果——小丽，你对我很重要，我不想失去你啊！

青年妈妈：（站起）不！这个孩子我一定要！

青年爸爸：小丽，别这么固执好不好，医生的话你也考虑一下，我们两人平平安安地一起生活不好吗？有没有孩子真的不重要，我不想你出事啊。

青年妈妈：老公你，你知道吗？我是一个要当妈妈的女人了，这个孩子在我肚子里怀了6个月，6个月我对他倾尽了所有的爱和精力，他是我们爱情的结晶，是我生命中和你一样重要的人，我真的好想亲眼看着他一天天地长大，亲耳听他叫你一声爸，叫我一声妈。不，我不能失去她！我，你——（青年妈妈晕倒，青年爸爸扶住）

青年爸爸：小丽，你别着急，你看看你现在的身体，你，哎，走，我们先回病房。

青年妈妈：老公，你不是也很期待他的到来吗？你不是连名字都取好了吗？他不光是我的小达，他也是你的小达。我知道，生下他我可能会——老公，我不能不要他。

青年爸爸：你现在身子这么虚弱，如果执意要坚持的话可能会——丽，我不想失去你。

青年妈妈：老公，你相信我好吗？我和宝宝一定都会平安健康的，我们一家三口以后会永远幸福地在一起，你答应我好吗？

青年爸爸：好好，我什么都答应你，我们先回病房，来，慢一点儿，小心一点儿。

（青年爸爸、青年妈妈下场）

第二场：今天

男孩：（冲出来）没有人强迫她！没有谁让她生下我！没有！是她自己要把我生下来……也许，她应该听我爸爸的话……如果没有我，也不会有人现在天天让她生气，她和爸爸应该幸福地生活在他们的二人世界里……我只是一个——一个不该出生的孩子吧……

天使：不，你想错了，你知道吗，在你还未出世的时候，她就已经决定要用她的生命来疼你爱你。她为你的出生下了最大的赌注，她愿意用自己的生命来换你的生命！

男孩：（开始被打动）那她现在为什么还那么咄咄逼人……要是她真的爱我的话……

天使：她呀，就像玻璃制品，完整时光滑美丽，破碎时锋利无比，她的病你也知道，发脾气时自己也无法控制，何况是你的解释呢？她的身体那么不好，你也应该体谅她啊。

男孩：医生都说我不该生出来的，她为什么就非得拼了命地要生我……

天使：因为……每一个小宝贝在妈妈的心里，都是比自己生命和青春还要重要的东西啊！她希望能把你健健康康地生出来，仅此而已。

男孩：真的是这样吗？我都没有觉得她疼爱过我……

天使：让事实证明给你看。你想看看你父母今天的样子吗？

男孩：嗯！

天使：那跟我来吧，看看你父母在你身后的样子。时光树，带我们重温今天吧……

（中年父母上场）

中年爸爸：老王啊，新疆的客户是明天到吧？哦，那明天你得陪我喝几杯呀。行，那咱们明天见！（坐下看报纸）

中年妈妈：我回来了！（中年爸爸没听到）我回来了！

中年爸爸：哦，回来啦。（继续看报纸）

中年妈妈：还看什么报纸，去给我倒杯水！（生气）

中年爸爸：（抬头看了看妻子，笑道）好好好，给你倒水（转身倒水）怎么生这么大气啊，怎么了？

中年妈妈：怎么了？我被公司解雇了！我真不知道我是哪里得罪了那个人事部经理，隔几天就来找我的麻烦，说什么我的工作带不来业绩，非要找新人来代替我，你说我在公司辛辛苦苦这么多年，没有功劳也有苦劳吧，他们倒好，说解雇就把我解雇了，我气不过。

中年爸爸：哎，就因为这点儿事啊，咱为他生气不值得。

中年妈妈：你什么意思啊，我被公司解雇了你很高兴是吧。

中年爸爸：我不是这个意思，来来来，先坐下，我是说你身体一直不太好，正好在家休息一下，养家糊口的事就交给我吧。

中年妈妈：交给你？你那点儿工资够咱家的开销吗？

中年爸爸：我会努力的，这不，咱还有儿子嘛。

中年妈妈：别跟我提你那个儿子，一说他我就来气，整天在外面给我惹麻烦，出门不遇见熟人还好，一遇到熟人，人家不说别的，第一句话就是又去你儿子学校吗？你让我怎么说，真不知道我是不是上辈子欠他的！

中年爸爸：哎，儿子现在还小嘛，不懂事。

（电话响了，爸爸接起电话）

中年爸爸：喂，王老师啊，你好——哦——哦，行，我知道了，谢谢你啊，王老师。

中年妈妈：怎么了，儿子是不是又在外面惹麻烦了？

中年爸爸：没什么，小达在学校出了点问题。

中年妈妈：你看看，你看看，整天不干别的，就知道给我惹事！

中年爸爸：好啦好啦，儿子现在正处于青春期，什么事都不懂，他需要我们的鼓励，需要我们的支持和正确的引导，而不是去批评他、责怪他，小达生活在我们的压迫下，他怎么有心思学习，怎么能健康地成长呢？至于你的工作，他们解雇你那是他们的损失，咱们还可以找到更好的工作嘛，这些天你一直为公司的事操劳，累得老毛病又犯了，是该好好休息一下了，咱不能累坏了身体呀。我的工资虽然不高，但是我一定会好好努力，让你和儿子过上好日子的。

中年妈妈：（情绪平静）每当我遇到困难和不愉快的时候，你都会在身边帮助我，我很感动，嗯，我一定改改我的坏脾气，让儿子有一个温暖的家，老许，谢谢你！

中年爸爸：哎，都老夫老妻的了，还说这些干吗？这不，小达的老师来电话了，让我去一趟，你跟我一块儿去吧，咱们一起帮助小达。

中年妈妈：好。对了，我被解雇的事先不要告诉儿子了。

中年爸爸：嗯，我知道，咱们走吧。

第三场：明天

男孩：（男孩下意识地紧跟几步）妈！妈妈——你别走。

天使：你看不到她的。（男孩停下脚步，低头）她呀，就像是一块海绵，把所有的苦水都吸进了肚子，面对你的时候，却像是什么也没有发生过一样，她也有她的苦衷啊……你应该努力让她觉得她当初生下你是值得的！

男孩：（恍然大悟，悔过）原来我这么不了解我妈，我真是太不懂事了……只是，我都已经这么堕落了，一定让她很失望，我还能成功吗？

天使：当然了！你还年轻，还来得及，时间会改变一切的，只要从现在开始，向着目标一步一步走，你一定会成功的！

男孩：可我现在……连目标都没有，对将来也很迷茫，我的噩梦就要结束了，可接下来我却不知道要怎么走。

天使：别担心。我预测到你的潜力可不小呢！你想看看你的未来吗？

男孩：未来，当然想！

天使：那就快跟我来，看看你父母的明天吧。时光树，带我们去明天吧……

（老年父母上场，老年爸爸推着轮椅，上面坐着老年妈妈。刚从菜市场买菜回来）

老年爸爸：这天儿怎么说变就变，冻死了……（把菜篮子放在衣服架下，把老年妈妈

的外套取下,挂在衣服架上)

老年妈妈:你说咱儿子发邮件说这几天给咱俩来个电话的,怎么最近连个信儿也没有啊?

老年爸爸:儿子肯定是忙工作,孩子大了,总要有自己的事业的。(坐到沙发上,准备看报纸)

老年妈妈:再忙工作,也要想着家里吧。你说这孩子,在美国,也不知道会不会好好照顾自己。我看报纸上说,这几天美国那边降温,连降好几摄氏度,那孩子毛毛躁躁的,也不知道有没有多加几件衣服,还有咱孙子,那么小,抵抗力还那么弱……

老年爸爸:(打断说)哎呀,老婆子,你就别担心了,孩子那么大了,会照顾好自己的,你这进屋以后就没停下,咱消停会儿吧。(看表)看看,到时间了,咱该吃药了。你呀,就在这老老实实坐着,看看报纸,啥也别想,我给你拿药去。

老年妈妈:哎——我怎么能不惦记呢!

(老年爸爸下场,去拿药,老年妈妈拿起报纸看。突然电话"零零零"响了,而老年妈妈睡眼蒙眬,没有听见电话。电话铃响了一会儿,老年妈妈才急忙接起)

老年妈妈:喂,小达吗?

成年儿子:妈,是我。

老年妈妈:小达呀,你怎么现在才给妈打电话呀?你要急死妈呀?妈还以为你那出什么事了呢,达呀,那边工作是不是很忙呀?

成年儿子:没有,妈,我工作不忙,我这不是给您打电话了吗?妈,我爸呢?

老年妈妈:你爸在厨房呢。老头子,儿子来电话了,快来快来!

老年爸爸:(小跑,拿着水和药,放下后,接过电话)来了来了,达呀,找爸有事?

成年儿子:没事,爸,最近有没有按时吃药?血糖稳定了吗?

老年爸爸:哎,我这身体,没事。血糖正常得很!

成年儿子:那你平时饮食多注意点儿,尽量少吃甜的东西。

老年爸爸:知道啦,对了,我孙子呢?没在公司吗?

成年儿子:他呀,今天和他妈出去玩了。

老年爸爸:哦哦,你有空带我孙子回来啊,他和你小时候一模一样,皮!

(画外音:徐总,层峰建设的李总正在会议室等您开会,请您马上过去。成年儿子:知道了,你先下去吧。)

老年爸爸:达呀,是不是很忙呀,要是忙,先去忙工作吧。

成年儿子:爸,不忙。

老年妈妈:(抢过电话)小达呀,爸妈这都挺好的,你都放心,爸妈身体也壮实得很,这一切都好,我们没事出去打打太极,扭扭秧歌,生活挺滋润的。你好好工作,那边天冷了,多给自己加件衣服,你别忘了给小小达多穿点衣服,孩子抵抗力弱。妈不和你说,电话费这么贵,妈挂了啊。

成年儿子:哎,妈——

老年妈妈:(放下电话,叹气)哎,你说这孩子,一忙,又不知道忙到什么时候,一忙就不顾自己的身体,还整夜整夜地熬,一熬夜就喜欢喝,那个叫,哦对,就喝咖啡,那东西呀,不如开水呀,喝多了上火。我听他那嗓子,又哑了,是不是又感冒了?肯定衣服又穿少了,你说说,这么大了,还不让人省心。

老年爸爸:孩子大了,有出息了,你应该高兴才对呀,瞎操心这些干吗呀?咱现在呀,是应该享享清福喽,再也不用操那么多心了!

老年妈妈:哎,我知道是这么个理儿,可是——

老年爸爸:小达都这么大了,有自己的家了,再也不是那个成天爬屋上房的皮孩子了,你呀,享享福吧!哎,到点了,咱看的那个电视剧演开了,老婆子,快来!

男孩:这——这真的是我吗?

天使:这就是你啊!有信心,有目标了吧!

男孩:我觉得我的生命又有意义了。我相信妈妈的爱了!妈妈是爱我的!

天使:她对你啊,刀子嘴豆腐心,说让你永远别回去,其实现在不知道有多担心你呢!

男孩:我今天真不该和妈妈吵架啊——一会儿我就回家向妈妈道歉。然后我向老师和同学们道歉,承认错误。我要告诉所有人,我会成为我爸妈的骄傲的!

天使:小达,这才是梦醒过后真正的你啊。

男孩:是我懂得太晚了,(面向天使)谢谢你,让我明白了很多。

天使:不客气,我的任务完成了。(伸个懒腰)我要休息去了。再见。

旁白:阳光总在风雨后,不经历风雨,怎能成功?我的成长之舟,行驶得虽然不稳,有风平浪静,也有波涛澎湃,但也正是各种各样的惊涛骇浪,才让我学习到了不少,锻炼到了不少。通过我这成长的旅途,我才真正了解到成长有一定的烦恼,但是有更多的快乐。

让我们多多理解别人,能站在别人的角度上,能够换位思考,这样我们就有了一份平和宁静的心态。在我们的成长道路上,我要学会感恩,感谢缘分,它凝聚了我们的友情;感谢泪水,它让我们学会了拼搏;感谢心灵,它让我们互相沟通。

成长,一个轻松的话题,一段艰难的历程。

感恩一切吧,让我们健康成长,快乐生活。

(全体演员上场,谢幕!)

剧终

心理点评:

这个心理剧讲述了一个中学生因为和同学、老师、家长出现矛盾而心理纠结郁闷的时候,偶然邂逅一个小天使,在小天使的帮助下,这个中学生看到了父母的昨天、今天、明天,从而内心深深感受到了父母的不易。

本剧采用戏剧模式,构思精巧,通过三种时态的演绎,使主角和观众跨越时空,特别是主角在戏剧中看到自己的未来,更增强了主角在现实中奋发向上的斗志。

本剧道出了当前中学生的典型的心理问题,也提供了一定的解决问题的技巧。

第二篇 校园情景心理剧

【心灵悟语】

校园心理剧的张力

校园心理剧犹如春风,
让学生沐浴在春风里。
在编剧的过程中,团体成员学会认识与反思;
在排练剧的过程中,团体成员能够体验与互助;
在观赏剧的过程中,提升自助与感悟。
大家通过自编、自导、自演和观赏,
使心理更健康,
还得到能力的锻炼及素质的培养。

——刘嵋

第三章

校园情景心理剧概述

第一节 情景心理剧和校园情景心理剧介绍

一、情景心理剧和校园情景心理剧

（一）情景心理剧和校园情景心理剧的含义

1. 什么是情景心理剧

情景心理剧，也称心理情景剧、校园情景剧，其产生与发展，源于我国学校心理健康教育的实际和专业工作发展的需要；同时也体现了作为成长发育过程中的大、中、小学生通过生动的演出活动的形式解决心理困惑的方法。

情景心理剧(psycho-scene-drama，PSD)，利用与生活相似的情景，通过行动表达的方法与技术，以舞台表演的形式重现生活情景中的心理活动与冲突，使当事人和参与者认识到其中的主要问题，当事人自己或在参与者的协助下解决问题，促进当事人、参与者认知领悟、情绪表达和行为改变。

情景心理剧吸纳了心理剧、社会剧、音乐、舞蹈、绘画、书法等国内外表达性艺术治疗的精髓，是在心理教育实践中探索出的本土化"行动表达演出技术"。以舞台演出的形式，在达到知识性和趣味性的同时，从多个角度对参加者进行生动的心理健康教育和辅导。

情景心理剧实际上是精神分析学派的一种治疗方法，是一种以团体形式处理心理问题的方法，通常是由团体成员把自己的焦虑或者困惑用心理剧的方式表现出来，再由心理咨询师充当导演帮助成员检验真伪，表达感受，培养和提高团体成员的洞察力。通过团体成员扮演日常生活问题情境中的角色，使成员把平时压抑的情绪释放、解脱出来，直到最终对问题的解决有所帮助。同时学习人际交往的技巧及获得处理问题的灵感并加以练习。角色扮演可以提供成员宣泄情感的机会，特别是困扰他的消极情绪。在表演的同时，成员更可以深入地了解真实情况和他人的感受，增加人际关系敏感程度。当所有的成员都觉得无法继续演下去，或心理咨询师认为已达到目的时，随时可以停止表演。心理咨询师要让每个成员说出自己的感受，并相互提供意见或建议。最后由观众发表意见。在表演过程中，如果某位成员对某种角色强烈地表现出否定情绪时，可以劝他扮演该角色。这样可以使他从不同的角度去了解当时的情境，了解他人的心情和立场。再者，这也是一个自我反省的机会。最后，心理咨询师组织团体成员讨论整个活动的体会、感受，互相启发、互相支持。至于表演什么样的情境，可以选择成员共同关心的事情，如家庭生活、学业问题、休闲时光、交友等。

2．情景心理剧的创作要求

1）提出问题

提出问题涉及三个方面，即开端的任务、开端的形式和情节引出。具体步骤如下。

（1）开端的任务：交代故事发生的时间、地点、背景、时代特点等；交代人物之间的关系；引出全剧的主要矛盾和问题。

（2）开端的形式：旁白（可以录音，也可以团体成员自己完成）。

（3）情节引出：通过演员一连串的动作来暗示时间、地点和事件的起因。

2）分析问题

问题提出以后，就要分析造成这些问题的原因和各个事件的影响程度及相互关系。通过对造成心理问题的相关事件和人物关系的精心演绎，使问题层层展开，不断深化，从而探讨这些问题对个人心理产生的影响程度以及他人如何看待这些问题。

这部分情节讲究曲折有致、起伏跌宕。

3）解决问题

解决问题是指当事人状况有所减轻或有所领悟，找到了问题的原因和解决问题的方法。

值得注意的是，心理剧的结局要有深意，能够引起观众的回味与反思，要通过内心冲突与斗争，使观众有所体验和领悟，从而改变一些不恰当的行为。

4）分享感受

全体成员分享演出所体验的感受、想法以及对自我的启发。导演常常会提醒团体成员注意三个原则：不分析，不建议，不发问，即不对主角提出进一步的问题。

举例：即兴表演心理情景剧——《家庭风波》

人物：公公、婆婆、丈夫、妻子、妻子的闺密、旁观者

演员：邹红霞　马涛　张传颖　王立群　王晴晴　刘学红

乐器：钉瓶、锣、鼓、镲

热身阶段：

（1）乐器即兴演奏。

（2）欣赏歌曲《家后》。

角色选择：

主角——妻子，首先讲出了最近夫妻之间的矛盾冲突。音乐团体心理辅导教师让她在团体中选出扮演她丈夫的角色，又让她选出她认为最亲密或最可靠的人，她选择一女干警作为她的闺密。然后辅导教师又帮她选择了公公和婆婆的扮演者。

在分配好角色以后，音乐团体心理辅导教师让大家根据自己的喜好挑选乐器。丈夫和妻子都选了钉瓶，公公选了鼓，婆婆选了锣，妻子的闺密选了镲。

要求：在表演的过程中不能说话，可以用手中的乐器通过节奏和强度来表达，可以配合肢体动作与表情。

表演阶段：

家庭矛盾的呈现：小夫妻各自下班回家，都很疲惫，为谁来做家务起了争执。

妻子：以钉瓶发出"唰唰"的声音，似在向丈夫抱怨。

丈夫：同样以钉瓶发出"唰唰"声，向妻子回应他心中的不满。

妻子：转而发火，发出更大的声响。

丈夫：只以细小的声音回应，表情显出无奈与退让。

婆婆：见儿子受委屈，猛击一下锣，以示愤怒。

妻子：怒火冲天，不停地撞击瓶子，与婆婆争执起来。

公公：敲击两下鼓，发出"咚咚"的声音，以示希望两人平息。

婆婆：（见自己的丈夫不站在自己一边）生气，向公公敲锣。

妻子：（误会两位老人与自己过不去）使劲撞击瓶子，并转头向闺密示意，显示出十分委屈的样子。

闺密：生气，一边轻击镲，安慰自己的闺密，一边向其公婆示威，猛击镲，发出"咣咣"的声音。

矛盾愈演愈烈，公公婆婆开始站在一边，妻子与闺密站在一边，猛烈敲击手中的乐器，响声大作。丈夫显出十分为难的表情，只以小声轻敲钉瓶。

旁观者入场，手持钉瓶，向丈夫走去。

旁观者：对丈夫轻敲钉瓶，示意他去抚慰妻子。又向妻子轻敲钉瓶，示意她平复情绪。

丈夫：轻轻敲击钉瓶，向妻子示好。

妻子：回应以唰唰的声音，情绪略缓和。

（旁观者下场）

婆婆：依然心怀对儿媳的不满，继续敲锣，向丈夫和儿子表达委屈与不平。

公公：击鼓，以示抚慰自己的妻子。

丈夫：面向自己的母亲轻轻晃动手中的钉瓶，并将头斜靠在母亲的肩头，做出亲昵撒娇的表情。

婆婆：得到丈夫和儿子的宽慰，终于转怒为笑。

妻子：晃动钉瓶，与闺密应和，显示出轻松愉快的神色。

闺蜜：轻击镲，发出悦耳动听的声音。

（二人遂一同向对面的三人叩击手中的乐器，公公婆婆与丈夫也以缓和的乐声响应。）

5个人同时敲击各自的乐器，一片欢乐祥和的气象。表演结束。

分享阶段：

这是一段即兴表演，事先没有任何的剧情准备，辅导教师只安排了妻子的角色，其余角色都是让她来挑选的。

乐器的选择：

公公：在一堆的乐器里面，我选择了鼓。因为我认为鼓象征着权威，一种由内而外的威严和庄重。

婆婆：我选择锣，是因为它的声音比较大，能够镇得住人。

丈夫：随手就拿了钉瓶，感觉它是这里边最朴实的一种乐器。

妻子：没有特别的原因，看到他拿瓶子我也就跟着拿了瓶子。

闺密：我选择镲，是因为它的声音嘹亮动听，就像我们的友谊，既深厚又令人感到温暖愉悦。

妻子：嗯。他们（指公公婆婆）拿的都是鼓啊锣啊，我一个人拿个小瓶子就显得很单薄。当看到她选了镲，我的心里一下子感觉踏实了很多，觉得自己有依靠了。

旁观者：钉瓶本来就在手中拿着的。

演员分享：

公公：我觉得作为一个家庭里年纪最长的男人，应该代表一种正气，能够用自己的威严维护家庭的和睦。当儿媳和儿子以及他妈妈发生冲突的时候，我不能一下子就生气，使矛盾更加激化，而是让他们尽快平静下来，心平气和地去化解矛盾。

婆婆：我最看不得儿子受委屈。当儿媳跟儿子吵架的时候，我心里的火气腾的就冒上来了，不管三七二十一，就先冲儿媳发火。儿子高兴我就高兴，儿子受气我比他更难受，我的心情完全就是随着他变化的。所以当他向我撒娇的时候，我的心一下子就软了。为了儿子，也得跟儿媳和解，处好关系。这样他才能开心嘛。

丈夫：生活中我就是这个样子的。因为老婆也上班，都挺辛苦的。平时偶尔也会因为这样的小事起点儿摩擦。我觉得男人嘛，就得能包容女人。这并不是吃亏。一家人就得有人能懂得在适当的时候退让，家庭关系才能融洽。

闺密：一开始给我设定的角色是同事，后来变成闺密。在表演的过程中我觉得我就像她的姐妹一样。看到她受了委屈我就压不住心里的火了，迫不及待地要为她打抱不平。很快就跟他们家的人打起来了。（笑）

妻子：对。当我对阵婆婆一家人的时候，我觉得好孤单啊。当我转头发现我还有个人可以倾诉，可以依靠，我就没那么沮丧了。好姐妹能为我出头，我觉得心里很温暖。

旁观者：当他们两方出现僵持的时候，我忍不住走上台来，就是想告诉做丈夫的，当妻子和自己的母亲发生冲突的时候，你一定要把握好自己的角色。妻子向你抱怨、诉苦甚至发脾气，那是她希望你能多给她一些安慰，多哄哄她就好了。还有你的母亲，只有你去做母亲的工作，她才可能平息下来。做丈夫的，一定要在妻子和母亲之间摆正自己的位置，否则只会使家庭矛盾愈演愈烈。

观众：说得对，就像电视剧《双面胶》一样。丈夫就是起一个黏合的作用。

观众分享：

通过角色的表演，分析他们各自的性格以及故事背后人与人相处的道理。

观众一：妻子是个性情中人，直率坦荡。当丈夫不够体贴的时候，一下子就发火了。她还是个小女人，渴望得到丈夫的呵护和体谅。同时，她也比较通情达理，当丈夫表示出和解的意思并且做通了婆婆的思想工作的时候，她也并没有不依不饶，而是很快就和公公婆婆和好了。

观众二：这是个很体贴的丈夫，脾气很好，虽然偶尔跟妻子闹点小矛盾，但是很懂得谦让，能包容妻子的小任性。在妻子真的生气的时候，丈夫表面上败下阵来，其实是出于对妻子的疼爱。

观众三：婆婆的表演很出彩。那种爱子心切的母亲形象很生动，也很令人感动。看到儿子受儿媳妇的气，就立刻站出来与儿媳争论。没有得到自己丈夫的响应，她显得很失落，甚至和丈夫也起了争执。好像她是一个很要强、不屈服的人。但儿子靠在她肩头撒娇，她心中所有的怨气一下子全都烟消云散，愿意为了儿子去跟儿媳和解。

观众四：都说婆媳关系难处，其实大家的出发点都是爱。只要都多一些包容，多一分理解，少些计较，少些冲动，也能处得好。做丈夫的在婆媳之间一定得做好沟通。

观众五：这是即兴演出，没有剧本，也没有事先的安排，演员们都是凭借直觉和自己生活的经历，融入角色。整个过程还不能说话，他们利用不同的乐器，展示出角色不同的性格。总体上配合比较默契，剧情展示也比较成功。

演员和观众分享结束后，按惯例进行了去掉角色处理。

原来用乐器即兴演奏表达的方式也能很好地表达和处理矛盾冲突，团体成员体验到音乐心理辅导的功效和乐趣。

（组稿：山东省微湖监狱教育科干警 　王晴晴）

心理情景剧《家庭风波》之感悟

《家庭风波》是老师随机抽选5个人即兴编演的剧。要求自选乐器，并使用手中乐器表达角色的喜怒哀惧等情绪，用乐器的音高、音律代替语言和动作，表达、解决剧中的问题。要求表演的内容是在家庭生活中发生矛盾冲突后如何解决。其中妻子、丈夫、闺密选用的是自制乐器钉瓶（矿泉水空瓶里放入回形针），公公使用的是鼓，婆婆使用的是锣，闺密使用的是镲。剧中我扮演婆婆。

演音乐情景剧我们都是第一次，而且是即兴，没有排练，不知道剧将走向何方，一直都是随着感觉走。没有语言的表达逼着我们更加投入：注意观察剧中人物的神情，最重要的是聆听对方乐器表达的情感，做出相应的回应。好一个心领神会！最终我们的表演博得观众会心的笑和热烈的掌声。全剧演出的主要情节是妻子和丈夫发生矛盾后因婆婆的介入而使"战火"升级到高潮，后因妻子闺密对其劝解和心理支持、丈夫对妻子的认错及对母亲的撒娇而和解。剧中的我（婆婆）因为心疼儿子在工作劳累回到家后和妻子因琐事争吵而无法忍受，运用手中的锣发出急促、刺耳、高亮的声音表达不满情绪和妻子针锋相对地叫板，儿子手中的钉瓶在妻子、母亲那里轻轻地、无力地做着解释，显得很尴尬和无奈，妻子手中的钉瓶时而急促地表达愤怒和委屈，时而轻柔地表达理解，闺密则面带微笑地用手中的镲和着妻子的节奏与其共情，公公用手中的鼓对儿子、儿媳、老伴适时地进行心理支持。整个剧高潮迭起，手中乐器将剧中人物心理起伏表达得淋漓尽致。演出后我们积极分享剧中角色，纷纷发言表示今后生活中要经常内省自己的思想和行为，做到"三思而后行，行后再三思"；面对矛盾，从自身找原因，勇于检点自己的行为；待人接物学会无理要让人，有理也要让人。在内省方式上，将自己与他人比较，明确自己是因为哪些因素导致这种后果的；在内省内容上，要对照标准自我检查。我们还发现打击乐是一种适合不善于用语言交流人群解决问题的好方法。生活中确实存在不恰当的语言交流伤害他人的事例，中国汉字中"福"与"祸"差别就在一处："福"字是人在田地里辛勤耕耘，等待他的是丰收的喜悦，"祸"字是人在门内喋喋不休，等待他的是扯不清的纠纷、烦恼甚至是灾祸。俗话"祸从口出"讲的就是这个道理。音乐情景剧是在没有语言的情况下,通过心灵的交流、沟通无声无息地化干戈为玉帛。做到了最大限度地不危害他人,排遣了自身的烦恼和不安,自我得到成长。演出让我们感到很惊喜:简单的打击乐也可以作为感受、表达、解决生活中问题的一种方式。而且这种形式更能让当事人自己深刻地发现内心的轨迹,从而自助式地解决问题。我们何尝不可以将音乐情景剧运用罪犯的教育改造中去,有效地为监管改造工作服务呢?

(供稿:山东省微湖监狱二级心理咨询师　张传颖)

3. 什么是校园情景心理剧

校园情景心理剧是在心理情景剧的基础上衍生出来的一种校园文化形式。校园情景心理剧实际上也是一种团体治疗心理问题的方法,通常通过角色扮演唤起参与者相应的情感。它作为一种心理教育手段,为观众提供一种发现、思考及解决问题的思维方式。它生动形象,参与性、互动性强,集知识性、趣味性于一身,成为一种有效的教育手段。因为校园情景心理剧生动演绎了生活中各种复杂的心理问题,可以使同学们从第三人的角度,重新看自己生活,有巨大的现实意义和教育意义。

(二) 心理剧与情景剧的异同

心理剧与情景剧既有相同之处,也有不同之处。

1. 相同之处

心理剧与情景剧相同之处表现在应有伦理原则和主要技术方面。

1) 应用伦理原则

在心理剧的应用中需要充分认识到:心理剧不是万能的(Blatant,1973),切勿不负责任地使用心理剧方法(Leveton,1977)。莫瑞诺和伊莱斯利认为心理剧是一种强有力的方法,如果一些未受过训练的人使用这一方法,会对团体成员产生巨大的潜在伤害(J.LMoreno&Elefthery,1982)。情景剧也是如此,无论运用哪种方式,均应注重专业性、规范化、伦理道德,应慎重使用,必须经过严格的专业培训。对于具体的咨询辅导活动来说,心理剧、心理情景剧的运用是一个自发的过程,由于其具有自发性,往往难以把握,需要足够的实践经验和良好的伦理道德,尊重和保护当事人,避免为了突出效果和气氛,而伤害到当事人。

2) 主要技术

心理剧与情景剧都来源于自发且富于创造性的演出,并在总结升华为理论之后,再在演出中加以检验与优化,情景剧技术有许多来源于心理剧,在实践中也有自己的探索与创新、整合与发展,而且注重照顾到团体的整体感受与氛围。

相同技术包括前面所述的镜像、替身、角色训练、角色互换、未来投射和魔幻商店等。

2. 不同之处

心理剧与情景剧不同之处表现在深度与保密程度、目标与对象、各要素结构与要求、过程与环节等方面。

1）深度与保密程度

心理剧是个人层面地、垂直化地推进处理个人心理问题,情景剧是针对整体的、水平化的心理问题和关系组织问题并加以展开处理。

心理剧演出的是主角个人内心深处的真实的人生经验,对被治疗者的影响主要在体验层面（包括情绪和行为）,兼顾认知层面和生理层面,并需要所有参加治疗的成员为其完全保密。情景剧演出的内容贴近受教育者的生活和内心,是他们普遍关心的主题,并面向广大受教育者,对受教育者的影响主要在认知层面,兼顾体验层面,在心理健康教育应用中可以没有保密的要求。但在有的心理教育或团体咨询辅导的情景剧演出中,基于尊重、理解、保密的原则,需要兼顾保密约定,应给予适度保密。因为演出者可能会很投入,在剧情中演出了自己的一部分真实情感,演出个人的心理剧问题。此时,作为指导者应适可而止,把握分寸。心理情景剧也是由个体扮演的角色来完成,自然会流露出个体角色内心的问题、困惑,但此时需要在关注角色个体内心感受的情况下,将角色拉回到现实,回到团体共同面对的主题。

比如,在一次进行的情景剧情绪交通灯工作坊中,小组成员选择了食堂打饭中人际冲突的沟通场景进行演出,在演出过程中,主角将自己实际生活中由于不讲社会公德经常加塞而被斥责时,内心自责、歉疚不安的感受过多地表达出来。此时,导演教师进行适度的有针对性的情绪处理,把主角的状态拉回到小组共同的演出情景,角色替换,请另外一个团体成员扮演主角,让主角在旁边观看大家的反应。然后让主角选择怎样安排与大家共同排队的情景。

2）目标与对象

在目标与程度上,心理剧用于咨询治疗较深层次的心理问题、心理障碍;情景剧用于教育辅导较浅层次的心理问题、广泛意义的心理教育。

由于使用目的不同,两者的适用对象也不同。心理剧用于心理治疗,其对象是借助于心理剧进行心理治疗的求助者,从广义上说,一场心理剧对主角、配角和观众都有不同程度和层次的治疗作用,并且团体中的每一位成员互为治疗媒介。情景剧主要用于心理健康教育、咨询辅导,其对象是广大的需要接受心理健康教育、有共同问题需要辅导的人,以团体的形式出现。在一场情景剧中演员和观众经过演出与分享,可以互为心理健康教育的媒介。

3）各要素结构与要求

心理剧有导演、主角、配角、观众和舞台五要素,心理剧需要经过长时间严格训练的合格的导演和配角来帮助主角完成心理治疗。情景剧有指导者、事件、主角、配角、观众和舞台六要素,情景剧指导者不需要经过心理剧导演那么严格的专业训练,其演员来自非专业的团体成员。心理剧的观众相互之间有紧密的心理联结、人员固定,而情景剧的观众不具有也没有必要具有心理联结,人员可以不固定。情景剧的观众往往比心理剧的观众更具有同质性。

4）过程与环节

心理剧的暖身过程具有建立安全性和团体凝聚力、激发自发性、产生主角等重要作用,而情景剧的暖身除达到一定的安全、包容、自发、温暖的团体氛围外,还注重让团体成员适应情景剧这种表达方式和教育方式。

心理剧中演出的是主角真实的人生经验,而情景剧中演出的是能够展现现实生活中常常发生的心理冲突和心理困惑的"模型"演出。心理剧的分享阶段也是治疗的一个环节,团体成员们在安全的氛围中说出他们对刚刚进行的演出的感觉、想法,对主角及其他团体成员的认同,让主角回到此时此地,并感觉到被接纳,导演起到组织的作用。情景剧演出结束后,分享侧重于教育环节,团体成员们在心理健康教育者的指导下,通过分享他们对刚进行的演出所有感受、想法和联想,以及与过去生活的连接,从心理健康发展角度对该主题形成更深入全面的认识、受到教育,并学习今后应对类似问题的经验方法。

(三)校园情景心理剧在学校推行应遵循的一些伦理原则

在运用校园情景心理剧的时候要特别注意以下原则。

1. 积极参与

协助学生积极参与,鼓励他们自由选择担任编剧、导演和演员的角色,充分发挥他们的特长,挖掘他们的潜能。在表演心理剧时应该有高度的热情和温和、精巧的方法,让每一个参与者在积极的参与中获得愉快的经验分享,从而健康成长。

2. 保密性

心理剧是个体生命实践的重新回顾与体会,保守秘密是非常重要的原则。所以,每次演出结束,都必须花时间重演保密的仪式,其价值在于让参与者学习互相真诚、信任的重要团体伦理契约,养成习惯,由此可以推演到现实的生活中去,养成尊重他人生活隐私的习惯。

3. 科学性

心理剧是一种有效的方法,对参与者的影响是强有力的,如果一些没有受到训练的人使用这一方法,将存在很大的潜在危险。这一方法要求指导者必须具有较高的敏感性,避免强迫有困扰的人进入治疗阶段,一旦成员心灵的伤口打开之后,要能够使之弥合,从而保护每一个参与者。重要的是指导者不仅需要知道自己能够做什么,还要知道自己的局限性和此方法对于特定群体的局限性。一般认为,有严重困扰心理的个人、反社会的人不宜参与心理剧的活动。

4. 有效性

运用心理剧的方法来帮助团体成员的人应该有足够多的个别心理咨询的经验,对参与者中存在的问题有足够多的了解,而且最好是指导者自己有很多当事人的经验,这样才能够及时有效地推动剧情的发展。在心理剧指导过程中,心理辅导教师也必须解决好反移情的问题。如果指导者自己训练不够,很容易对参与者的缓慢进展产生不耐烦。而只有增强鼓励的情绪,加快剧情发展进程,才能尽快看到指导效果。

二、校园情景心理剧的要素和过程

(一)情景心理剧的要素

心理剧的构成包括五个要素,也就是主角(protagonist)、导演(director)或指导者

(leader)、配角(auxiliary)、观众(audience)、舞台(stage)。心理情景剧的构成要素也包括上述五个要素,但多了一个要素——事件(affairs),而且相比心理剧,情景剧对于导演(或指导者)、配角和舞台的要求要高一些。

首先是对团体心理剧辅导老师,因为在一个相对短(一般 2~3 小时)的时间里,面对更多的观众和更大的演出空间,要达到比较好的演出效果具有更大的挑战性。即使是对封闭、连续、人数较少的团体运用心理情景剧开展工作,也可能会从配角、观众,甚至主角身上自发地出现比较个人化的问题,那么团体心理剧辅导老师对团体成员内心活动的洞察、剧情的把握和团体动力的导向能力就需要经得住考验。团体心理剧辅导老师者应遵循不替演员说话,也不与演员直接对话的原则,做一个引导者和支持者,让团队的力量与智慧帮助剧中的演员处理问题,促进团体成员的自我教育与共同成长。

事件是心理情景剧比较特殊的环节,不是由个别成员产生事件,而是由团体选择事件,因为心理情景剧不是聚焦在个人身上,而是聚焦团体共同关心的问题,由团体成员共同来演出。

在一个以共同主题为导向的情景演出中,每个演出剧团可能有合理化的防御,而不能很快释放他们自己,表达真实感受和想法,大家共同的表演使事件、问题或冲突更清晰、明显,或使演员们内心世界能更具象化的展现。

观众也是演员,演员也当观众,观众可以是封闭团体的成员,也可以是公开演出或开放团体中的临时参加者。

(二) 情景心理剧的过程

与心理剧不同的是,情景心理剧演出需要准备、热身、演出、分享和讨论五个过程。

(1) 对于心理情景剧来说,无论是事先编排的剧情,还是即兴演出的剧目,都需要一个充分的准备阶段,准备一个经过专业训练的演出团队,同时对演出场地选择、场地设置、道具设计搭配都需要结合所要实现的演出目的,加以精心的准备。有时根据需要事先编写剧本,也是有帮助的。

(2) 热身阶段的形式应多样化,便于操作,更强调互动性和感染力。

(3) 心理情景剧演出和分享阶段与心理剧相似,除了突出主题矛盾外,还应注意与场观众的心灵连接,如果能引发观众自发参与,或者让更多的观众参与演出,效果会更好。分享需要遵循心理剧的原则:不批评、不建议、不比较,结合自己过去的生命体验,分享自己的感受和做法。

(4) 讨论阶段是促进认知改变的,同样也不批评、不建议、不比较和不表扬,但可以提出不同的想法,供大家选择。

(5) 对于团体心理剧辅导老师来说,需要有一个审视阶段,对整个准备、热身、演出、分享和讨论过程加以审视,发现改进的可能性。当然,对于专业工作者训练团体,教育辅导团体,在主角和(或)团体需要时,也可以进行审视,共同来找寻更有效的演出表达形式和内容。

三、校园情景心理剧的主要形式和特点

（一）校园情景心理剧的主要形式

根据心理剧的发展阶段，情景心理剧有以下两类形式。

（1）团体成员完成剧本（能够反映成员们在日常生活中常常出现的心理冲突、心理困惑），并在受过心理剧训练的心理健康教育者的专业指导下排练和表演，排练中指导者充分发挥演员的自发性和创造性，尽量少干预。

（2）团体成员在受过心理剧训练的心理健康教育者的启发和专业指导下，现场自由选题，自由选择合作伙伴，即兴演出，把一些常常引起团体成员心理冲突、困惑的熟悉的日常生活课题典型化，夸张或放大地搬上舞台。

我们把前者称为"剧本情景剧"或"剧本剧"，后者称为"即兴情景剧"或"即兴剧"。

（二）校园情景心理剧的特点

无论哪种情景剧都具有心理剧的自发性和创造性，以及主题性、教育性、戏剧性等特点，具体如下。

1．自发性

一个演出活动，需要参加者自发而主动地理解角色内心活动和情景，释放自己内心情绪、情感，开放自己，真实地面对团队。如果带着过多的思维限制，那只能被动而机械地演出剧中角色，缺乏内在活力，成为表面化和形式化的被动演出，会减弱情景剧的感染力和影响力。

2．创造性

无论是否演出同样的剧情，每次演出应与过去演出有所不同，更能表达自己真实的感受，同时更接近角色的内心真实，不是仅仅按照角色设定，为演角色而演角色。其实，随着时间的推移，演出者自身的经验感受也会发生变化，需要用自己深层的领悟，来创造性地演出，活化角色功能。同时，剧情的选择、编排也不能简单重复。如果没有创新，会减低情景剧的吸引力、鲜活性和感染力。

3．主题性

能够确定一定的主题，比如人际交往、压力应对、亲子教育、自我成长等，这些主题是团体成员在日常生活中常常会面临和关注的，具有普遍性和典型性，容易导致内心冲突和困惑，也容易引起表演者和观众的思考与共鸣。确定主题可以更好地聚焦，但并不影响自发和创造性的表达。

确定主题也是一个很好的暖身过程，可以消除一定的认知阻抗。如果经过团体小组共同讨论决定做无主题演出，这本身也是一个主题，就是自由地、自发地演出自己内心的感受，即兴讨论并演出大家共同关注的话题。

4．教育性

心理健康教育的目的贯穿情景剧的始终。情景心理剧比较注重教育启发，适度引导，通过情景演出，起到行为示范作用。比如，道德教育、人际交往、失恋情感等情景剧，通过

演出，演员脱离剧中角色回到团体当中，在情景心理剧团体心理辅导教师的指导下，团体成员们分享他们对刚进行的演出的感受、想法和联想，可以促使演出者和观众深思，从心理健康的角度对该主题形成更深入全面的认识，并结合自己的生活实际找到适合自己的解决办法。当自己或周围的人遇到与该主题有关的困难时能够有更多的理解和包容，并知道如何提供帮助。

5. 戏剧性

在一些情景剧的演出中，需要强调戏剧化的演出效果，通过一定的服装、灯光、音响和音乐来突出情景冲突，以形象、生动、夸张、浓缩的方式着重展示主题中人物的心理感受、冲突和困惑，增强演出感染力和趣味性，让观众身临其境，内心受触动。促使团体成员深入理解问题产生的多方面原因，体会当事人的心理感受，发现问题的多种可能的解决方式，也增进对自己的了解。比如，在冰海沉船、救生艇的道德价值观情景剧的演出中，戏剧性的效果烘托非常重要。另外，在大的舞台演出时，需要强调灯光、音响的戏剧效果，否则会显得苍白贫乏。

参考与练习

1. **情景心理剧的故事**

轻 装 旅 行

从前，有一个人背着一个很大的袋子去旅行。随着他的旅程越来越长，袋子也越来越重，因为他习惯在经历不幸事件后就将一个纪念品放进袋中。当然走得越远，肩膀上的袋子也就越重。

有一天他来到了一个十字路口，看见一群街头演员正即兴演出一场戏。他决定休息一下，看他们排演。

有一位演员看到这个有着重担的旅人，便开始模仿他、嘲弄他。这位演员走来走去，并捡东西往袋子里放，结果袋子越来越重，演员筋疲力尽地倒下。

这个旅人认出演员在表演自己，便看着袋子，小声地哭了起来。演员靠近他，问他为什么这么伤心。旅人说他带着这个袋子走了很久，但他再也没有力气背了。他从袋子里拿出一个纪念品，开始述说关于这样东西的故事。演员听了旅人的故事顿时充满了灵感，立即用戏剧的方式重新演出。

这个旅人很快投入这场戏，并担任戏剧中的主要角色。在所有纪念品都呈现出来之后，演员建议他建一座物品的雕像，当作他在旅程中遭遇所有困难的纪念碑。旅人照着做了，而当他看着雕像时，他了解到他可以让那些东西永远留在那里，也象征了他自己重获个人自由。

旅人向演员道别，继续旅程，但他觉得特别轻松，因为他从肩膀上卸下了沉重的负担。

——改编自 Witztum，Hart 和 Friedman，1988

2. **校园情景心理剧模拟练习**

生 死 抉 择

这是一个关于生命价值的心理情景剧，在该剧中，导演要求 10 名团体成员分别扮演剧中的角色。

(1) 小学教师。

(2) 小学教师怀孕的妻子。

(3) 职业棒球运动员。

(4) 12 岁的少女。

(5) 外国游客。

(6) 优秀的警官。

(7) 年长的僧侣。

(8) 流行男歌手。

(9) 著名的小说家。

(10) 慢性病患者。

导演希望通过演绎来澄清扮演者的价值观。在心理剧中，当一个主角对生命有着深重的贬抑，来看待生命中的困惑与苦难，用悲悯之心重新肯定自己，以及一直视为没有价值的生命。

剧情：地球上发生了核战争，人类将要灭亡。但是，一位科学家发明了一个特别的核保护装置。如果谁能进入其中，谁就能生存下去。现在有 10 个人，但是核保护装置里的水、食品和空间有限，只能容纳 7 个人。也就是说，人类只有 7 个人能生存下去。

导演请大家通过抽签的方式，分别扮演其中的一个角色。有 15 分钟的时间给大家各自好好思考，你要生存的理由是什么？假如你放弃生存的机会，你将会有怎样的理由？

一般团体有 20 名或 30 名成员，导演将他们分成两个或三个大组。也就是每一个角色由两个或三个人扮演，有表现生存的理由，有表现放弃生存的理由，而不同文化背景和对生命思考的不同角度都会给彼此一个很好的启发和参考。

第一组　生存的理由

小学教师：我是人类灵魂的工程师，我的生命价值是为人类创造精神财富。我不可以死，何况，我还要给即将出世的宝宝一个完整的家。

小学教师怀孕的妻子：我怀着小 baby。他是生命的延续，是我们的未来。我更不能去死，我怀着期待等待小生命的降临。

职业棒球运动员：我会给人类带来活力，有我的存在，生命将更有激情。我不能死。

12 岁的少女：我是祖国的未来和希望。我有许多美好的憧憬，我要勇敢地活着，见证人类的强盛。

外国游客：我虽然是一名外国人，但从优生学的角度，我的存在将会避免近亲繁殖，人类也会更为聪明。另外，我可以帮助你们掌握第二语言。我不能死。

优秀的警官（起立敬礼）：我是安全的象征，是守卫祖国大门的卫士。在以后的日子里，请让我保护你们的安全。敬礼！

年长的僧侣：阿弥陀佛，我可以为你们超生，净化你们的心灵，让邪恶远离你们。我是你们以后生活的精神支柱。

流行男歌手：啊！朋友，把我的心留下。让我用歌声带给你们快乐，我同样是美的化身，以后的日子不可以没有美丽。

著名的小说家：有我在，你们会没有烦恼，我会把所有的故事记载下来，把我们的点点滴滴都记下，让我们的后代仰慕。

慢性病患者：我虽然是一名慢性病患者，但是我的存在就是明天医学的成就。在我的身上或许有许多值得探索的医学价值。虽然我很弱，但我的心很坚强。

第二组　放弃生存的理由

小学教师：我最能知道生命的无价。我有了宝宝，相信我不在了，大家一定会把他当作自己的孩子去爱护。

小学教师怀孕的妻子：核保护装置里的水、食品和空间有限，不能因为我和孩子而辛苦大家。这一路上我会给大家添麻烦，让我留下吧。

职业棒球运动员：我有强壮的体格，你们先走吧，或许，我的强壮可以让我抵抗核能。我可以留下来。

12岁的少女：在以后的日子里，我一定会给你们带来很多的烦心事，少我一个，没有问题。让我留下，让可爱的宝宝活下来。

外国游客：我本来就是四海为家、浪迹天涯的人，认识你们是我一生的荣幸，大家保重！

优秀的警官（起立敬礼）：保卫生命本来就是我们警察的职责，满足你们的需要，我义不容辞。敬礼！

年长的僧侣：阿弥陀佛，我已出家，生死早已置之度外，我留下吧。

流行男歌手：啊！朋友，请珍重！让我用歌声欢送你们，我会化为彩虹常伴在你们身旁。

著名的小说家：我早已把生死置之度外，允许我在我最后的时刻记载下人间对生命的感动。请你们好好保管，让后人仰慕。

慢性病患者：让我留下吧，在以后艰难的日子里，怎能有我的拖累。好好保重身体，不要像我一样，待到生命衰竭时，方知生命的可贵。

讨论：

导演在这个心理情景剧中，透过角色扮演，探讨了每个人不同的价值思考。当小组之间各自阐述了自己的想法后，导演让他们进一步地分享在现实生活中所看到、听到、见到的。在这时，谁被淘汰已不重要，重要的是在过程中所呈现出来的分享与感悟。

第二节　情景心理剧的技术

情景心理剧可以运用心理剧的技术和其他相关的创新整合技术，具体介绍如下。

一、准备技术

准备技术包括两个方面：专业训练的演出团队的准备和设置场景技术准备。

（一）专业训练的演出团队的准备

选择自愿者参与演出前的训练准备，人数根据需要，可以是6～12位成员，经过一段时间的训练,有8次、2小时/次左右的自我成长与技术学习训练,确定每个成员可能的演出角色经评估合格,才允许进入演出前的主题演出排练环节。

(二) 设置场景技术准备

心理剧的设置场景技术是导演根据剧情的发展和主角的需要或描述,由主角自己布置具体的演出场景,是在演出阶段进行的。但心理情景剧的设置场景技术有所不同,它主要由指导者(导演)主导,在演出开始前就要准备,当然演出过程中还会设置场景,操作就类似于心理剧了。

情景心理剧的演出,离不开具体的情境。具象化的以视听觉空间架构为主导的场景布置,可以唤起参与者身临其境的感受,更真实地去面对。接近真实的场景可以架起"彼时彼景"到"此时此地"的心灵内在的时空连接,帮助主角在当下面对过去的问题,更好地走向将来。也可以帮助指导者、配角、观众更直接、清晰地了解事情发生的背景,触发内心的感受。

情景心理剧设置场景时应注意以下的方面。

1. 布景要素

1) 地理空间

确定是在什么地方,什么环境。比如东西南北中的哪个地理位置?是在城市还是乡村?是国内还是国外?

是室内还是室外?宿舍、家里、办公室?其中的桌子、椅子、床、窗、门等如何摆设?朝向如何?

是在大自然中吗?有山、有水、有树、有人吗?有鸟和其他动物吗?

2) 生活状态

确定是家庭还是宿舍生活场景、工作场景、学习场景或人际交往场景。应根据剧情和演出时间,选择主要的场景布置。

3) 时间维度

确定是过去场景还是将来场景?过去或将来什么时候?具体时段?是一个过去情景,还是两个或多个过去景?是先后出现,还是同时呈现?

比如,小时候的生活、中学读书、结婚成家、工作等多个情景。

4) 感觉元素

场景的布置需要借助五官感觉元素,如视觉:灯光大小颜色、道具(彩布)色彩;听觉:声音大小、频率、音乐旋律、节奏(什么国家、民族的音乐,什么时代的音乐,古典还是现代、新世纪、爵士、摇滚还是乡村音乐?);味觉:茶水的味道,什么品种的花草?口感如何?嗅觉:空气中弥漫的气味,是自然的空气还是薰衣草等芳香味道?质感:选择什么质感的布?什么样的桌椅?

5) 舞台

借助现成的舞台,但应更注意灯光、音响的应用,建议采取小型室内舞台,而且观众人数不能太多,100人左右,以便于控制和互动交流,椅子以能移动为好。

6）组成元素

场景中的结构布局、物品用具，是用人来扮演还是以具体的物品来表示？可根据主角意愿和角色、场景需要综合考虑。

场景布置可以将人和物有机结合，选择物体做道具可能更形象，但人做道具更灵活，使场景拟人化，有活化场景的功能，似一面会说话的镜子客观地反映出主角的生活状态。

比如，用人扮演桌椅，就可以采取拟人化方式对主角说："我看你好累哟，整天坐在这里，别的什么也不去做。你知道吗？这样坐着，我也很累，被你压得好疼。"这样，可以促使角色更清楚地了解自己的生活状态。

有时，对于即兴、短程的情景剧演出，可以不强求具备太多的布景要素，直接选择舞台，加以简单布置即可。

2. 布景过程

布景过程包括以下七个步骤。

1）选择事件

无论是预先准备好的情景剧，还是团体即时选择的情景剧，都需要确定具体要面对、处理的事件。

2）选定舞台

如果有固定的多层舞台配上可调大小的灯光、音响，可直接选择舞台的某个位置。如果是平地围坐而成的团体，中间可以用赋予力量的彩布围成的圆圈作为舞台，同时该圆圈舞台可以变化缩放，可大可小。在具体演出时，还可以征求主角或演出小组的意见，在圆圈舞台中确定某个位置作为实际演出的舞台空间。

3）确定方位

将需要呈现的人、物、景，按照剧情中的位置、方向来安排，方位的确定有助于主角和演出小组理清自己记忆中的空间，更接近具体的真实，触发更多与演出事件相关联的感受体验。

4）道具安排

准备尽可能多的不同颜色、质地、花纹图案的彩布，即兴演奏的打击乐器，可能的服装，可变灯光大小的落地碗罩台灯，认知连接卡片、经验卡、生活卡、风景人物卡、动物卡、性别认同卡、水晶卡、身体卡等含义丰富、寓意深刻的系列卡片。在现场要遵循就近就便的原则，就地取材，因境制宜。

5）注重感受

适时关注角色在场景中的感受，询问感受如何？是否舒服？高兴吗？是否有些担心、害怕吗？

6）确定时间

事情是在什么时候发生的？如果现在在这里，你看到什么？

7）安排人物和角色

剧情中有哪些人存在？这些人分别是什么角色？与主角的关系如何？安排在什么位置？

以上过程只是一般性的步骤，可以改变或跳过。有时候在某一个阶段可能容易带出剧中角色的感受和情绪，需要对角色当时的状态加以处理，提供支持，然后根据剧情的需要和角色感受，协商考虑是否继续完成后面的布景过程和演出。

二、热身技术

热身是情景心理剧演出中现场推进团体氛围和动力发展的重要过程，因此在心理情景剧中特别提出并强调暖身技术的应用。心理剧热身阶段会用许多舞蹈、音乐、绘画等技术，心理情景剧同样会用到，但在认知层面热身的同时会结合形象生动而又特别的工具或手段来进行，如舞蹈肢体语言、音乐即兴演奏、音乐绘画、寓意深刻的卡片、丰富的彩布、民间艺术图画的意向舞蹈等。也可以运用团体状态的社会活动测量的方式进行暖身。

（一）舞蹈热身

放不同音乐，大家跟随着音乐进行舞动，可以是大家拉手围成一圈舞动，也可以随意站在自己喜欢舒服的位置舞动。音乐可以是快节奏的，也可以是慢节奏的。还可以有领舞，大家跟着领舞者舞动。

举例：

舞蹈热身：《春天在哪里》

这个舞蹈分为两部分，主要是手上的动作。第一部分是两个人一组的动作，可以达到两人相识、互动与配合的目的；第二部分是交换动作，达到接触更多的团体成员的目的。练习熟练后，随着欢快的儿童歌曲《春天在哪里》，大家有节奏、有旋律地在一起拍手舞动。

（二）音乐热身

在情景心理剧表演过程中，可以运用个人和小组"即兴音乐演奏"的方式，帮助观众打开内心障碍，拉近彼此距离。当5~7个参与者先选择能够表达自己心情的乐器并开始演奏时，就像在倾诉内心的情感一样，这时演出现场的人可以由此而相互做内心的交流，当指导者询问现场倾听者的感受，再请演奏者自己用语言表达时，是一个进一步推进感情交流的机会。

接下来，由一位成员先演奏，而其他成员跟随演奏，从初始的杂乱到后来的彼此协调同步，昭示了一个道理：彼此的理解、合作，可以促进和谐。由此为演出做好了有效的暖身。

运用音乐来热身，可以协助参与者更好地表达自己的内心情感，起到相互支持、共同应对问题的积极作用。

举例：

音乐游戏：找东西

团体成员围坐一圈，用瓶盖之类的小物件作为道具，一个团体成员为找东西的人，请他离开房间，团体心理辅导教师将小物件藏到一个成员手里，大家开始有节奏地唱歌或用乐器打节奏，找东西的人进入圈中，大家发出声音的大小根据他走动离藏有物件的成员的远近来决定。既离藏有物件的成员远的时候，大家的发出的声音就大，离藏有物件的成员近的时候，就逐渐变小，当他走到藏有物件的成员跟前的时候，声音就消失了。（这个游戏所选取的音乐可由心理辅导教师根据不同的团体成员的特性而随机指定，只要是欢快的音乐就行）

（三）肢体热身

指导者放不同的音乐，联想并用肢体表达想要表达的东西。如放欢快的童年的音乐，《大长今》《让我们荡起双桨》《虫儿飞》等，引导团体成员回到童年，回忆童年时玩的游戏，可以是单个一人的，也可以是几个人一起的。可以邀请其他成员一起来做游戏。

举例：

肢体热身：成长的雕塑

1. 团体心理辅导教师介绍活动步骤

（1）人生发展每个阶段都会有正向和负向的经历和感受。

婴儿期	幼儿期	童年期	少年期	青年期	成年期

正向：快乐、幸福、愉悦、美好、开心……

负向：悲伤、痛苦、恐惧、善感、郁闷……

（2）播放音乐，团体成员仔细聆听。

（3）团体成员在纸上画出人生的六个阶段，将每一个阶段的正向或负向标记下来。

（4）团体成员围站一圈，"1、2"报数，数"2"的成员站到圈内，圈外和圈内两个人一组。

（5）两个人分享画，将每个阶段用肢体语言表现出来，两个人互换角色，做出对方的雕塑。

（6）播放每个阶段的音乐，每个人演绎自己不同阶段的雕塑。

2. 成长的歌曲与乐曲选择

主题	歌曲	乐曲
成长的雕塑	《摇篮曲》《听妈妈讲那过去的事情》《春天在哪里》《让我们荡起双桨》《十六岁的花季》《爱》《同桌的你》《少年壮志不言愁》《常回家看看》《夕阳红》	《生命之初》(Life Arrives)、《人之天性》(Humen Nature)、《希望尚存》(Hope Remain)等。

3. 团体成员分享

我成长的雕塑，见表3-1。

表3-1　我成长的雕塑

	特点	爱吃爱睡	阳光般的快乐生活	田野中找玩意儿，挖土时打闹感到幸福	和同学看电影教会同学骑自行车	鸟语花香般美好，考上××师范学校	恋爱浪漫、婚后甜蜜，抚育孩子辛苦，又快乐学习心理学知识
正向	肢体动作	头微微歪，双眼微闭，面带微笑，双手合十，轻托面颊，偶尔吃手	蹦蹦跳跳，打滚，爬来爬去	跳皮筋、扔沙包，推铁环，抓石子儿	学骑自行车、看电影和同学比赛跑步、背着夹画素描、画彩画、速写	一脸的幸福陶醉状	挎起胳膊，幸福甜蜜状，挺起肚子怀孕状，哼摇篮曲、洗衣做饭、看书

续表

		婴儿期	幼儿期	童年期	少年期	青年期	成年期
负向	特点	头发稀少、爱哭	和同龄人抢吃的	感到自己长得不漂亮、自卑、帮大人要干许多农活	学习压力大、感到自己笨	学习，学习，永远都是学习。虽然很努力，但是总也达不到预定的目标	家庭工作，责任大，压力大
	肢体动作	张着嘴肆无忌惮地哭	学走路、抢东西	擦鼻涕、捡垃圾、烧水、冲水、抱柴火、看弟弟和弟弟打架	读书、皱眉头	画画儿、读书，满脸困惑	手忙脚乱地收拾家务、学打字、用电脑工作

(供稿：山东省微湖监狱二级心理咨询师　张传颖)

（四）艺术表达

我们通常运用彩布来进行艺术表达，首先分组，分组可以按照不同的方式进行，如可以按生日的月份，可以按兴趣爱好，可以按地图（中国地图、山东省地图），等等。每个小组选择不同颜色的绸布，一条或几条都可以，赋予所选择绸布颜色意义，可用歌舞来表达，也可用其他方式来表达，条件是全组成员都要参与并表演。

举例：

在一次心理情景剧的热身中，艺术表达是按山东省地图分组，很快分出了大海组、孔孟之乡组、美丽的泉城组、五岳之首泰山组、革命老区沂蒙山区组、荷花之乡组和外省组等。

1. 大海的故乡

这个组的成员全部来自沿海城市（包括青岛、日照、烟台和威海），他们选择的是一条蓝色的绸布，代表大海，准备好后，集体进行表演。首先赋予蓝色大海的意义，然后共同朗诵他们创作的歌颂故乡大海的诗，最后一起舞动《大海啊，故乡》。

2. 孔孟之乡

这个组的成员全部来自济宁地区（包括曲阜、邹城等），在其他组准备要分别进行表演时，这个组已经布置好的剧场舞台引起大家的注意：用他们坐的方凳排成两排组成一个长桌，上面铺的是黄颜色的布，代表学堂的讲座。长桌的一端坐着的一位成员扮演孔子，在给弟子们讲学，长桌的另一端坐着两列整齐的小组其他成员。他们表达的是孔子正在带领弟子们学习周礼。

3. 美丽的泉城

这个组的成员都是来自泉城——济南，他们选择了三种颜色的绸布，分别是蓝色、黄色和棕色。蓝色的绸布代表大明湖，黄色代表趵突泉，棕色代表千佛山。他们首先歌颂泉城的三大景观：大明湖、趵突泉和千佛山，然后借用《太湖美》的音调创编舞动《泉城美》。

4. 五岳之首

这个组的成员都是来自五岳之首——泰山地区，他们选择的是蓝青颜色的绸布，代表巍峨的泰山。五岳之首的泰山是中华民族的象征,是灿烂文化的缩影,是"天人合一"思想的寄托地。团体成员在艺术表达中吟诵了孔子的"登泰山而小天下"和杜甫的"会当凌绝顶,一览众天小"的诗句。

(五)游戏热身

通过带领成员做游戏,进行暖身活动。游戏热身的活动非常多,这里将我们在学校里经常做的游戏介绍如下。

1. 快乐大转盘

全体成员在活动室里随意站立,保持安静,准备按导演教师的口令行动。口令参考:

(1)每人脸朝天花板,面无表情地随意走动,遇到人转开。
(2)每人脸朝自己脚尖,面无表情地随意走动,遇到人转开。
(3)每人脸看他人脸,面无表情地随意走动,遇到人转开。
(4)每人眼睛看他人脸,面带微笑,随意走动,遇到人点头。
(5)每人眼睛看他人脸,面带微笑,随意走动,遇到人握手。
(6)每人眼睛看他人脸,面带微笑,随意走动,遇到人握手,心中说:"我欣赏你。"
(7)每人眼睛看他人脸,面带微笑,随意走动,遇到人握手,口中说:"你很棒。"

2. 雨点变奏曲

导演教师先教会大家从刮风到暴风雨的各种身体语言的表达方式,再带领大家一起做:

(1)刮风:搓手;
(2)小雨:用两根手指头击打另一只手;
(3)中雨:四根手指头击打另一只手;
(4)大雨:五根手指头敲打另一只手;
(5)暴雨:拍手再加上跺脚;
(6)狂风暴雨:暴雨动作再加上大家的呼喊声。

3. 抓与逃

(1)全体成员站成一圈,左手食指靠左肩膀朝上指,右手手掌搭在右边的成员食指尖上。

听导演教师的口令,导演教师数数或说一句话或讲故事,凡是中间出现三时,每个成员右手去抓掌下的食指,同时左手食指赶快逃走。例如:导演教师说道:今天是星期四,不是星期三;我们的教室在二层,不是在三层;一群猴子摘了一大堆桃子,它们开始数:一个,两个,四个,十个,十一个,十二个,十三个。

(2)看谁既能抓住别人又能逃走。

4. 接龙

首先两个两个的成员之间进行剪子、包袱、锤,输的成员站到赢的成员的身后,成为一对;赢的成员之间再进行剪子、包袱、锤,输的成员带着自己的队员站到赢的一对的后面;再继续进行下去,最后只剩下两队,输的一方带着自己的队伍接到赢的队伍后面,赢的一方为龙头,形成一条长龙,首尾相接,最后形成一个大圈。

5. 松鼠搬家

(1) 三人一组。两人扮大树，面对面站立，伸出双手搭一个圆圈；一人扮松鼠，站在圆圈中间；其他没成对的成员担任临时人员。

(2) 导演教师喊"松鼠"，大树不动，扮演"松鼠"的人就必须离开原来的大树，重新选择其他的大树；临时人员就临时扮演松鼠并插到大树当中，落单的人应表演节目。

(3) 导演教师喊"大树"，松鼠不动，扮演"大树"的人就必须离开原先的同伴重新组合成一棵大树，并圈住松鼠，临时人员应临时扮演大树，落单的人应表演节目。

(4) 导演教师喊"地震"，扮演大树和松鼠的人全部打散并重新合，扮演大树的人也可扮演松鼠，松鼠也可扮演大树，其他没成对的人亦插入队伍当中，落单的人表演节目。

6. 神奇魔幻商店

在神奇商店里有各式各样人类的特质，如爱、成功、快乐、勇敢、勤奋、幸福……但不以用金钱来交易，团体成员可以扮演顾客来谈交易，以自己不良的特质或人生享受，如懒惰、说谎、虚伪等，以交换所期盼的特质。

7. 成长三部曲："鸡蛋—小鸡—大鸡"

(1) 让全体成员蹲在地上，在最初状态，所有成员都是鸡蛋（以蹲下为标志）。

(2) "鸡蛋"可以自由活动，与同类进行猜拳，如果赢了，就进化成小鸡（以半蹲为标志）。

(3) 小鸡再与同类（只能是小鸡）猜拳，如果赢了，就进化成大鸡，如果输了，就退化成鸡蛋。

(4) 大鸡再与同类（只能是大鸡）猜拳，如果赢了，就成功回到座位上，如果输了，就退化成小鸡。以此类推，每个成员只有成功回到座位才能退出游戏。

8. "我代表的是什么？"

所需材料：从杂志上剪下来的关于人物、花、风景、动物和物体的几类照片，胶水，剪刀，一些橡木标签。

成员们围坐一圈，按座次依次大声介绍自己的姓名和喜欢的卡通形象。每个成员介绍完后，让他们选择一张可以代表自己的照片。当选择（有些成员可能选择不只一张）好后，让他们用胶水将照片粘贴到橡木标签上。之后，导演教师安排大家依次分享自己的照片，顺序和开始的时候相反。

9. 找家

(1) 大家先围成一个大圈。

(2) 按人数不同分组：

① 导演教师："现在听我的口令，我说几个人一个家，大家马上组成新家，新家的成员紧紧拉起手来，围成一圈，看谁无家可归。"

② 导演教师："现在开始，六个人一组。""八个人一组""三个人一组"……

③ 导演教师："五个人一个家。"如果这时有进入不了五人之家的成员，请他谈谈此时的感受，然后问哪个家庭愿意接纳他。

(3) 家庭成员互相介绍：新成立的家庭成员微笑握手，互相介绍。

10. "解开千千结"

（1）冲突产生：大家拉手围成圈，转着圈唱首歌，然后每个成员记住自己的左右手是谁，松开手，在附近随便走，这时，导演教师可以带着唱唱歌：《找朋友》。突然，导演教师喊："停！"大家原地不动，去牵自己的左右手，只能挪动一只脚。

（2）开始解结。

三、演出技术

心理情景剧中通常会用到心理剧的多种演出技术，可以预先准备或即兴选择使用，这里介绍几种在心理情景剧发展过程中常用的技术。

（一）对白

从不同的角度对话，表达角色的感受，即便是物体在剧情中也有自己的声音。因为"万物皆生命"，在我们的生活中实际上都会留下我们的生活体验和生命感悟。所谓"睹物思人""触景生情"，是指人们会把自己内心的情感投射在客观的物体身上，那么对物体上所承载的情感的表达就可以唤起过去的体验或弥补情感的缺失。"我见青山多妩媚，青山见我也如是"，是与自己的心灵对白，与自己的灵魂、精神对白。

（二）旁白

旁白是心理情景剧中经常使用的。主要通过言语的方式表现剧情发生的背景，角色内心的活动、冲突，是一个烘托气氛、刻画人物内心世界的重要方法。可以用人称"我""他"或"她""我们""他们"或"她们"等来表示主角或角色的内心感受。前者叫情景旁白，后者称角色旁白。

（三）三椅子技术

选择三把椅子，分别代表过去、现在和将来。其中，左边代表过去，右边代表将来，中间代表现在。大致步骤如下。

（1）确定某相关主题中需要展示剧中主角生命成长过程中三个时段的变化状态和情节。

（2）请主角扮演者依次坐在代表过去、将来和现在的椅子上，体会时空变化，并将具体情节状态通过演出表达出来。

（3）三位配角分别扮演主角的三个时空的状态，而主角则站在靠近代表自己现在角色的中间椅子后面，做镜像观察。

（4）演出结束后，由主角谈谈自己演出和观察的体会，参与演出的配角谈谈自己的感受。

（5）全体观众分享自己的生活经验与感受。

三椅子技术，可以是全体参与者确定主题的舞台演出，也可以是同时将大团体分成若干个四人小组的演出。目的在于协助主角和参与者，更立体、全面、深刻地表达自己，促进自我觉察，提高问题应对能力。另外，该技术可以用于暖身阶段。

（四）生命雕塑

通过一定的道具，比如各色橡皮泥、彩纸或者各种形状的人、物体等塑料模型，将自己记忆中印象或感受最深的一件事情表达出来，并与小组成员分享。这是一个深度推进个人情感表达、成员间彼此心灵连接的心灵演出的具体化情景呈现方式，也可以作为小组共同话题的演出或暖身手段。在学生中进行心理情景剧中使用此技术效果非常好。

四、分享技术

（一）言语

团体中的每位成员根据自己参与整个过程的感受，结合自己的过去生活经验，用言语表达自己的感受和收获。可以是一段话，也可以是一句话或两句话。分享时应遵循分享的原则。

（二）表情

分享技术可以用表情表示，即将自己的感受和收获用一个表情表达出来，比如微笑、沉思、困惑、欣喜等。

（三）行动

分享技术还可以用行动表示，即将自己的感受和收获用一个行动表达出来。比如跳跃、握手、敬礼等。

五、讨论技术

（一）书面问答式

书面问答式可以按照下面的格式进行讨论：
（1）在这个演出活动中，我看到了什么？
（2）在这个演出活动中，我学到什么？

（二）小组提问式

小组提问式可以由指导者或小组成员自愿者作为提问人，提问大家：
（1）如果你是剧中的某个角色，会怎么去做？
（2）逐一回应，相互讨论启发，寻找更多可能性，而不与实际演出的剧情进行比较。
举例：1. 校园心理情景剧《木子的困惑》
方法：导演说出故事，由成员即兴表演。然后大家提出帮助木子消除困惑的方法。
故事：人：木子（女，大学一年级的学生）及同宿舍的同学。
时：晚上
地：宿舍
事：木子对新环境不适应。由于功课跟不上，在宿舍熬夜学习；由于吃饭不及时而胃疼；不能容忍舍友的卧谈会，与同学闹矛盾、想家……

言：木子："高中时，我在班里总是考第一，现在我再努力也是倒数的；过去到了吃饭的时间，都是妈妈做好等到不热不凉时才叫我出来吃，而现在看到学校食堂的同学那么多，排了那么长的队，吓也吓死了，每次都是等没有人排队了，我才去买饭，可是，几乎都是剩下的凉了的菜汤，时间久了我得了胃病；看到别的同学都有同伴和好朋友，而我没有朋友，更没有男朋友，好孤独；本想熬夜学习，可她们不断地聊、不断地笑，好像故意与我作对，哎！我好想家啊！"

分配角色：主角与配角的选择。

表演：角色扮演。

分享与讨论：

2. 校园心理情景剧《布丁的遗憾》

方法：导演说出故事，由成员即兴表演。然后大家分析布丁产生遗憾的原因。

人：布丁（男，大四的学生）。

时：课外活动

地：心理咨询室

事：即将毕业的布丁对荒废了四年大学时光的后悔及对未来职业生涯的迷惘。

言：布丁："光阴似箭，大学四年一晃就要结束了，同学们应聘工作的应聘，准备考研的考研，要出国的出国，想经商的经商……而我却一无所获，学业一塌糊涂，这都是网瘾惹的祸；女朋友也吹了，四年的感情白浪费了。我真是个没用的人，我今后该怎么办啊？"

分配角色：主角与配角的选择。

表演：角色扮演。

分享与讨论：

参考与练习

音乐心理情景剧（注：2012年，笔者在山东省微湖监狱给干警编过一些情景心理剧，这是其中的一次活动）

一、活动过程

（1）分组：卡片分组。

（2）音乐心理剧创编。

（3）表演比赛。

（4）评奖与颁奖。

（5）全体团体成员走红地毯。（背景音乐：《军队进行曲》）。

通过创编与表演，充分发挥团体成员的创造力和表演能力，体验团体的合作力量。四季协奏曲——音乐心理剧创编汇总见表3-2。

表3-2 四季协奏曲——音乐心理剧创编汇总

顺　序	音乐心理剧题目	运用音乐	剧组创作演出成员	执笔
第一组	《湖东湖西一家亲》	《打靶归来》	张斌、赵艳、于洪坤、王洪敏等	郭桂英

续表

顺　序	音乐心理剧题目	运用音乐	剧组创作演出成员	执笔
第二组	《一生有你》	《女人是老虎》《小芳》《为爱痴狂》《甜蜜蜜》《一路上有你》《知心爱人》	李慧、邹红霞、李宝锋、韩冰、王立群	邹红霞
第三组	《爱的"谎言"》	《甜蜜蜜》《莫斯科郊外的晚上》《好汉歌》《九百九十九朵玫瑰》《相亲相爱》	郭敏、王代田、谢高辉、韩杰、全明声	徐化玲
第四组	《最浪漫的事》	《小城故事》《遇见》《月亮代表我的心》《好人一生平安》《最浪漫的事》《常回家看看》	郭桂英、刘学红、王立群、张传颖、李冬梅、王少华	李冬梅
第五组	《成长》	《童年》《母亲》《简单爱》《水手》《常回家看看》	郭敏、陶伟伟、葛方帅、韩杰、王晴晴	韩杰
第六组	《爱的华尔兹》	《精忠报国》《爱的华尔兹》	李冬梅、邹红霞、杨建、于洪坤、李瑞刚、王红敏、张文	邹红霞
第七组	《一路上有你》	《一路上有你》	李慧、邹红霞、李宝锋、韩冰、王立群	李宝锋

二、音乐心理剧创编剧本精选(原创)

1. 音乐情景剧：《湖东湖西一家亲》

音乐：《打靶归来》

人员：小组成员 8 人

舞台背景：中间由蓝色彩绸做出湖的形状，人员分列两边做工作状雕塑。

开场：随着《打靶归来》音乐响起，一边人员做看手表状，一边人员(有女干警)做翘首盼望状。

两边人员沿着湖边走动，一边人员脚步沉重样，一边人员欢呼雀跃样，远远相视微笑，走近握手拥抱，汇成一组，一起按照音乐节奏唱起改组的歌曲：

微湖监狱新事多，

创新教育谱新歌，

谱新歌；

音乐团体欢乐多，

用心参与结硕果，结硕果；

齐心协力向前进，

湖东湖西一家亲，一家亲。

最后，大家齐声说：对，湖东湖西一家亲，齐心协力向前进。

(说明：湖西监区是微湖监狱的接续矿，煤层处于微山湖水下 800 米深。从湖西监区到监狱本部需跨越山东、江苏两省，行程 40 千米，很多干警职工为工作与家人聚少离多，为监狱的安全稳定做出了很大贡献。本次培训湖西、湖东干警共同参加，大家在分享的过

程中增进了理解）

2. 音乐心理情景剧：《一生有你》

剧情设计：

从懵懂少年到情窦初开，再到大胆表白，然后进入热恋，走进婚姻殿堂，最后执子之手与子偕老，将人生情感经历划分为六个阶段。挑选出6首歌，分别是《女人是老虎》《小芳》《为爱痴狂》《甜蜜蜜》《一路上有你》《知心爱人》，每首歌各选唱其中的几句。

角色设计：

小和尚，少女，恋人；三男两女5位组员根据情节的发展转换所饰演的角色。

道具准备：用红绸扎成的两束花。

情节设计：

对如何表演不做具体要求。每个人根据对自己剧情的理解自由发挥。贯穿始终的演唱者的角色和其他角色一样随歌曲转换。

1) 懵懂少年之《女人是老虎》

小和尚下山去化斋，老和尚有交代，山下的女人是老虎，遇见了千万要躲开。

角色分配：一人饰少女，另外三人分饰老和尚、小和尚。

2) 情窦初开之《小芳》

村里有个姑娘叫小芳，长得好看又善良，一双美丽的大眼睛，辫子粗又长。

角色分配：两男两女分饰姑娘和小伙子。

3) 大胆表白之《为爱痴狂》

想要问问你敢不敢，像我这样的爱你；想要问问你敢不敢，像我一样为爱痴狂。

角色分配：两人做背景人物，另有两人饰演男孩和对其表白的勇敢女孩。

4) 热恋之《甜蜜蜜》

甜蜜蜜，你笑得甜蜜蜜，好像花儿开在春风里，开在春风里。在哪里，在哪里见过你，你的笑容这样熟悉，我一时想不起，啊——在梦里。

角色分配：两对热恋中的情人。

5) 你在，幸福在之《一路上有你》

一路上有你，苦一点也愿意，就算是为了分离与我相遇，一路上有你，痛一点也愿意，就算是只能在梦里拥抱你。

角色分配：两对相爱的夫妻。

6) 执子之手与子偕老之《知心爱人》

让我的爱伴着你直到永远，你有没有感觉到，我为你担心。在风起的时候让你感受，什么是暖，一生之中最难得有一个知心爱人。

角色分配：两对相濡以沫的夫妻。

最后，所有表演者簇拥在演唱者身边，合唱《知心爱人》。

3. 音乐心理情景剧

《最浪漫的事》

故事梗概：讲述一对恋人相识、相知、相守的一生。

第一幕

场景一：江南某小城

道具：手袋，鲜花

人物设计：年轻男女甲、乙，路人丙、丁

剧情：众人物随背景音乐《小城故事》的开始上场。（旁白：在人来人往的大街上、熙熙攘攘的人群中，纵使无数次的擦肩而过，有缘的人终将会再次相遇）在江南某小镇的大街上，人群中，乙演唱《遇见》与甲邂逅，开始了一段美丽的爱情故事。

第二幕

场景二：某公园

道具：鲜花

人物设计：年轻男女甲、乙，路人丙、丁

剧情：（旁白：如果有人问我，人世间最美好的东西是什么？我会回答是爱情，如果有人问我，人世间最幸福的事情是什么？我会回答：执子之手，与子偕老。）甲手拿鲜花对着乙深情演唱《月亮代表我的心》，唱到高潮处单膝跪地求婚。乙感动接受求婚并与甲共同演唱。在众人的祝福声中他们携手步入婚姻殿堂。

第三幕

场景三：某小区家属院内

道具：礼品，鲜花，桌椅，杯子

人物设计：父母、女儿、女婿

剧情：背景音乐《最浪漫的事》开始。（旁白：我将青春嫁给你们家，我从年轻跟你跟到老，人情世事已经看透，有什么人能比你重要。）小区内优美的环境中，老两口正悠闲地品茶聊天。

父："亲爱的，女儿今天说来看我们呢。"

母："是啊，孩子孝顺啊，工作那么忙，每天都会给我们打电话，隔三岔五地就来看我们，多累啊。"

父："女儿就是贴心小棉袄啊。"

女儿与女婿手挽手来看父母，女儿给母亲献上鲜花，女婿给父亲送上礼品。依偎在父母身旁。音乐起《常回家看看》。

第四幕

场景四：照相馆

道具：相机

人物设计：父母，女儿，女婿，孩子

剧情：（旁白：我能想到最浪漫的事，就是和你一起慢慢变老，直到我们老得哪也去不了，你还依然把我当成手心里的宝）父母金婚纪念日，在照相馆里，一家人其乐融融地照全家福。孩子说："祝姥姥姥爷，金婚快乐，等你们钻石婚的时候，我们再一起照全家福。"大家相偎在一起看镜头一起说"茄子"。背景音乐《好人一生平安》响起。

4. 音乐心理剧：《成长》

故事大概：讲述了主人公成长的历程。从天真烂漫的童年到青涩的大学爱情，再到工作事业的自立自强,最后春节回家团聚。

场景一

在校园里,几个孩童在愉快地玩耍,嬉闹着进行各种活动:丢手绢、老鹰抓小鸡、跳皮筋等。大家一起回到了童年。

(音乐起,《童年》)

大家一起哼唱,一起回忆童年的美好时光。

场景二

火车站月台上,母亲在女儿的搀扶下来送马上要坐上火车去其他城市上大学的儿子。临行前母亲对儿子再三嘱咐,要照顾好自己。

母:以后自己一个人要学着照顾好自己,多吃饭多喝水,天冷了就记得添衣服。

儿:放心吧。

母:记得多给家里打电话,有什么事情有爸妈在。

儿:放心吧,妈,我走了。

火车开动了,儿子望着母亲渐渐消失的身形,内心深感父母的不易,儿子唱起了《母亲》这首歌。

(音乐起,《母亲》)

场景三

在大学的校园里,男孩坐在石凳上发呆,却被眼前经过的女孩儿吸引了,男孩走上前去,大胆了表达自己的爱慕之情,开始了青涩的恋爱。(音乐起,《简单爱》)

场景四

男孩参加了工作,在单位受到了领导的批评,闷闷不乐,周围的同事聚过来,鼓励男孩要坚强。(音乐起,《水手》)男孩发愤图强,努力工作,最终赢得了领导的赞许。

场景五

春节到了,男孩带着妻子,拎着礼物,回到家中与父母团聚,一家人其乐融融过大年。

儿:妈,我回来了。

母:回来就好,回来就好。

(音乐起,《常回家看看》)

5. 音乐情景剧:《爱的华尔兹》

表演人员:团体成员(5男2女)7人。

道具:鼓、响板、碰铃、锣等。

设计方案:

(1) 以创编的三句半开场。

(2) 擒敌拳表演。

配曲:《精忠报国》,一人演唱,一人表演擒敌拳,其他三位男组员摆出各种造型,并随节奏不时变换;两个女组员扮演妻子,勤于农耕,缝补衣衫,操持各种家务。

(3) 歌曲对唱《爱的华尔兹》

两人对唱,其他人表演单人、双人华尔兹。

(4) 用三句半结束。

附：三句半

敲锣打鼓台上转，演个节目三句半，要问是个啥内容，
请看。

辅导老师真是棒，能说能道还能唱，团体活动做得好，
嘴巧。

活动内容真不少，这个舞台有点小，大家一起来表演，
露脸。

三天时间眨眼过，健康快乐齐收获。要看表演多赞赏，
鼓掌！

对，鼓掌！！

6.音乐情景剧演出实录：《一路上有你》

主题：人的一生最美好的感觉莫过于爱情，从一个懵懂无知的青涩少年到成熟稳重的一家之主，我们体验了爱情的酸、甜、苦、辣，从相识、相知、相恋到相守，爱情也是我们成长的一个主线。本剧以爱情为主题，分五个章节展现一个人的爱情发展之路，一个人走过了爱情的青涩、懵懂、甜蜜和相守，才会真正懂得去珍惜、去感恩：珍惜一路上有你，感恩一路上有你！

演员：男：3人，女：2人

剧情：

第一幕：青涩的味道

音乐

女1：《女人是老虎》：老和尚下山去化斋，老和尚有交代山下的女人是老虎，看见了千万要躲开

男1：饰老和尚　作交代状

男2：饰小和尚　谦虚谨慎状，同时转头看旁边的年轻女子

女1：饰山下女人　羞赧状，当歌词唱到女人是老虎时候做一个老虎的动作

男2：小和尚　惊恐状

旁白：少年的青涩随着年龄的增长渐渐消退，少年成长为一名情窦初开的青年，渐渐地对爱情有了朦胧的感觉。

第二幕：情窦初开的年纪

音乐

男1：唱《小芳》：村里有个姑娘叫小芳，长得好看又善良，一双美丽的大眼睛，辫子粗又长。

男2：饰男青年：腼腆中带有羞涩地看着旁边的少女。

女1、女2：饰小芳：配合歌词作动作，如害羞的模样、梳理辫子的动作等。

旁白：从相识到相知、相恋，我们走到了人生中最甜蜜的阶段，美好的爱情开始了，情人间的缠绵成为这一阶段的主旋律。

第三幕：爱情甜如蜜

音乐

男2：《甜蜜蜜》：甜蜜蜜，你笑得甜蜜蜜，好像花儿开在春风里，开在春风里。

男1、女1：饰热恋中的男女：一种恋恋不舍状，或紧紧相拥，或热情如火，可加入道具如鲜花、小礼物等。

旁白：爱情的甜蜜让我们如胶似漆，从相恋到相守，这对爱人开始了他们相守相伴的一生，看花开花落，望云卷云舒，共同分享着快乐，也共同承担着痛苦。这一生，我定与你同行。

第四幕：牵手走一生

音乐

男2：《一路上有你》：一路上有你，苦一点也愿意，哪怕是为了分离与我相遇，一路上有你，痛一点也愿意，就算这辈子注定要和你分离。

男1、女1：时而牵手向前，时而含情相视，眼光里透着对对方无限的爱意：这一辈子有你就无怨无悔。

旁白：牵手走过人生的坎坷与不平，有欢笑，有喜悦，也有悲伤和不安。"让我的爱伴着你直到永远，这一生最难得有一个知心爱人！"

第五幕：知心永相伴

音乐

全体演员：《知心爱人》

让我的爱伴着你，直到永远，你有没有感觉到我为你担心

在风起的时候让你感觉，什么是暖，

一生之中最难得有一个知心爱人。

全体演员携手共唱

谢幕！

三、团体成员创作过程分享感悟

短暂的休息后，我们又接到了新的任务：音乐心理剧，限时半小时。接到这个任务后，我和我小组的4名队员都有点儿不知所措了。用音乐、乐器、道具、肢体语言来自编、自导、自演一部音乐心理剧，我们还是第一次，以前没有见过，不知从哪儿下手。看着身旁钟表的秒针一圈圈匆匆跑过，我都急得快出汗了。我们二组的这5名队员，性格都有点儿内敛，歌唱得也不那么专业，这可如何是好。看着时间已经过去一半了，别的小组差不多都选好了剧情，正忙着挑选歌曲呢。

我也只好先说了："无论是好是坏，我们得先编一个剧情，然后才能分一下角色和往里面填音乐。简单点的，要不时间就要到了，到时候没法交差呀。我先编一个简单的，大家一会儿再补充：男、女主人公恋爱了，音乐选《甜蜜蜜》；接下来男主人公要求婚了，音乐选《九百九十九朵玫瑰》；最后结婚成了一家人，歌曲选《相亲相爱》。大家有补充的快说！"

有的队友说："这样太简单了，歌曲也少。"

"就是就是，要不来段抢劫吧？"大家都附和着，你一言我一语地补充着。

真是三个臭皮匠赛过诸葛亮。

最后我们大家一致编排了这样一部音乐心理情景剧《爱的"谎言"》，剧情如下。

《莫斯科郊外的晚上》歌曲响起，一位美丽的少女正悠闲地散步，突然鼓声响起，而且越来越急促，表明危险来了，一个大汉横冲过来，抢下了姑娘的包。就在这危急时刻，随着《好汉歌》的响起，男主人公出现了，打跑了大汉，救下了姑娘。接着《甜蜜蜜》响起，他们相恋了，《九百九十九朵玫瑰》响起，男主人公向姑娘求婚了，最后我们5人齐到台，在《相亲相爱》的歌声里谢幕。

大家一致通过后，我赶紧拿着歌单点歌并收藏，一会儿好根据剧情需要切换，并嘱咐工作人员看我的手势，及时切换歌曲。

到了我们组上台的时候，心情还是很紧张的。剧情在紧锣密鼓地进行着，中间衔接还算是紧凑、自然。一切都很顺利，最后在《相亲相爱》歌曲唱响之际，我们5名队员同时登台谢幕，两个小伙儿的一个"熊抱"，成了点睛之笔。原来这个局是他俩串通好的，目的就是能够追到这个女孩。功夫不负有心人，我们组的这部音乐心理剧《爱的"谎言"》，获得了队友和老师的好评与热烈的掌声。

我和我们组的队员们调侃："我们这部剧的唯一遗憾就是男主人公太想英雄救美了，《好汉歌》还没响起呢，就迫不及待地冲上去了，哈哈哈哈……"我们都开心地大笑起来。

音乐心理剧结束了，看着大家激动、兴奋、高兴的样子，我不由得感慨：音乐团体心理辅导工作坊真是魅力不凡啊！原来我们也可以当编剧、当导演，还可以当演员。在合作中我们最大的感受就是：开心！快乐！

（供稿：山东省微湖监狱教育科　徐化玲）

第四章

校园情景心理剧实施

表演校园情景心理剧 展示学生团体才能与智慧

　　校园情景心理剧属于团体心理辅导与咨询的一种方式,在团体中,团体成员可以与来自不同背景与价值观的成员相处,团体成员彼此的回馈犹如一面镜子,可以让你更加了解别人眼中的自己。校园情景心理剧更是一个试炼城,团体成员们合作,既当编剧,又当导演,还当演员。每个情景剧的素材都来源于校园生活,反映的是团体成员校园生活中的烦恼与困惑。通过表演,促使每个团体成员自我反思,共同商讨解决方法,体现出团体的智慧。

第一节　光阴的故事——休闲时光剧场

春天的花开秋天的红叶以及冬天的暖阳,
无忧的青春年少的天之骄子,
曾经无知的这么想:
风车在四季轮回的歌里,
就这样快乐地年年地成长,
河流带走光阴的故事。
网络无限,人生有限,
合理有限运用网络,
人生精彩灿烂。

——刘嵋

第一场　《网络双刃剑》——休闲好时光

> 网络是把"双刃剑",
> 关键看你握住的是剑柄还是剑刃。
> 有网瘾或者想减少上网时间的同学,
> 欢迎你们来到心理剧场,
> 在这里我们共同探讨与分析,总能找到最佳方案。
> 在心理剧场里,
> 让我们一起感受真实的人生,
> 享受休闲美好时光。

一、相关技术

安全模式的建立：寻找力量，画右手，可以用文字、符号或者图形等来表示力量，也可以是某一个人给你力量。

二、招募方式及人数

(1) 对心理剧演出感兴趣、平日喜欢上网的学生，看到海报后自愿报名。

(2) 选 50 人左右。

三、道具

音响、色布等。

四、开场

(一) 热身活动

1. "认识你真好！"

全体成员坐成一个圈，每个成员自己起个团体名字，轮流向团体自我介绍。每个成员介绍完自己的团体名字后，其他成员与他微笑握手，喊着他的团体名字："某某，认识你真好！"

2. 松鼠搬家

(1) 三人一组。两人扮大树，面对面站立，伸出双手搭一个圆圈；一人扮松鼠，站在圆圈中间；其他没成对的成员担任临时人员。

(2) 导演教师喊"松鼠搬家"，大树不动，扮演"松鼠"的人就必须离开原来的大树，重新选择其他的大树；临时人员就临时扮演松鼠并插到大树当中，落单的人应表演节目。

(3) 导演教师喊"樵夫砍柴"，松鼠不动，扮演"大树"的人就必须离开原先的同伴重新组合成一棵大树，并圈住松鼠，临时人员应临时扮演大树，落单的人应表演节目。

(4) 导演教师喊"森林大火"，扮演大树和松鼠的人全部打散并重新组合，扮演大树的人也可扮演松鼠，松鼠也可扮演大树，其他没成对的人亦插入队伍当中，落单的人表演节目。

(二) 安全模式建立

1. 认知联结卡片

认知联结卡片也称启发性卡片或观察性自我（OE）卡片。通过选择各种卡片，投射内在的需求，了解自己的状况，并与其他成员一起分享你对这张卡片的感受。

(1) 导演教师将各种带不同图案的卡片摆放到圆圈的中间，每一种卡片有两张。

(2) 请每个团体成员选择一张自己喜欢的卡片。

(3) 每个团体成员找到与自己相同卡片的成员，进行分享与交流。

(4) 全体成员围成一个大圈，随意介绍与分享。

2. 寻找力量——画"右手"

(1) 助手将各种颜色的纸和彩笔摆放到圆圈的中间。

(2) 请每个成员选择一张自己喜欢的颜色的纸和彩笔。

(3) 每个成员将自己的右手掌画在纸上，然后在右手上用字或者画表达出自己的力量。

(4) 分享：首先两三个成员互相介绍自己的力量与分享，然后全体成员围成一个大圈,随意介绍与分享。

(5) 大家讲自己的力量,然后将自己的"右手"贴到房间里任何一个自己喜欢且醒目的地方,如墙上、门上、窗户上或者黑板上等。

3. 光谱测量

用各种色布围成一个大的椭圆,成员们站在圈外拉起手,以椭圆中心为点,斜着一条直线,线的一端可摆放红色的绸布,为+5,另一端可摆放蓝色的绸布,为-5,中心点为0。这样,一条线上分为11个等级,即+5、+4、+3、+2、+1、0、-1、-2、-3、-4、-5。

(1) 对心理剧的兴趣、非常感兴趣、一点儿也没有兴趣。从+5到-5,请选择你的位置,站到所选的位置,与周围的成员分享。

(2) 遇到情绪不好的时候很会自我调节、遇到情绪不好的时候不知所措、不知如何调节和控制,从+5到-5,请选择你的位置,站到所选的位置,与周围的成员分享。

(3) 你今天的心情特别好、你今天的情绪特别不好;从+5到-5,请选择你的位置,站到所选的位置,与周围的成员分享。

(注:光谱测量也叫光谱图,让成员用行动来表示自己的认同程度,以及在团队中与成员之间的联结,进一步协助成员开放内在自我,放下疑虑防御,在和他人在互动体验中增强感受力和洞察力。)

4. 艺术表达——找到内在的力量

每个组选择不同颜色的绸布,一条或几条都可以,赋予所选择绸布颜色意义和力量,用歌舞来表达,条件是全组成员都要参与并表演。

表演:每个组分别上场表演。

评比:哪个组表现的力量大。

(三) 分组(5~6人一组)

导演教师可根据具体情况随机分组,必须注意的是每个组里男生、女生都有。

(四) 心理剧排练

每个组集体自编、自导、自导心理剧,心理剧是与网络有关的内容。编剧排练时间大约30分钟。

(五) 心理剧表演

每个组表演心理剧。剧目的题目有《网吧的故事》《上网风波》《网络情缘》等。

(六) 心理剧角色分享

每个团体成员都是编剧导演和演员,分享排剧和演出的感受。

场后分享

做这个心理剧是为了完成学校几个系学生管理主任的任务,几个系里有部分男同学经常到校外网吧上网,有的同学经常上通宵,还有的因上网经常旷课。当时系主任们建议笔者给这些男生办讲座,开座谈会,教育他们不要形成网瘾。我想大道理他们都懂,家长、老师、社会都在强调网瘾的负面影响。"人生如戏,戏如人生",不如让这些皮孩子通过情景剧的方式,自我感悟、自我反思和自我教育。于是,笔者就决定采取校园心理情景剧的方式进行教育。但是,问题是他们全都是男同学,在心理剧中角色扮演最好男生、女生都有,效果才会更好。于是,笔者便在学校各系邀请了部分女同学,女同学带动与配合男同学进行心理剧表演。

附件：心灵测试

表4-1　网　络　情　缘

	1	2	3	4	5
1. 花在网上的时间比预期的长	1	2	3	4	5
2. 试图减少上网时间却无法做到	1	2	3	4	5
3. 因为上网宁愿失去重要的朋友	1	2	3	4	5
4. 上网没有明确的目标,但就是不愿停下来	1	2	3	4	5
5. 每天早上醒来,想做的第一件事就是上网	1	2	3	4	5
6. 经常上网而影响学校功课及成绩	1	2	3	4	5
7. 经常放弃需要完成的事情去收 E-mail	1	2	3	4	5
8. 常对亲友掩盖上网的行为	1	2	3	4	5
9. 遇到生活中烦恼的事总会避开,转而去回想上网时的愉快经历	1	2	3	4	5
10. 只要有一段时间没上网,就会觉得好像少了什么	1	2	3	4	5
11. 没有网络的世界是沉默、空洞、没有生机的	1	2	3	4	5
12. 总觉得上网的时间不够	1	2	3	4	5
13. 如果有人打扰你上网,你会很不高兴	1	2	3	4	5
14. 常常在离线时想网上的事情想得出神	1	2	3	4	5
15. 不上网时感到情绪低落,上网后马上精神	1	2	3	4	5

评分与评价

每题所选择的数字就是该题所得分数,15道题的分数相加。

15～29分：你是一个正常的网络用户,能够理性控制自己、健康使用网络；

30～59分：你会因网络产生情绪问题,需重新考虑网络对你的影响,合理使用网络；

60～80分：网络已经明显占据了你的生活,要想办法积极面对并改善你的上网习惯。

(摘自：张大均.大学生心理健康.重庆：南师范大学出版社,2004)

第二节　跨越七彩桥——人际沟通剧场

追求快乐和幸福大概是人生最重要的目标,
而良好的人际关系是人生幸福最重要的决定因素,
只要我们对人真诚、友爱,对人关怀、体贴,对人理解和宽容,
我们就可能收获良好的人际关系,体验快乐,
并最终收获幸福。

——刘峭

第二场 《人际关系"你—我—他"》
——处理师生家长关系心理剧工作坊

> 我们都活在人际世界中,
> 同学、朋友、师生、父母、同事……
> 无一不是人际的接触
>
> 欢迎参加心理剧场,
> 在心理剧中,我们扮演各种角色,
> 我是主角,你是主角,他和她也是主角,
> 转展人际的万花筒,
> 一起体验人际关系"你—我—他"。

一、相关技术

(1) 认知联结卡片:也称启发性卡片或观察性自我(OE)卡片。通过选择各样卡片,投射内在的需求,了解自己的状况,并与其他成员一起分享你对这张卡片的感受。

(2) 搭肩:在团体成员中形成联结,手搭肩的活动促进人际的力量。

(3) 社会原子图:在个体之间会存有相互吸引(attractions)、排斥拒绝(repulsions)以及中立的(indifferences)等各种状态;环绕在个体主要的角色关系中就是该个体的"社会原子"。

本心理剧工作坊将通过艺术创作(色彩、图形、象征)的方式,来绘制自我的社会原子图,由此了解主角的状态及特质。由于结合艺术的本质来探究主角的社会原子,让主角可以减少防卫,同时可以帮助主角自我有更多的暖身、了解自己,进而探知与每个原子间的关系。在绘制过程中,成员已经在自己内在演了一出心理剧;通过自我绘制、觉察的历程,让成员不仅可以更深入认识、了解自己,同时也在过程中产生自我疗愈的效能。

从平面艺术进入角色扮演,通过心理剧中角色交换、镜观、独白等行动技巧,来进行自我与原子间的关系探究,以检测自我在真实生活中的人际网络状态,重新修复自我的社会原子,重建自我与重要他人的关系。

二、招募方式及人数

(1) 对心理剧演出感兴趣、渴望处理好人际关系的教师,看到海报后自愿报名。

(2) 选 40 人左右。

三、道具:

各种颜色、布排列在舞台的侧后方,方便演员选取;椅子、桌子等。

四、开场

（一）热身活动

1. "抓手指"游戏

全体成员以圈形站立，伸出左手手心向下，伸出右手食指向上，与相邻成员的左手手心接触。导演教师随机喊一些数字，当喊到尾数是 3 的数字（如 13、23、33、43 等）时，每个成员要设法左手抓别人的手指，而右手逃脱别人的手掌。

这一游戏可以使成员体验心理紧张的感觉，可以反复做几次。

2. 解开千千结

3. 找朋友

助手发给每个成员一张"找朋友表"（附录），成员们找其他成员在表上符合自己的项目上签字。

（二）安全模式建立

认知联结卡片：也称启发性卡片或观察性自我（OE）卡片。通过选择各样卡片，投射内在的需求，了解自己的状况，并与其他成员一起分享你对这张卡片的感受。

（三）演出

（1）随机分组。

（2）剧组选择主题与排剧。剧组主题和内容见表 4-2。

表 4-2　剧组主题和内容

主　题	内　容
我是谁	通过角色活动，让大家整理自己在生活中所扮演的角色，及觉察在众角色与自我的关联
沟通艺术家	通过雕塑的方式，让成员们体会在沟通历程中自己内在的信息
三人行必有我师	（1）心理剧社会原子图的介绍 （2）运用三人小组的学习，体会在原生家庭中最初的三角关系，及未了情怀
师生关系	在学校体现师生关系，进行角色扮演、角色互换与体验，达到互相理解的目的
家家有本难念的经	以"模拟家庭"活动带领成员共同体验心理剧。 通过角色扮演家庭成员的历程，呈现出自己丰富的内在资源，整合自我，积极面对生活困境
感恩之旅	回顾在生活中给予我们关照、爱护、滋养等的生命贵人，透过他人的正向眼光，增强成员们对自己正向的看法

（3）正式演出。

（四）分享

观众在剧场上分享个人经验及感受。

场后分享

在这场心理剧中，教师们表演师生关系的场面居多，大都是发生在课堂上的风波。经过心理辅导教师的心理辅导与咨询，解决了师生的人际冲突，缓解了矛盾，使学生学会进行有效沟通，掌握合理情绪疗法。

附录：

表 4-3 找 朋 友 表

兴趣爱好	签字
喜欢打篮球	
喜欢踢足球	
喜欢音乐	
喜欢绘画	
喜欢英语	
喜欢文学	
喜欢交朋友	
喜欢帮助别人	

第三场 《情绪交通灯》——与情绪共舞

> 在我们日常生活、学习中，
> 是不是经常遇到情绪的波动？
>
> 当有了红灯的信号，我们遇上负向情绪了，
> 当有了黄灯的信号，我们应该冷静思考了，
> 当有了绿灯的信号，我们可以继续往前行。
>
> 邀请您，参加情绪交通灯心理剧剧场，
> 在人生的大舞台上，
> 让我们与情绪共舞，学会做情绪的主人。

【心灵感悟】

情绪管理好，人生没烦恼。

——刘 嵋

一、相关技术

采用"情绪交通灯"的形式，进行群体角色扮演，可以发展角色扮演技术，可以让比较多的学生参与，即观众的参与性比较强。这种技术直观、形象、生动，易于操作，收益面广，是治疗不合理情绪、人际冲突以及其他心理障碍的较好途径，特别适合于新生适应障碍、人际冲突等心理辅导和团体心理健康教育。

二、招募方式及人数

（1）对心理剧演出感兴趣、平日情绪有困扰的学生，看到海报后自愿报名。

（2）选 50 人左右。

三、道具

红丝带、黄丝带、绿丝带、小鼓、音响、色布等。

四、开场

（一）热身活动

1. 音乐变奏曲

（1）导演教师指导语：不同的音乐会激发我们不同的情绪，下面我们听几首曲子，大家体验有什么情绪上的变化。

（2）助手播放歌曲让成员感受不一样的歌曲带给他们什么不同的情绪。歌曲有《步步高》、沙宝亮《暗香》、《二泉应月》、《溜冰圆舞曲》、贝多芬《命运交响曲》、毛阿敏《同一首歌》等。

2. 心灵舞动

在音乐声中忘情地舞动身体，感受内在能量的流动，卸下一天工作的疲劳，全然地释放身体负担。

3. 光谱测量

将各种颜色的绸布围成一个大的椭圆，成员们站在圈外拉起手，以椭圆中心为点，斜着一条直线，线的一端可摆放红色的绸布，为＋5，另一端可摆放蓝色的绸布，为－5，中心点为0。这样，一条线上分为11个等级，即＋5、＋4、＋3、＋2、＋1、0、－1、－2、－3、－4、－5。

（1）情绪状态测量：你目前的情绪从非常好到非常糟糕，从＋5到－5，请选择你的位置，站到所选的位置。每个成员与自己周围的成员分享感受。

（2）情绪调解方法测量：从你很会调解自己的情绪到不会调节自己的负向情绪，从＋5到－5，请选择你的位置，站到所选的位置。每个成员与自己周围的成员分享感受。

（3）情绪控制测量：从你很会控制自己的情绪到不会控制自己的负向情绪，从＋5到－5，请选择你的位置，站到所选的位置。每个成员与自己周围的成员分享感受。

4. 演出示范

校园心理情景剧：《偶遇》

方法：辅导教师说出剧情，由成员即兴表演。然后大家讨论情绪产生的原因。

人：3人一组

时：白天

地：工作院内

道具：写着："别惹我，烦着呢！"字样的牌子。

事：甲、乙、丙三人是同监区要好的同事。甲今天心情不好，正在园内徘徊，乙和丙两人迎面走来，两人给甲打招呼，甲却没有理他们。甲对他们的态度便引起两个人不同的情绪反应。

言：乙和丙两人的对话。

分享：其他成员如果是乙和丙会有怎样的情绪反应？

(二)演出方案

1. 演出方案1

(1) 将团队成员分成红队、黄队、绿队三队(每个队分别戴上三种颜色的丝带)。红队代表矛盾冲突,黄队代表理性思考,绿队代表问题的解决。

(2) 问题呈现。由红队队员讨论3分钟,用心理剧的形式表演一个日常生活中的矛盾和内心冲突。

(3) 思考应对。黄队队员分析矛盾和冲突,提出解决问题的可行性方案,用语言表达出来。

(4) 行动演出。绿队队员听取黄队的想法,结合自己的经验和思考,演出解决方法。然后,再循环更换红、黄、绿队的角色,通过不同角色的扮演,使每个成员都体验到矛盾冲突、冷静思考及解决问题的三个阶段,使大家领悟到当我们在生活中进入情绪的红灯区时应该起自我警示,且需尽快进入黄灯区,进行自我监控并核查问题,思索解决问题的多种途径和方案。接着进入情绪的绿灯区,选择最优方案,解决问题,进入情绪的通畅大道,拥有良好和谐的情绪。

2. 演出方案2

1) 剧团组成

随机分成若干个剧组,每个剧组5~6人。

2) 编剧

每个剧组分别集体创编一个心理剧,即将校园生活中遇到的情绪方面的问题编成心理剧,每个人都必须担任角色。

3) 演出

(1) 每个剧组在演到剧的高潮情绪,即矛盾冲突达到高潮时,导演教师敲小鼓叫停,喊"红灯亮"。演出暂停,可以是雕塑,也可以回到座位上。

(2) 导演教师敲小鼓,喊"黄灯亮"。各个剧组讨论剧情应该怎样往下发展,可以用角色扮演的形式表达出来。

(3) 导演教师敲小鼓,喊"绿灯亮"。暂停的剧组继续把刚才排练好的剧演完。

(三)分享

(1) 成员分享自己观看或参与演出后,内心的感受和体会。

分享的注意事项:全体成员遵从分享的三原则,即不分析,不批评和不建议,不发问。

(2) 讨论与引导。小组成员彼此讨论自己面对这样的情况的应对、处理方式,导演教师应加以引导总结。

通过"情绪交通灯"的体验,使团体成员的认知与情绪调控统一协调,行为适度,懂得如何面对生活中的矛盾,自我调节情绪,理智解决问题。

(3) 情绪位置表达:从轻到重五分量点(图2-1)。把自己的情绪反应按影响的轻重程度分为有点影响、较影响、较严重影响、严重影响、非常严重影响。每个成员根据自己的情况站到相应的量点位置,同时也了解其他成员的情况。

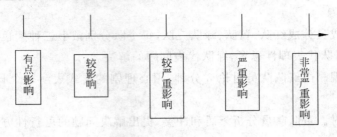

图 4-1 情绪五分量点

五、结束

全体成员合唱《阳光总在风雨后》。

第三节 感情路上慢慢走——情感剧场

> 人生是一幅风景,爱情是一束鲜花。
> 没有鲜花,风景就不会绚丽,
> 没有爱情,人生就容易成为荒凉的土地。
> ——刘墉

第四场 《感情路上慢慢走》——爱不在就放手

> 抓不住爱情的我,总是眼睁睁看它溜走,
> 世界上幸福的人到处有,为何不能算我一个,
> 在爱中失落的人到处有,而我只是其中一个。
> 欢迎来到"感情路上漫漫走"心理剧场,
> 在这里你会感到分手快乐,爱不在就放手!

一、相关技术

融入联结的感觉:圆圈测量法,觉察圈子的相似性,找到去爱的力量。

二、招募方式及人数

(1)对心理剧演出感兴趣、愿意讲出自己的爱情故事的学生,看到海报后自愿报名。

(2)选 40 人左右。

三、剧场布置与道具

固定场景几乎是大同小异,4~5 张排成一列的椅子面对观众,舞台两边一边是助理乐师;一边是两张椅子,靠近演员的是说故事的人的椅子,另一张是导演教师的椅子。道具只有各种颜色的布和演员的椅子,各种布排列在舞台的侧后方,方便演员选取。

四、开场

（一）热身活动

1. 歌曲联唱

全体围坐成一个大圆，导演教师自我介绍，欢迎成员参加团体，大家联唱与情歌有关的歌曲。如《初恋的地方》《月亮代表我的心》《糊涂的爱》《爱不在就放手》《敖包相会》《爱你怎能说出口》和《对面的女孩看过来》等。

2. 听音乐

房间里的光线暗下来，钢琴伴奏曲《泰坦尼克号》响起。

大家坐在座位上，瞑目听音乐，也可以用肢体语言表演。

3. 成长三部曲

全体成员蹲在地上，在最初状态，所有成员都是鸡蛋（以蹲下为标志）；"鸡蛋"可以自由活动，与同类进行猜拳，如果赢了，就进化成小鸡（以半蹲为标志）；小鸡再与同类（只能是小鸡）猜拳，如果赢了，就进化成大鸡，如果输了，就退化成鸡蛋；大鸡再与同类（只能是大鸡）猜拳，如果赢了，就成功回到座位上，如果输了，就退化成小鸡。以此类推，每个成员只有成功回到座位才能退出游戏。

成员会体会到每个人在成长过程中往往都不是一帆风顺的，可能经历许多挫折，但是，只要坚持不懈，在经历无数次失败之后一定可以茁壮成长，取得成功。

4. 爱情三角形

演绎爱情三角形：交流、激情和承诺。

（二）安全模式建立

1. 相似圈

（1）在家排行老大的请站到圈内；

（2）独生子女的请站到圈内；

（3）校园恋爱是正在进行时的请站到圈内；

（4）校园恋爱是过去时的（即失恋了的）请站到圈内；

（5）校园恋爱是将来时的请站到圈内。

2. 艺术表达

报数分组，每个组选择一条或几条颜色的绸布，以爱情为主题，赋予颜色意义，用歌舞的方式表达。

（三）演出

1. 准备阶段

校园恋情的故事，可以运用音乐和绸布等。

2. 演出阶段

每个剧组分别上场表演。

（四）分享

观众于剧场上分享个人经验及感受，演员在聆听后以形体、声音或话剧形式实时呈现，作为礼物回赠观众。

场后分享

校园恋情是大学校园的一道风景线,校园里流传着这样的话:"不在天长地久,只在曾经拥有。"很多大学生对待爱情是雾里看花,有的是盲目的,有的是不负责的,有的是单相思的,还有的是"爱我的人我不爱,我爱的人不爱我"。

在这场心理剧中,大家演绎了各种时态的校园心理剧,在角色扮演中,大家体验与分享了爱情的向往、珍惜、理解与尊重等,进一步明确"感情路上慢慢走"。

音乐的使用烘托了剧场的气氛和调节了演员的情绪,并对纯真的爱情有更加美好的向往。

第四节 我的未来不是梦——职业生涯剧场

创造是力量、自由及幸福的源泉。

——刘嵋

第五场 《创建新家园》——共创同一片蓝

一、情景心理剧主题

此情景心理剧的主题是创新能力的培养。

二、情景心理剧目的

(1) 发挥想象力和创造力。

(2) 体验人际合作与竞争的互动形式。

三、理论分析

创新思维是一种智力活动,是一种发现问题、积极探求的心理取向,是一种善于把握机会的敏锐性,是一种积极改变自己、改变环境、创设条件以解决问题的应变能力,它是人类思维活动的高级过程,是一种复杂的心理活动。创新意识,就是求佳求异意识。这种意识表现为好奇性、想象性、敢于冒险、敢于向困难和权威挑战等心理倾向。创新思维不是与生俱来的,教育在创新思维的培养和发展中起着无法代替的作用。因此,关心学生创新思维的培养是素质教育的灵魂。

四、活动过程

(一) 热身活动

1. 舞动:我的未来不是梦。

2. 万人迷:助手发下特质材料,成员找出自己受欢迎的特质(附录)。

(二) 分剧团:心中的桃花源

辅导教师:"以下是六种不同形态的岛屿特色,请仔细聆听,然后做出你最后的选择。"

I岛:

深思冥想的岛屿。岛上人迹较少,建筑物多偏处一隅,平畴绿野,适合夜观星象。岛上有多数天文馆、科学馆及科学图书馆等。岛上的居民喜好沉思、追求真知,喜欢和来自各地的哲学家、科学家、心理学家等交换心得。

C岛：

现代井然的岛屿。岛上建筑十分现代化，是进步的都市形态，以完善的户政管理、地政管理和金融管理见长。岛民个性冷静保守，处事有条不紊，善于组织规划。

R岛：

自然原始的岛屿。岛上保留有热带的原始植物，自然生态保护甚佳，也有相当规模的动物园、植物园和水族馆。岛上居民以手工艺见长，自己种植花果蔬菜、修缮房舍、打造器物、制作工具。

A岛：

美丽浪漫的岛屿。岛上充满了美术馆、音乐厅，弥漫着浓厚的艺术文化气息。同时，当地的原住民还保留了传统的舞蹈、音乐与绘画，许多文艺界的朋友都喜欢来这里找寻灵感。

S岛：

温暖友善的岛屿。岛上居民个性温和、十分友善、乐于助人，社区自成一个密切互动的服务网络，人们多互助合作，重视教育，弦歌不辍，充满人文气息。

E岛：

显赫富庶的岛屿。岛上的居民热情豪爽，善于企业经营或贸易；岛上的经济高度发展，处处是高级饭店、俱乐部、高尔夫球场；来往者多是企业家、经理人、政治家、律师等，衣香鬓影，夜夜笙歌。

（三）排练心理剧

（1）给自己的岛屿起个名字（发挥创造力）。

（2）角色分配，创建新家园（如何创建自己的家园）。

（四）比家园

（1）每个小组派一名成员将自己的岛屿名称写在黑板上。

（2）每个心理剧团分别集体上台，介绍创建家园的情况。

（3）表演心理剧。

五、全班分享与评比

（1）分享：同学们分享合作与竞争的过程和体验。

（2）根据形式和内容的统一的原则，即表演的形式和内容进行评比，评出最佳家园奖。

六、辅导教师总结

辅导教师根据评比的结果进行总结，引导大家评比不在于结果，而是注重过程，大家体验合作与竞争的过程，引导学生感悟集体的力量与智慧，充分体验团体的精神。

附录：人格特质表

在人际关系中，为什么有些人的"人缘"很好，很受大家欢迎呢？有些人让我们觉得言语乏味、面目可憎、避之唯恐不及呢？这可能和个人的人格特质、能力、外表吸引力，以及彼此间的相似性与互补性等因素有关。每个人所欣赏的特质也可能不尽相同。根据美国学者安德森(N. Anderson,1968)的研究指出,人们对于某些人格特质,仍有一致性的喜好和厌恶。他搜集555个描述人格特质的形容词,要求大学生进行评量:如果某些人具备这项特质时,你对此人的喜欢程度情况见表4-4。

表4-4 影响人际吸引的主要人格品质

受高度喜欢的人格特质	介于稍微喜欢与稍微不喜欢的人格特质	最不受喜欢的人格特质
真诚	固执	古怪
诚实	循规蹈矩	不友善
善解人意	大胆	敌意
忠诚	谨慎	多嘴多舌
真实	追求完美	自私
值得信赖	易激动	目光短浅
聪明	文静	粗鲁
可靠	冲动	自傲自大
有思想	精力旺盛	贪婪
体贴	害羞	不真诚
可信赖	感情丰富	心地不好
温暖	内向	不值得信赖
心地善良	天真	恶毒
友善	好动	可憎
快乐	白日梦者	不真实
不自私	追求物质享受	虐待
幽默	反叛	残忍
负责	孤独	卑劣
开朗	依赖感	欺骗
信任		说谎

(资料来源:J. Freedman,et al.:Social Psychology Englewood Cliffs, NJ:Prentice-Hall,Inc.,1985,p.212)

参考与思考

【心灵鸡汤】

合作与竞争

人际互动的主要形式是合作与竞争。

合作是个体与个体,群体与群体之间为达到共同目的,彼此互相配合的一种行为。其基本条件如下。

(1) 目标一致。

(2) 达成共识与规范。

合作双方对共同目标、实现目标的途径有基本一致的认识,并在合作过程中遵守双方共同认可的社会规范。

(3) 有相互信赖的合作气氛。

竞争是个体与个体、群体与群体争夺一个共同目标的行为。其基本条件如下。

① 目标较为稀有或难得，并且双方对同一目标进行争夺才能形成竞争。

② 竞争中可能出现零和冲突（一方赢，另一方输），也可能出现双赢结局。

③ 竞争是有理性的，按照一定的社会规范进行。

显然，竞争各方双赢或多赢，实现共赢的局面，是比较理想的人际互动形式。只要各方遵守竞争规则，充分考虑别人的利益，共赢是可以做到的。

【自我测试】

根据表 4-5 的创新精神表格进行测试，其中：A 表示"经常如此"；B 表示"有时如此"；C 表示"从来没有"。

表 4-5 创 新 精 神

1. 我能够发现生活中不方便的地方	A	B	C
2. 我观察事物比较仔细	A	B	C
3. 我能够对司空见惯的事物提出新的看法	A	B	C
4. 对某些问题有新发现时，我积极试验，验证设想	A	B	C
5. 对权威的说法我有自己的见解	A	B	C
6. 我头脑里会涌现新的方法、新的设想	A	B	C
7. 我把学习和琢磨问题当成一种乐趣	A	B	C
8. 我喜欢从不同角度思考问题	A	B	C
9. 用新思路解决难题时，我体会到美的享受	A	B	C
10. 我喜欢那些能挑战自己的知识和能力的工作	A	B	C
11. 我习惯探索解决问题的多种可能性	A	B	C
12. 我会突破常规，试用多种方法解决问题	A	B	C
13. 我能够很好地吸收他人的观点	A	B	C

【评分与评价】

以上题目，选 A 得 3 分，选 B 得 1 分，选 C 得 0 分。

将所有题目分数相加得到总分。

如果你的总分在 28～39 分，说明你具备较高的创新精神；

如果总分在 18～28 分说明你具备基本的创新精神；

如果你的总分低于 18 分，你需要加倍努力，以提升自己的创新精神了。

（资料来源：张大均. 大学生心理健康. 北京：清华大学出版社，2007）

【职业（专业）兴趣测验】

如何选择一个适合自己兴趣的专业或职业呢？下面有一个职业兴趣测验，对你会有所帮助。

说明：

下面各道题，请根据自己的实际情况做出回答。符合的回答"是"，难以回答的做"?"，不符合的回答"否"。

R

1. 你曾经将钢笔全部拆散加以清洗并能独立地将它装备起来吗？

2. 你会用积木搭出许多造型或小时候常拼七巧板吗？
3. 你在中学里喜欢做实验吗？
4. 你喜欢尝试着做一些木工、电工、钳工、修钟表、印照片等其中的一件或几件事情吗？或者你对织毛衣、绣花、裁剪等很感兴趣吗？
5. 当你家里有些东西需要修补时（诸如窗子关不严了、门锁上而忘带钥匙了、凳子坏了、衣服不合身了等），常常是由你做的吗？
6. 你常常偷偷地去摆弄不让你摆弄的机器或机械吗（诸如打印机、摩托车、电梯、机床等）？
7. 你觉得身边有一把镊指钳或虎钳等会有许多便利吗？
8. 看到有人在做活，你能很快地、准确地模仿吗？

I

1. 你对电视或单位的智力竞赛很感兴趣吗？
2. 你经常到新华书店或图书馆翻阅图书吗？（文艺小说除外）
3. 你常常会主动地去做一些有趣的习题吗？
4. 你总想要知道一件新产品或新事物的构造或工作原理吗？
5. 当同学或同事不会做某一道习题来请教你时，你能给他讲清楚吗？
6. 你常常会对一件想知道但又无法详细知道的事物想象它将是什么或怎样变化吗？
7. 看到别人在为一个有趣的难题讨论不休时，你会加入进去吗？或者即使不加入进去，你也会一个人思考很久，直到你解决为止？
8. 看推理小说或电影时，你常常试图在结果出来以前分析出谁是罪犯，并且这种分析时常和小说或电影的结果相吻合？

A

1. 你对戏剧、电影、文艺小说、音乐、美术等其中的一两个方面较感兴趣吗？
2. 你常常喜欢对文艺界的明星评头论足吗？
3. 你参加过文艺演出或写过诗歌、短文被墙报或报刊采用，或参加过业余绘画训练吗？
4. 你喜欢把自己的住房布置地优雅一些而不喜欢过分豪华而拥挤吗？
5. 你觉得你能准确地评价别人的服装、外貌以及家具摆设等的美感如何吗？
6. 你认为一个人的仪表主要是为了表现一个人对美的追求而不是为了得到别人的赞扬或羡慕吗？
7. 你觉得工作之余坐下来听听音乐、看看画册或戏剧等是你的最大乐趣吗？
8. 遇到美术展览会、歌星演唱会等活动，常常有朋友来约请你一起去吗？

S

1. 你主动给朋友写信或打电话吗？
2. 你能列出 5 个你自认为够朋友的人吗？
3. 你很愿意参加学校单位或社会团体组织的各种活动吗？
4. 你看到不认识的人遇到困难时，能主动去帮助他或向他表示同情和安慰的心情吗？

5. 你喜欢去新场所活动并结交新朋友吗？
6. 对一些令人讨厌的人，你常常会由于某种理由原谅他、同情他，甚至帮助他吗？
7. 有些活动，虽然没有报酬，但你觉得这些活动对社会有好处，就积极参加吗？
8. 你很注意你的仪态风度，这主要是为了让人产生良好的印象吗？

E
1. 你觉得通过买卖赚钱，或通过存银行生利息有意思吗？
2. 你常常能发现别人组织的活动的某些不足，并提出建议让他们改进吗？
3. 你相信如果让你去做一个个体户，一定会成为万元户吗？
4. 你在读书时曾担任过职务吗？
5. 你有信心去说服别人接受你的观点吗？
6. 你的心算能力较强，不对一大堆的数字头疼吗？
7. 做一件事情时，你常常事先仔细考虑它的利弊得失吗？
8. 在别人跟你讲一套理由时，你常常能换一个角度考虑，而发现其中的漏洞吗？

C
1. 你能够用一两个小时坐下来抄写你不感兴趣的材料吗？
2. 你能按领导或老师的要求尽自己的能力做好每一件事吗？
3. 无论填报什么表格，你都非常认真吗？
4. 在讨论会上，如果有人已经讲的观点与你的不同，你就不发表自己的观点了吗？
5. 你常常觉得在你周围有不少人比你更有才能吗？
6. 你喜欢重复别人已经做过的事情而不喜欢做那些要自己动脑筋摸索着干的事吗？
7. 你喜欢做那些已经习惯了的工作，同时这种工作责任心小一些，工作时还能聊聊天，听听歌曲吗？
8. 你觉得非常琐碎的事情整理好或由于你的工作使有些事情能日复一日地运转很有意思吗？

记分：试卷分 R、I、A、S、E、C 六项分别统计得分：每回答一个"是"，记 2 分；回答"？"，打 1 分；回答"否"的为 0 分。并依照各项得分高低将它们排列。

评价：

R 代表实用性职业，指那些要求有一定技能技巧，类似技工类的职业。

I 代表研究性职业，指那些要求有点钻研精神，即从事研究开发类的职业。

A 代表艺术类职业，要求有一定的艺术素养，即与音乐、美术、影视、戏剧文学等有关的职业。

S 代表社会性职业，指那些直接为他人服务、为他人谋福利与他人建立和发展各种关系的职业。

E 代表企业性职业，指那些为直接获得经济效益而活动的职业，如经营管理、产供销以及财务等方面的职业。

C 代表传统类职业，是指那些需按规定要求工作的，比较简单而又较刻板的职业。如办公人员等。

霍兰德职业兴趣类型见表 4-6。

表 4-6 霍兰德职业兴趣类型

类型	人格特质	典型职业
实用型（R）	此类型的人具有顺从、坦率、谦虚、自然、情绪稳定、实际、有礼、害羞、稳健、节俭、不善交际的特征，其行为表现是： （1）喜爱实用性的职业或情境，避免社会性质的职业或情境。 （2）以具体实用的能力解决工作及其他方面的问题。 （3）喜欢需要体力、具体实在的工作，较缺乏人际关系方面的能力。 （4）重视具体事物或个人明确的特性，如金钱、权力地位等	一般劳工 劳工 农夫 机械操作员 汽车修护员
研究型（I）	此类型的人具有分析、谨慎、批评、好奇、独立、聪明、内向、条理、谦逊、精确、理性、保守的特征，其行为表现是： （1）喜爱研究性质的职业或情境，避免企业型的职业或情境。 （2）以研究方面的能力解决工作及其他方面的问题。 （3）自觉好学、有自信、拥有数学和科学方面的能力，喜欢符号、概念与文字有关的工作，但缺乏领导才能。 （4）重视科学	工程师 化学家 数学家 生物学家 物理学家
艺术型（A）	此类型的人具有复杂、富幻想、冲动、独立、直觉、情绪化、理想化、不顺从、有创意、不重实际的特征，其行为表现是： （1）喜爱艺术性质的职业或情境，避免传统型的职业或情境。 （2）以艺术方面的能力解决工作及其他方面的问题。 （3）拥有艺术与音乐方面的能力，喜欢借由文字、动作、声音、色彩来传达美、思想及感受。 （4）重视审美的特质	诗人 小说家 音乐家 作曲家 演员 设计师
社会型（S）	此类型的人具有合作、友善、慷慨、助人、仁慈、负责、善社交、善解人意、体贴、温暖、令人信服等特征，其行为表现是： （1）喜爱社会性质的职业或情境，避免实用型的职业或情境。 （2）以社交方面的能力解决工作及其他方面的问题。 （3）喜欢从事帮助他人有关的工作，缺乏机械和科学能力。 （4）重视社会与伦理的活动和问题	教师 传教士 辅导人员 宗教人士
企业型（E）	此类型的人具有冒险、野心、冲动、武断、乐观、自信、精力充沛、外向、引人注意等特征，其行为表现是： （1）喜爱企业性质的职业或情境，避免研究型的职业或情境。 （2）以企业方面的能力解决工作及其他方面的问题。 （3）喜欢销售、督导、策划、领导方面的工作及活动，缺乏科学家能力。 （4）重视政治与经济上的成就	推销员 经理 政治家 企业家 业务人员
传统型（C）	此类型的人具有顺从、谨慎、保守、服从、规律、实际、稳重、有效率、缺乏想象力等特征，其行为表现是： （1）喜爱传统性质的职业或情境，避免艺术型的职业或情境。 （2）以传统方面的能力解决工作及其他方面的问题。 （3）喜欢从事资料处理、文书和计算方面的工作。 （4）重视商业和经济上的成就	出纳 会计 银行人员 税务专家 行政助理

参考与练习

干警情景心理剧经典：（原创）

剧目1 《大家庭的风波》

主题：监狱的工作比家里的事情重要。

人物：爷爷（退休监狱警察）

　　　奶奶

　　　爸爸（监狱警察）

　　　妈妈

　　　女儿妞妞（6岁女孩）

道具：桌子1张、椅子5把，盘子3~4个，酒瓶、酒杯各1个，警务通1部，化妆盒1个，房门（造型）1扇。

场景：舞台上一张餐桌，周围摆放着5张椅子，桌上摆放着3个菜盘、一瓶酒和1个酒杯。

大幕徐徐拉开，爷爷、奶奶和爸爸正围坐在餐桌旁吃饭，爷爷悠闲地喝着小酒，呈现一片温馨气氛。

妈妈：（手里端着盘子，微笑着走过来，把刚做好的菜放到桌上）今天是妞妞的生日，再加个大菜——粉条炒鸡蛋！

（妞妞高兴地围着桌子转来转去，妈妈转身看到玩耍的妞妞）

妈妈：妞妞，快去吃饭，不听话，就不带你去迪斯尼乐园了！

妞妞：（跑到奶奶身边，撒娇地）奶奶，奶奶，妈妈不让我去乐园玩了。

奶奶：（慈祥地抚摸着小孙女的头）去，一定去！谁不让我孙女去啊，奶奶打她！

妞妞：奶奶，你打得过我妈妈吗？

奶奶：打得过，你忘了，奶奶会功夫，（做排山倒海状）会"排山倒海"啊。哈哈！

（一家人哈哈大笑）

奶奶：老头子，小孙女生日，你也要表示表示啊！

爷爷：对对！应该表示，哈哈，妞妞，爷爷今天放放血，给你一笔巨款，祝你生日快乐。

（从口袋取出一张100元钞票，递给妞妞）

妞妞：（委屈地）就一张啊！

奶奶：（转身捶了爷爷一下）你个老东西，太抠了吧，当年干监狱拿着公家的钱不舍得花，现在拿着自己的钱还不舍得花！

爷爷：（端起酒杯，意味深长地）甭管大家小家，啥时候，也不能忘了勤俭持家。

爸爸警务通铃声响起，爸爸掏出看一眼来电显示。

爸爸：是政委，（自言自语地）可别有啥行动。

爸爸：喂，政委，你好！

政委：（画外音）正道啊，今天中午，监狱要搞一次应急演练，王科长出发了，就只能辛苦你了！请你马上到指挥部来一下，我们研究一下具体方案。

爸爸：是，保证完成任务！

妈妈：（过来，向爸爸屁股猛踢一脚，生气地）完成啥任务啊！女儿一年过一次生日，你就不能陪孩子一天吗？

爸爸：（神情沮丧地）我也想陪啊，这情况也没法子啊。

爷爷、奶奶表情凝重，只有妞妞还在无忧无虑地跑来跑去。

妈妈：（委屈地）正道，你好好想一想，自从我们结婚以来，你陪了我们多少天啊？妞妞出生那么大的事，你说奥运安保不能回来，监狱要确保一方平安。安保结束一回到家，谁家老公见到孩子不是激动啊，你可好，坐下就跟吃奶的孩子做思想工作，说孩子思想认识还有待于提高，出生太着急，不应该和奥运会抢时间。

爸爸：妞妞出生我是没能陪你，岳母过寿我不是去了吗？

妈妈：（更加气恼地）可别说了，就去了一次，到那就先问我姥姥我妈生日是不是记错了，为啥正赶上春节呢？监狱过春节最需要人，硬缠着我姥姥把我妈生日矫正了半个月。（掩面而泣）

妞妞：（看到妈妈哭，赶忙跑过来抱着妈妈）妈妈，我要去迪斯尼乐园。

妈妈：宝贝，你爸爸要去加班，咱又去不成了。

妞妞（撒娇地）不嘛，不嘛，我要去，我就要去。

（跑到奶奶身边，环抱着奶奶的脖子）

奶奶，奶奶，我要去乐园。

奶奶：（抱起妞妞）正道，能不能跟领导解释一下啊？

爸爸：单位人手本来就少，科长又出发了，我真没法解释啊！

爸爸警务通铃声又响，爸爸赶忙整理着装，准备行动。

妈妈：正道，你今天要真去的话，我们就不过了！（跺脚）

（爸爸愣在那里，手里拿着警务通，左右为难）

爷爷：慧芬，让他去吧！监狱警察哪有不服从命令的，爸妈知道，这些年来，咱家多亏了你啊！爸妈谢谢你！

（端起酒杯，一饮而尽）

奶奶：孩子，当年你爸爸也是和正道一样啊，在监狱初建那几年，工地和家仅有几百米，他都没有回家的时间啊，偶尔回家也是大半夜回，黎明前走，夫妻见面像地下党接头似的，我带着正道守在家里提心吊胆、黑灯瞎火，那才不容易啊。

爷爷：这些年多亏了你妈，爷爷奶奶身体不好需要照顾，还要抚养正道，我亏欠你妈太多了！一辈子也还不完哪！监狱工作特殊啊，每时每刻都需要人啊，两眼一睁，忙到熄灯，两眼一闭，提高警惕！没有监狱的稳定，就没有社会的稳定，没有社会的稳定，哪有家庭的稳定。孩子，让他去吧！

爸爸：爸妈，我去了。

（转身拥抱妻子）对不起！

（蹲下身子，亲亲妞妞小脸）宝贝，爸爸改天一定带你和妈妈去乐园，爸爸给妞妞买好多好多花裙子。

（大步走到门前，转身向全家人深鞠一躬。戴上警帽毅然离去）

音乐响起《大爱无边》，大幕徐徐拉上。

剧终

剧目2 《太累了》

主题：工作上的负面情绪不要带回家。

人物：

  王队长

  王队长的妻子

  张区长、刘监狱长

  甲犯

  乙犯

第一幕

场景一：

（某监区餐厅，打饭期间，乙犯不小心将菜汤洒到甲犯身上，二人发生口角，进而大打出手，场面一片混乱）

甲犯：你没长眼啊，把菜汤洒在我身上。

乙犯：你说话也太难听了吧，再说我又不是故意的。

甲犯：一会儿把衣服给我洗干净了，不然这事没完。

乙犯：给你洗衣服，想得美。

（二犯由口角发展到大打出手，正在众人拉架过程中，刘监狱长路过该监区发现了这一幕，问明原因后，对二犯分别批评教育后，来到监区王队长办公室）

场景二：

（某监区办公室，王队长正在整理昨天同罪犯的谈话材料，刘监狱长敲门进入）

王队长：欢迎刘监来监区指导工作，请坐，请坐。

刘监：最近工作忙吗？有没有和罪犯谈话了解下他们的思想动向。

王队长：昨天刚谈完，整体来说我们监区犯人们表现还不错。

刘监：是吗？刚才我路过你们监区就处理了一起打架事件，好像你的谈话效果不大啊，做工作一定要细致，不要注重形式，要深入了解犯人们的思想动向，及时发现和处理他们中间存在的隐患与矛盾，"千里之堤，毁于蚁穴"。监管改造不能视为儿戏啊，作为一名人民警察，我们身上担负着太多的责任。好了，我该回去了，这次事件你要好好吸取教训，再见。

（刘监走后，王队长点燃一支香烟，烟雾缭绕中懊悔的表情时隐时现……）

第二幕

场景一：王队长家中，一桌热气腾腾的饭菜，妻子拿起了电话。

妻子：老王，快到家了吗？饭菜做好了，就等你了。

王队长：到楼下了。

（王队长一副心事重重的样子推开屋门，将手中的公文包随意扔到沙发上，坐在饭桌

前,拿起了筷子)

妻子:和你说过多少次了,饭前一定要洗手,还不如孩子,快去,把手洗干净了再回来吃饭。

王队长:我说你烦不烦啊,在外面被领导批评,在家你又叨叨不休,还让人吃饭吗?

妻子:你这人怎么这样,挨领导批评了也不能把火发在我身上,让你洗手是为了你好,我容易吗?在家做饭带孩子,还得伺候你,家里的事情你过问过吗?孩子上学放学你接过一次吗?老人生病你陪护过一天吗?整天就知道工作工作,你心中还有这个家吗?

(妻子一气之下,带着泪水回到了卧室,只剩下一桌饭菜和王队长一个人,苦闷之下,又点燃了一支烟,忽明忽暗的烟火中流露出王队长痛苦的表情。)

第三幕

(夕阳西下,云霞满天,晚风清唱,红旗飘扬。王队长一个人在小区内散步,监区的张区长买菜归来。)

王队长:张区,买菜呢?

张区长:怎么一个人出来散步,看你心事重重的样子,工作上还是家庭上遇到问题了?说出来,让老大哥帮你解决。

王队长:别提了,上午在监区因为犯人打架被刘监批评了一顿,下午回家因为吃饭没有洗手又和爱人吵了一架,心里郁闷啊。

张区长:我入警快二十年了,经历的事情比你多。刚开始时,我也经常遇到你这种情况,也曾想过脱下警服好好地陪老婆孩子过日子,但是我却没有这样做,你知道是什么原因让我坚持到现在吗?

(王队长摇了摇头。)

张区长:你看狱园上空那面飘扬的五星红旗,在夕阳的映耀下,显得那么庄严、神圣,还有我们身上的警徽,就是它们给了我无穷的力量和勇气。作为一名监狱人民警察,我们身上肩负着党和国家的嘱托,我们的一言一行、一举一动无不关系到人民群众的生命和安全,吃点苦、受点累没有什么。只要看到万家灯火,一片祥和平安,只要看到一个个罪犯能够堂堂正正地走出监狱大门,重新做人,我们受的那些苦与累就值了。听老哥一句,回去向爱人好好认个错,明天到监区认真给犯人们开个会,总结下教训。

王队长:谢谢你,张区,你的这一番话让我深受启发,也让我看到了自身的不足,同时也让我明白了身上的责任。今后在工作中,我一定会更加细致认真,绝不能再出现今天这种情况。

(余晖中,二人的身影越拉越长,在他们身后,那面飘扬的五星红旗在夕阳下更加鲜艳。)

剧终

剧目3 《回家过年》

主题:"80 后"夫妻回谁家过年的矛盾冲突及问题解决。

人物:

公公

婆婆

岳父

岳母

"80后"独生子女小夫妻

发小

背景：临近春节，一对在北京工作的"80后"小夫妻要回家过年。公公婆婆家在山东，岳父岳母家在湖南。他们都是独生子女，两边的父母都盼着孩子回家，为此两人产生了分歧。

第一幕

地点：山东，婆婆家

人物：公公、婆婆、宠物狗"板凳"

公公：儿子、媳妇就要回来啦，孩儿他娘，你要多买些好菜。拣咱儿媳妇喜欢吃的做。

婆婆：你还怪疼你儿媳妇哩。（笑……）咱儿子喜欢吃的东坡肘子我昨天就焖上啦。还有醋熘排骨、蒜香鲶鱼、清氽鲅鱼丸和海参鲍鱼汤，我都准备好啦！

公公：老婆子真能干，值得表扬，哈哈哈……你快给儿子打个电话问问，到火车站了吗？

婆婆：好好好，这就打。（拨电话）

第二幕

地点：湖南，岳母家

人物：岳父、岳母

（两位老人靠在沙发上，岳母不停地用遥控器转换电视频道，一边喃喃自语）

岳母：哎呀呀，老头子，刚才看的天气预报怎么找不到了呢？这个冻雨也不知道明天能不能停，不然咱闺女怎么回来呀。

岳父：眼都被你晃晕了。我打电话问了，闺女说没事，她订了飞机票，坐飞机回来。咱们去机场接他俩就行。

岳母：那你还不赶紧去啊，晚了孩子们着急。（用手推老头子）

岳父：今天才二十六，这俩孩子得年三十下午才能到。我现在去了，哪能接得来呀。还整天说我老糊涂呢，哼！

第三幕

地点：北京

人物："80后"独生子女小夫妻

（妻子从商场回来，买回大包小包的东西，都是给父母准备的新年礼物。从储藏室拿出大大的行李箱，开始收拾回家的装备。丈夫下班进家。）

妻子：老公你回来啦？看我给咱妈买的围巾漂亮不？

丈夫：老婆你太让我感动了。我代表咱妈向你表示感谢！（拥抱）

妻子：看你客气的，给咱爸的礼物你买了吗？

丈夫：黄金酒啊，早就准备好了。

妻子：好滴，亲爱的，那咱们快收拾收拾吧，爸爸妈妈都等急啦，刚才给我打了好几个电话呢。

丈夫：别忘了把给爸买的腰痛药带上。

妻子：腰痛药我已经交给快递公司寄过去啦。

丈夫：咱们自己带着就行啦，何必花那冤枉钱呢。（猛然醒悟）去哪儿过年？

妻子：当然是回湖南啊，飞机票我已经买好了。

丈夫：敢情你这大包小包的是给你爸妈买的啊？怪不得咱妈咱妈的叫得这么亲热。（拿出动车票）和谐号N395，明天下午到济南。

（电话响了，婆婆打来的）

（画外音：儿子啊，到车站了吗？妈把菜都给你们做好了。家里房子也都给你俩收拾好了。）

丈夫：好的，妈。您放心，我一定带您儿媳妇回家过年。妈再见。

（画外音：儿子再见，一路平安）

妻子：不是说好了回我家过年吗？（生气）你怎么又答应你妈了？咱俩不回湖南，我爸我妈两个老人冷冷清清地怎么过年啊？！

丈夫：哪有过年不回婆婆家的道理？再说了，我爸妈也是独自生活啊。他们俩也不能单独过年。

妻子：你爸妈不孤单啊，他们不是还有个儿子吗？

丈夫：我怎么没听说，谁啊？

妻子：你们家"板凳"啊。

丈夫：开什么玩笑！"板凳"能叫爸爸妈妈吗？它只是我妈养的一条宠物狗而已。

妻子：我不管。你要是还爱我，就必须跟我回湖南过年。

丈夫：你要是还爱我，就跟我回山东过年。

（妻子的电话响了，是她妈妈打来的）

（画外音：闺女啊，告诉你个好消息，刚看了天气预报，这两天冻雨要停啦，你们放心回来就好啦）

妻子：好的，妈。我爸呢？

岳母：你爸一早就去机场啦！就等着接你俩呢。

妻子：啊？我们得后天才到呢！快让他回去吧，别冻着了。

岳母：好，我给他打电话。

妻子：（对着丈夫）走吧，爸都到机场了。

丈夫：回山东。

妻子：要回你自己回，我是肯定要回湖南的！

丈夫：那就各回各家，各找各妈。

（画外音：本来过春节就是图个热闹，老人们就想和孩子们聚在一起）

（僵持10分钟，丈夫先妥协）

丈夫：亲爱的，要不今年咱们回山东，明年回湖南过年行不行？今年是咱俩结婚后第一次回家过年，家里人都等着看媳妇呢。

妻子：又不是没见过面，看啥呀。再说我妈身体刚康复，我想多陪陪她。

丈夫：那要不咱们三十、初一在山东过，初二去湖南过怎么样？
妻子：你想折腾死我呀？累都累死了。再说，想想春运就恐怖。
丈夫：那就在家待着，哪也不去！
妻子：不行。这个年我必须陪爸爸妈妈一起过。
丈夫：那你说怎么办？
（两人陷入苦恼，找不到两全其美的办法。这时同在北京打拼的发小打来电话）
发小：喂，强子，今年春节在哪儿过？
丈夫：这不还没定下嘛。你们呢？
发小：我把我爸妈和你嫂子的爸妈都接过来啦，过年嘛，让老人们到一起热闹热闹。哎，你要是不回去的话，年初二咱们大家伙儿一起吃个饭。我爸也念叨着老长时间没见过你了呢。
丈夫：好，我也很想叔叔了呢。如果不离开北京的话，我一定给你打电话，去给叔叔拜年。
发小：那就这么定了哈。哥们儿拜拜。
丈夫：拜拜。
（挂断电话，两人四目相对）
妻子：要不咱们也把两边的爸爸妈妈都接过来，大家一起过年？
丈夫：我看这个主意也不错。分头打电话吧。
妻子：你给湖南打，我给山东打。让咱爸咱妈都来北京逛逛。
丈夫：还是我去接吧。你在家负责收拾收拾房子，爸妈来了好住得舒服点。
妻子：先打电话问问。
（两个人各自拨着电话退场……）

剧终

剧目4 《办公室里发生的故事》

主题：领导与年轻职员之间的沟通与理解，理解万岁。

第一幕

地点：办公室
人物：警察甲、警察乙
警察甲：（忙得晕头转向，对着电脑不停地打字、打印材料，电话响）喂……啊！小冯啊，什么？打篮球，没空忙着呢。不好意思哥们，下次吧，下次一定去！
警察乙：（跷着二郎腿，表情悠闲）小全……去经理办公室帮我拿份材料。
警察甲：（看了眼堆积如山的资料）可是我……好吧，我这就去！

第二幕

地点：经理办公室　走廊
人物：经理、警察甲、主任
（敲门声）
经理：请进！

警察甲：经理，你好，小姜让我来拿一份材料。

经理：好的。(拿起材料递给小全)

警察甲：谢谢经理！(拿起材料转身要走)

经理：等等，明天有一个重要会议，你帮我准备10份材料，务必今晚弄完！去吧……

警察甲(吃惊)：10份？经理我……

经理：有问题吗？

警察甲：哦，没问题，没问题！经理我今晚加加班，一定给你弄出来！那我先回去了，经理。

(出门低头看材料，一头撞在主任身上)哟！主任你好你好！

主任：你急什么，啊？先别走，正好我找你呢！明天单位有个紧急活动，你给我写两份发言稿！

警察甲：主任，很紧急吗？能不能换个人？刚刚经理还让我……

主任：(生气)小全，你什么意思，你很忙啊！经理安排的工作是工作，我安排的就不是工作了吗？

警察甲：主任，我不是那个意思，好！我回去就写，明天一早交给你！

第三幕

地点：办公室

人物：警察甲、警察乙、警察甲妈妈、主任、孙姐

警察甲：(抱着材料，看了一眼悠闲的小姜，一屁股瘫坐在椅子上，这时电话响了)喂……妈妈，干什么啊？

警察甲妈妈：儿子啊！今晚下班早点回家吧？

警察甲：(不耐烦)早回家干吗！不回去了！

警察甲妈妈：怎么了儿子？你忘了，今天是你生日啊！亲戚朋友都在等你回来一起过生日呢！妈妈还做了好多好吃的呢！

警察甲：吃吃吃！就知道吃！工作没干完还吃什么吃！行了行了！不说了！挂了挂了！

警察甲妈妈：(有点伤心地自言自语)

儿子今天这是怎么了？唉……

主任：(走进来，对小姜说)小姜，帮给我给经理办公室提壶水！

警察乙：(看手机)没看见我正忙着吗！小全闲着，你不会让他去啊！

警察甲：(指了指办公桌)我闲？你看看我哪里闲了？我都快忙死了！你倒好！一天到晚什么都不干！就知道玩手机，上网！

警察乙：(生气地站了起来)你算什么东西！我玩手机要你管？我玩手机我乐意！(推了小全一把，小全站了起来)我什么都没干？我干得比你多多了！(又推了小全一把)

(警察甲攥着拳头气得浑身发抖，终于忍不住爆发了，揪起小姜的领子，挥拳要打)

主任：(煽风点火)哟！动真格的啦？没事！打啊打啊！我给你俩买保险！

孙姐：(走进办公室，见状连忙开玩笑缓和气氛)哟，这是干吗呢？怎么把健身运动挪到办公室里来啦？有话好好说！

（连忙上前拉开）都不是小孩子了，还打打闹闹，丢不丢人啊。要我说啊，没有什么大不了的！都是同事，都是亲人，在工作当中就要团结，互相帮助！多多包容！这样才能把工作做好。不搞好团结，经常互相拆台，不光工作做不好，领导不高兴，其他同事也会瞧不起我们的！

（警察甲、警察乙、主任羞愧地低下了头）

主任：我去打水去！

警察乙：小全我帮你弄材料吧！

警察甲：谢谢你兄弟！刚刚是我不好，太激动了，请你原谅我！

警察乙：没关系，我也有不对的地方，忘了它，开始工作吧。

警察甲：嗯，好！（坐下继续工作）

孙姐：就是！这样多好！小全，你今天不是过生日吗？我们大家帮你做完工作再一起陪你回家过生日。

警察甲：（有点激动）谢谢孙姐！

（掏出手机打给妈妈）

喂，妈妈，对不起，刚刚是我不好，你不生气吧。

警察甲妈妈：：没关系儿子，那你今晚还回家吃饭吗？

警察甲：回啊！而且我们领导说要陪我一起过生日呢！妈妈你再多做点好吃的吧！

剧终

校园心理剧治疗

【心灵悟语】

校园心理剧的效力

在心理剧中,
你可以与不同背景与价值观的成员相处,
成员彼此的回馈犹如一面镜子,
可以让你更加了解别人眼中的自己。

校园心理剧更是一个试炼城,
你新习得的心灵法宝都可在此一试,
没有批判、攻击与嘲弄,
只有安全、支持的气氛,鼓励你向前。

这里也是个能获得慰藉的好地方,
当你受伤了,这里有一群伙伴可以给你安慰与帮助。

透过辅导咨询老师的带领以及成员之间心灵的交会,
以及有趣的活动、讨论、体验、冥想……

相信你会发现自己的心灵更为成长。

——刘嵋

第五章

心理剧治疗

第一节 心理剧治疗介绍

一、心理剧治疗概述

(一) 心理剧治疗的含义

1. 什么是心理剧治疗

心理剧治疗是由莫瑞诺创立、发展起来的一种基本团体治疗方法,它是心理剧在治疗层面上的应用。对于心理剧治疗,我们可以这样来描绘:心理剧治疗是一种戏剧形式的团体心理治疗,团体成员并不是围坐在椅子上讨论彼此的生活以及生活中存在的问题,而是运用动作技巧将生活带进现场,并让团体成员来扮演戏剧中的演员。心理剧团体成员通过他们(过去、现在和将来)的生活场景,演出他们的思想、感受、人际关系或者梦想。在演出的过程中,团体成员运用它们的自发性和创造性,找到问题的解决方案。

2. 心理剧的目标

心理剧的目标是帮助个体更具自发性,更快乐、更有意愿地按自己的力量去规划人生。

(二) 心理剧治疗特点

心理剧治疗具有以下四个方面的特点。

1. 强调以"行动"来"经验"生命而非谈论问题

心理剧帮助人们在演出时充分地"经验"与"体会"问题。莫瑞诺始终相信,唯有行动才能帮助个体把不曾察觉的事物唤醒。因为在日常生活中,真实地去寻找、体验并且尊重自己的感受并不容易。成长的经验让我们害怕与真实的感受对话。身陷成长困扰问题的人们就是因为无法接近、感受自己,生命才显得死板僵化,没有弹性。在心理剧的过程中,个人的肢体和心理会逐渐地开放,恢复生命本来应有的自发性与创造力。经过这样的体验,个体更容易触摸自己真实的感受,并将其以整合的方式表现出来。

2. 强调音乐、美术等多种元素与咨询技术的整合

心理剧将音乐、美术、灯光等多种元素整合起来。莫瑞诺不相信语言可以走入心灵的大门,然而,音乐、雕刻、绘画、哑剧等艺术有着语言所不能及的跨文化的沟通功能。例如,在舞台设景阶段,导演可尝试运用音乐,将情境中的声音、气味等信息表达出来。演出过程中也可让主角敲击地面以发泄情绪或让配角推挤主角造成身体上的压力。这些具体呈现的方式可以唤回主角在事件发生当时的真实情感,使主角产生强烈的感受。此外,导演也可运用不同的灯光颜色来辅助主角表达情感。如红色可以协助愤怒的表达;蓝色可以用在梦中的场景;绿色可以代表一个花园或森林;在亲密的时刻,可以将灯光调暗。所以说心理剧中的肢体语言、声音等非语言信息,是一般以口语为主的心理咨询方式所不具备的。

3. 强调心理剧内容的自发性与原创力

自发性与创造力是心理剧的核心。莫瑞诺认为人类社会化之后带来的问题是自发性与创作能力被压抑,使人面对问题时不能创造出适当的反应。他说:"自发性是在当下、现时、当场发生的;它触发个人对一个新的情境做出适当的反应,或是对一个旧的情境做出新的反应。"自发性是一种能量,也是创造活动的催化剂。只有自发性非常高时,创造力才会出现。创造性的行为通常借由作品表达,如一首诗、一首交响曲、一幅画、一场剧。这些都是莫瑞诺所称的"文化遗产"。除了上述的诗、画、剧等,影响我们日常生活的社会规范、文化习俗,也都是创造力的产物。然而,随着时间的更迭,这些文化遗产若无后续自发性的行为,就会失去其创造性的质量,甚至成为阻碍自发性产生的障碍物,如一些僵化的家庭规条。心理剧中的一些方法能催化个人恢复天生的自发与创作能力,以自发性的方式创造性地对旧有文化遗产做出新的反应,使个人更具弹性。

4. 强调互动的关系

莫瑞诺等人认为,人是生命舞台上的即兴演员,角色的演变、创作、扩大、深入都是一种过程。这种过程只能在我们与别人的互动中产生。心理剧所重视的就是这种互动的过程,而不仅仅是内在角色的扮演而已。个人互动关系的模式是由家族文化传承而来,个人自我是经由幼年角色学习而来。因此个人的不适行为来自早年角色学习的偏差。心理剧治疗则提供一种方法使人回到原来重要场景而修补个人与重要他人间的关系。莫瑞诺认为团体中的每位成员互为彼此的治疗媒介。只要能够被团体中的一位曾经有相同故事,但没有因此被束缚住的成员所了解,并在情绪、语言及肢体上被接纳,这样的互动过程本身就是一种疗愈的经验。

二、心理剧治疗风格介绍

在笔者的心理剧治疗中,大部分是学习借鉴的易术心理剧和螺旋心理剧技术,这两种心理剧的创始人分别是龚钬博士和凯特·亨德金博士,笔者曾经有幸与这两位女士相识,并向她们学习请教,她们对笔者的心理剧治疗技术的提高帮助非常大,为此,笔者由衷地感谢她们。

(一)易术心理剧介绍

易术心理剧的创始人是龚钬博士(Dr. Gongshu)。笔者于2007年8月在苏州参加中国首届表达性心理治疗和心理剧国际学术研讨会时,有幸结识了当时年近80岁的龚钬博士,并且参加了她的心理剧治疗工作坊,后来,在不同的国际学术研讨会上,我们也经常见面。

龚钵博士出生于中国,早年生活在南京,她先后就读于美国耶鲁大学、加利福尼亚大学伯克利分校,获得艺术学硕士、比较文学硕士、咨询心理学博士等学位,接受心理剧专业系统培训、格式塔和心理意象疗法训练,拥有心理剧导演和训练师的资格。她在美国不仅是一位优秀的心理剧、团体治疗、社会组织诊治的实务工作者(Practitioner)、教育者(educator)及训练者(trainer),也是一位优秀的艺术治疗师、完形治疗师,并具有临床社工师执照。且当选1999年美国心理剧、社会组织诊治、团体心理治疗考核委员(member ot America Board of Examiners in Psychodrama, Sociometry and Group Psychotherapy)。

龚钵博士是心理剧创始人遗孀哲卡·莫瑞诺女士唯一的中国弟子,她具有20余年的临床工作经验。近年来更以整体观的治疗概念在非洲、欧洲、美国、南美洲、亚洲等地进行心理治疗及教育工作,希望以此治疗模式调解人们的身心,促进人际间、社会的和谐,以达到"天人合一"的境界,也就是莫瑞诺的理想——以心理剧来改造社会。

龚钵博士创立了一种新的心理剧治疗方式——易术心理剧,她花费10年撰写出专著《易术》。"易",就是变,"术",就是道,同时,术也常常被解释为是一种艺术。简单地说,易术意味着在多变的社会中存在的一种艺术。而易术心理剧的核心主张则强调:所谓的康复,是帮助个体持续地在身、心、灵等方面与社会环境保持平等与和谐的历程。事实上,易术心理剧是一种较新的心理治疗方法,也是一种传统的治疗历程,它将中国文化与西方文化中多种创造性的表达艺术整合在一起。该方式融合了中国传统文化的思想、中医理论精粹以及西方心理剧治疗方法,具有很高的学术意义和实用价值。易术将东方与西方的治疗历程结合为一个有机与统一的整体。它是一种创造性的积极治疗,它与其他团体治疗方式所针对的治疗因子相同,不同的是,它采取整合的取向。它帮助个案在艺术的体现或艺术表达中,将模糊或抽象的思考或感觉具体化。易术创造性的历程引导个人或团体打通能量阻塞,以达到自发性、自然性与完整性,以及个人内在、人际间与超乎个人之上的平衡与和谐。

龚钵博士所研究的易术治疗,是以《易经》阴阳交感、天人合一的法则,阐述大自然与人体内小宇宙之互动关系;她以《黄帝内经》解说人与天地相应,故治疗需因人、因时、因地制宜;她借由精、气、神学说来说明人体生命活动力来源、升降出入的平衡形式;她崇尚道家自然法则;她以传统气功排浊气、吸正气的平衡理论,来传达促进身体内、人际间的和谐观点。在亚洲各地,她与她的易术治疗,无论是哲学思想、治疗理念还是病理概念,都源自中华文化,再融合西方的治疗形式与技巧,从而构成了一个本土化治疗历程。

(二) 螺旋心理剧

螺旋心理剧的创始人是凯特·亨德金博士(Dr. Kate Hudgins),凯特是美国著名心理剧治疗师、心理剧螺旋治疗的创始人,美国职业心理剧训练师、教师与治疗师理事会成员(ASJPP)、临床心理学家,是国际螺旋心理剧协会(Therapeutic Spiral International, TSI)创办人、首任主席。该机构的创立目的是在全球各地将心理剧用于创伤治疗。第一次与凯特·亨德金博士相识也是在2007年苏州中国首届表达性心理治疗和心理剧国际学术研讨会上。2008年,笔者又专门到北京接受了她系统的螺旋心理剧的培训。实际上,在笔者的心理剧治疗中,很多技术和方法都是来源于凯特·亨德金博士的螺旋模式心理剧。

螺旋模式心理剧是将自己的心理困惑通过表演的方式加以展示，表达出自己的内心感受，从中培养、提高对自身的洞察能力，实现自我的整合与人际关系的和谐的一种深层心灵互动模式。它具有高度参与性、体验性、启发性的特点，已被公认为是一种快速、安全、有效并且独具魅力的心灵治疗方法。在心理层面，螺旋心理剧有着三重含义：最底层次是内在的自我；其次是人际的层次，包括爱、沟通和付出；最后是超人际的层次，包括音乐、艺术、宗教和神秘等灵性的元素。

参考与练习

心理剧案例

谁应该开我的车子

主角比尔是位 29 岁的男性，莫瑞诺从 7 位自愿当主角的成员中选出他。他已有充分的暖身，提出主题如下：

"我有一个开我车子的小男孩，我不想再出现那样的事情。我想去看看我心中允许他开我车子的哪个部分，我想要自己开车。"

莫瑞诺问比尔关于这部车："它看起来怎么样？是哪种车？谁开的？"

比尔解释这辆车是绿色，有 4 个座位："两个人坐在车上，一个人开车，一个人坐在后座，代表了我的两个部分：小比尔和大比尔。大比尔坐在后座，而小比尔在开车。"

莫瑞诺说："我们来看看！"

场景一：绿色车子

此场景设了 4 个椅子来代表车上：两个椅子在前，两个椅子在后。比尔自己坐在后座，而选出一位配角扮演小比尔坐在前座。比尔将小比尔的动作示范给配角看，然后比尔（扮演大比尔）坐在后座，表达出他想开车的希望。小比尔拒绝，并坚持他不会让大比尔开车。尽管大比尔拼命努力说服小比尔让座位给他，但仍无法让小比尔移动位置。

莫瑞诺要求大比尔强硬一点，团体成员也试着鼓励他坚持要求取代小比尔在车上的位置，但此时他卡住了，似乎被害怕淹没且变得动弹不得，以至于无法在有任何动作。

莫瑞诺建议大比尔和小比尔角色交换，以显示他是如何坐上驾驶座的。莫瑞诺说："你是强壮的，你了解从父亲那里来的爱，你是记得和了解那个人的。"但在小比尔的角色中，他跪在配角所扮演的大比尔前面，比尔仍无法有任何主见，依旧保持不动和沉默。

莫瑞诺：现在你想见谁？

比尔：我父亲。

莫瑞诺：好，让我们找出小比尔在小时候没有得到的东西。

场景二：小比尔在卧室

在场景二，主角——现在 8 岁——躺在房间中的床上，在一个秋天的傍晚，静静地在哭。他睡不着，觉得害怕和寂寞，而且受到客厅宴会的吵闹声干扰。

莫瑞诺：你为什么哭？
比尔：我怕黑。
莫瑞诺：谁会在黑暗中冒出来？
比尔：华特伯伯。
莫瑞诺：让我们见见华特伯伯。

之前扮演小比尔的配角被选出来扮演华特伯伯，比尔先和他角色交换。比尔（扮演华特伯伯）解释华特伯伯是家庭中的族长，很高大的一个人，声音很大，两双脚很硬朗，尤其是一双玻璃眼最令比尔害怕。

比尔（扮演华特）：虽然我声音听起来像在生气，但我并不是一直在生气。我看到你身上的一些东西，比尔，我一直没有办法照顾好自己。
莫瑞诺：华特，你想告诉比尔什么？
比尔（扮演华特）：好好照顾你自己，比尔，你有一些我以前没有过的机会。
莫瑞诺：现在让害怕的比尔躺在床上。

他们角色互换。

比尔：你好坏，华特伯伯。
莫瑞诺：你不必怕他，虽然他有一双玻璃眼……
华特：你不必怕我，我知道我很坏，但你并不坏，比尔。
比尔：是的。或许我也能在你身上学到一些东西。
华特：你看，比尔，我的眼睛是一个意外造成的……我被鱼钩钩到了。
比尔：爸爸知道你在这里吗？
华特：不知道，你要我去厨房告诉他吗？
比尔：不，我可以自己去厨房。
莫瑞诺：父母不了解孩子有害怕的权利，向华特说再见，我们要转换场景。

他们互相道别，然后华特离开。

莫瑞诺：华特刚刚在这里，那是你最怕的人，现在我们一起来看看，是什么让父母不能接受你害怕的这个事实。你要去见谁？
比尔：父亲。

一位扮演父亲的配角被介绍出场，比尔解释说父亲因在过度嘈杂的环境中工作，造成一耳失去听力。

莫瑞诺（对扮演父亲的配角）：你有一个躺在房间的儿子，他非常害怕。
比尔：不是这样，我在厨房遇见他。
莫瑞诺：演给我们看。

场景三：比尔和父亲在一起

比尔先指导配角如何扮演他父亲。当配角（扮演比尔）正坐在火炉前颤抖着，比尔（扮演父亲）走进厨房去拿酒。

配角（扮演比尔）：华特在这里，我很害怕，我睡不着。
比尔（扮演父亲）：嗯，你很害怕，比尔，我不知道怎么照顾你，我要叫妈妈来吗？

比尔:不,我要你在这里。
比尔(扮演父亲):但我们有个宴会,而且……你不能坐在这里,爸爸带你去房间。
莫瑞诺(对父亲):如果你是这样对他,你和儿子不会有任何进展。比尔,你可以从父亲的角色出来,以你自己的角色让我们知道你需要怎样的父亲,至少在这里,你可以让父亲成为你想要的样子,但记住,你里面的小比尔是一个有思想、想法和情感的人,他有权利被听到。

厨房的这一场景重新演出,但这次是一个理想版本。在给配角扮演"理想父亲"的指导之后,由配角扮演理想父亲的角色,而比尔变成在厨房的8岁比尔。

父亲:比尔,你在厨房做什么?
比尔:我很害怕,华特在这里。
父亲:你很害怕吗?(父亲抱紧儿子,比尔在父亲的臂弯里哭了)
比尔:我害怕你会对我生气。
父亲:我们现在应该在一起,我们去你床上,然后一起谈谈好吗?
父亲:(坐在床沿)你的床好小,比尔,而我有一个大肚子。
(他们一起躺在床上,谈了一些有趣的事情,比尔很快乐、满足,在父亲的臂弯里睡着了。)

莫瑞诺:现在我们有两种选择,你可以演你如何照顾你内在的小比尔,或者如何照顾你的小儿子。我建议我们回到场景一。

场景四:回到场景一

回到场景一,大比尔和比尔坐在车上。
莫瑞诺:现在演出你如何期待着小比尔进入你的生活。(对大比尔说)你要让我们看到,小比尔如何帮助你在生活上更丰富。
比尔:(部分面对团体,部分面对小比尔)他是我最棒的同伴,真的,但你也很聪明。从现在起,我要决定车的速度,我要驾驶它,但如果你想要,我会让你一直和我在一起。
比尔和小比尔改变位置,然后对团体演出他如何自己开车,且让小比尔坐在后座。
团体分享结束。

讨论:
这个心理剧清楚地处理关于面对外在及内在权威时的自我肯定。对主角而言,开他的车子意味着掌控自己的生活以及维护自己。车子的绿色象征成长,针对他的发展受阻特别显示出其意义。这个心理剧也处理了主角的软弱部分之间的冲突,以及找到两者之间适当精神内在平衡的需要。

比尔在家中是以最小的孩子身份长大的,因此,一直是被给予"小家伙"这个角色,也一直被期待坐在"后座"。这个角色也被多因素所增强,包括比尔害怕华特伯伯——这位家庭中的族长,以及缺乏比尔父亲的支持。因此,就某些意义而言,比尔感觉自己仍像是被令人害怕的内在权威人物所主宰的孩子一样,虽然比尔已长大变成"大比尔",而"小比尔"依旧引导着比尔的生活,这导致比尔坐在"后座",被害怕弄得动弹不得。

在心理剧中,比尔获得帮助去面对自童年就害怕的人物,且做角色交换。这帮助他了解到什么阻碍了他成为一个男人,也基于这样的了解,让他采取行动,逐步成为他自己的权威。

第二节 心理剧治疗的技术

一、心理剧治疗常用的技术

(一)热身技术

热身是一个过程,也是一个技巧。热身阶段包括一些演出前所必需的准备活动,包括指导者的准备、建立团队的信任感和凝聚力、确定团队的主题、选出主角以及帮助主角尽快投入到演出中等。帮助参与者为后续的演出做准备是非常重要的。这些准备工作包括参与者积极建立个人目标、培养出于对其他成员的信任而产生的安全感;另外还会教参与者一些热身方法,通过音乐、舞蹈、活动或其他非语言练习达到让参与者暖身的目的。

热身的对象包括团体、主角、配角,导演本身也需要在进入团体之前先让自己热身,以便有较高开展工作的自发性。

1. 导演的热身

这是营造鼓励自发性行为氛围的关键。在热身阶段,通过真实的情感交流,导演发展自身的自发性。同时通过真实的情感交流,导演增强了成员的信任和信心。同样,也为承担风险、自我表露、幽默、自发性、共情以及接纳自我的情感并且将其表演出来起到了榜样作用,这一切都有助于团体凝聚力的形成。

为了达到这个目的,导演可以通过行为的方式与团体互动,与团体成员谈谈各种话题,介绍一下将要开展的工作,以及小组将会维持多久,等等。如果导演的沟通能让团体成员感受到他的爱、真诚与专业,他的行为将会进一步引发团体自我开放、自发性、幽默感,并缩小彼此的距离感。若是导演只是坐着与组员交谈,对于把小组引入准备状态是难以产生效果的。同时,导演的热身成效会在整个导剧中体现。

2. 成员的热身

当一群来自不同的地方、带着不同的心情的团体成员走进剧场后,导演应在第一时间的热身活动中做到以下几点。

(1)帮助成员放下在其他情境中的角色与面具,自由地表露自我。

(2)协助成员介绍自己,觉察自己此时此刻的心情状态。

(3)协助成员暖化肢体,以便投入非语言的工作方式。

热身又可分为非引导式热身和引导式热身。在团体最初形成阶段,动作练习的使用不仅有助于建立团队的聚力,也使得每一位团体成员对自己人格中冲突最大的层面有一定的感悟。在团队互助发展初期,动作练习不仅可以用来介绍团体成员,而且在建立信任感、达到自我开放等方面都有成效。

导演可以选择性地使用各种介绍的方法让团队的成员相互认识,也可以做一些非言语的练习,让每个人介绍自己,并说出自己的期望。在这时,导演要把团体导向某一主题,或寻找主角的方向。当出现共同主题时,导演就可以用它来导剧。

3. 主角的热身

在心理剧进行中,导演对主角的热身是有弹性的,导演要不断地让主角热身。为增加安全感,导演可以带领主角沿舞台走一圈,让主角的目光与团体成员对视——感觉到现实的存在和彼此心灵的交流、信任和支持。如与主角一起讨论,问他的问题性质,等待他的回答,引导他举出具体的例子,说明地点、人物,等等。在热身的过程中,导演要慢慢地鼓励主角往舞台上移动,移到舞台中央位置后,继续帮助他逐渐演出各种行为。有可能的话,可以激发主角以行为的方式表达。这些都是在舞台上进行的。

(二) 社会测量技术

基于人际选择理论,莫瑞诺提出了一套测量人际关系的方法——社会计量测试(Sociometry),也称社会测量或社会活动测量。社会活动测量对于人类社会的基本结构,尤其是团体中人际关系的研究与评估,起着重要作用。莫瑞诺在探讨个人的内在历程的同时,也非常注重人和环境的联系与互动。

1. 莫瑞诺社会测量法

莫瑞诺把社会测量大体上分成三个部分:自发的选择、选择背后的动机、选择的因果。它们表现了团体成员的模式构建和成员所选择的各项之间的内在因果关系。在自发的测试选择中,比较容易了解成员在生活情境下的反应、与周围人的关系,以及因人际的相互排斥而产生的互动模式。社会测量学使得团体动力可以被测量,并能清晰地了解团体动力的状况,明了团体中各个成员的感受。

莫瑞诺早期绘图描述的由三个同心圆组成的社会原子测量方法(图 5-1),帮助人们确认三类人:与自己有情感连接的人,想和他们发展关系的人和只是认识的人。具体过程如下:

(1) 列出你认识的人的清单,并根据他们所属的类型用 1、2、3 加以说明。

(2) 用○代表女性、△代表男性,把自己放在最里面的核心。那些与自己有情感连接的第一类人的位置在里面的圆圈里,用远近表明他们和你关系的重要性;把第二类人放在中间圆圈,第三类人放在外圈。

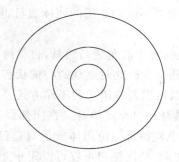

图 5-1　莫瑞诺社会原子测量方法

(3) 注意你自己在整个过程中的体验,并和其他人讨论这个探索过程对你的意义,或者与团体分享。

在心理剧团体中,以直接行动演出的方式来进行社会计量,不仅可使团体动力更具流动性，成员彼此相互影响，团体更生动有趣，还可以让成员在团体中直接表露，更具疗效。

2. 社会测量的主要方法

社会测量的方法有多种，到目前为止，已经发展出光谱图（spectrograms）、行动式的社会测量（action sociometry），圆圈式的社会测量（circle）、自由走动式社会测量、目标导向社会测量、区域性的选择图（local gram）和社会原子（social atom）等方法。下面简要介绍其中几种方法。

1）光谱图

光谱图也可以称为光谱测量。使用光谱测量可以了解各个成员对自己和团体状态是如何评估的，帮助成员、团体和导演了解整体状况，为团体的发展进行热身。具体做法如下。

（1）确定尺度：导演可以使用不同颜色的抱枕或配角来分别代表光谱线的两端，两端之 A 段代表很多（长、快乐），B 端则是很少（短、痛苦）。也可以比喻成"0～10 分"的坐标线，一端代表程度很低，为 0 分，另一端代表程度很高，为 10 分。采用配角作为光谱线的两端，可以在开始让配角用身体动作形象表达出一条可以看到的光谱直线，成为"会说话的光谱线"，让团体成员更明确自己的选择。

（2）确定问题或测量目标：导演想了解成员对团体的了解、期望和自己的参与态度时，可以设定相关是问题。比如："对心理剧了解有多少？"很了解的站在 A 端，完全不了解的站在 B 端；"在心理剧中动起来的程度如何？"非常喜欢动的一端为 10 分，非常不喜欢动，只想静静地看的一端为 0 分，根据自己的情况站在 A、B 两端，或在"0～10 分"的标尺线上选择某个位置代表自己的真实状态。

（3）表达：选择的过程中，请成员根据自己的感受和思考用行动进行选择，不要讨论和讲话，选择完毕，可以根据时间多少，请成员们交流自己的选择。

2）行动式的社会测量

行动式的社会测量，也可以称为"搭肩测量"。它不仅可以增加团体的凝聚力，还可以使团体成员更多地叙说与分享。具体做法是走动选择：先邀请成员围着圆圈站立，让彼此可以看见对方以便于选择。每个人根据导演提出的标准来选自己最想选择的对象。例如："在团体成员中，请选一位需要帮助的成员，找到后，请将你的右手搭在他的肩上。"或者"这里面有谁看起来是能给你力量的人"，然后走动选择。

3）中心社会测量

中心社会测量，也可称为目标导向的社会测量，是一种针对团体成员间关系和成员自我觉察的评估方式。导演想检测此刻团体成员与某一件事或目标的关系，帮助成员觉察自我内心感受和在团体中的状态及其与成员的关系时，可以采用这种方式。具体做法如下。

（1）自由走动：成员自由地在房间里走动，感受自己在团体中的状态。

（2）选定中心：选一个抱枕放在团体中间，代表团体中心，或者某一目标、比如"满意收获"。

（3）提出主题：导演带领成员思考与回答主题。如："在整个活动过程中，觉得离自己心中最大收获有多大距离。"或"在团体中，自己觉得离团体的中心有多远。"

（4）行动选择：邀请每位成员用行动的远近位置来表达此刻自己与这个团体的心理联结，通过成员的位置可以快速了解团体的现状，或参加成员总体上感受到的收获情况。

（5）推进探索：若时间足够，可邀请成员共同分析分享选择这个位置的原因，并进一步探索和提出跟进的问题。比如针对"离团体中心远近"的主题，可以提出新选择："如果可以往前或往后走两步，你会选择怎么走？当然你也可以选择不走。"如果时间允许，也可以再次进行简短的分析。

中心社会测量或目标导向测量可以用在相应的主题上，也可以用于团体治疗前后彼此关系的动力评估上，以观察治疗活动对团体动力和成员关系的影响。

4）社会原子

社会原子也称社会网络图。它是个体与他人所连接的网络核心所在，其关系可以是情感的、社会的或文化的。通过社会原子测量可以考察个体生活中的人际网络现状。所有与个体发生关系的人、物都可以在社会原子图中呈现。下面介绍三种社会原子的方法。

（1）行动绘图：以行动的方式呈现时，可以直接邀请某位成员来扮演主角生活中的各个社会原子，也就是将主角置于中间，其他的社会原子依照亲疏远近站立在主角附近。这样不仅可以看出主角与其社会原子的关系，也可同时观看到原子与原子之间的关系。

（2）手工图：用纸笔进行绘图，可以让全部成员同时绘制自己的社会原子，采取符号系统的社会原子标示，通过纸笔的方式呈现，并加上不同的线条来呈现彼此的关系。也可以不同的颜色图形来代表重要他人，如关系线用彩色的，会更丰富纸张上的社会原子图（Peterson，1989）。也可以用绿点表示清晰、正向和满意的关系，黄点表示谨慎或小心的关系，红点表示被某些事情阻止去获得拥有或追求这种关系。

（3）纸球摆图：将白纸或报纸捏成一个个小球，然后选择一块空地如地板或桌子，将你心中的人际关系网络摆放出来，并与同伴进行分享，这样更加直观明了，而且节省时间；可以在较短时间内帮助当事人发现自己不曾意识到的人际关系现状，增加成员间的了解并推进团体发展，而且或许可以暖身出一个主角。

无论采取社会测量方式，在适当增加趣味性时，需要态度严谨，认真对待，做好充分准备；要根据工作的目标和成员的需求，选择某种针对性强的有效评估方式；而且需要做好应变的准备，比如多准备几个选择的题目，测量过程中训练治疗团队。

（三）演出常用技术

1. 角色互换

角色互换是心理剧角色扮演理论的核心，是指主角和舞台上的其他人互换角色。当主角在与他有冲突的个体达成协议上有所收获时，导演一般会采用角色互换技术。莫瑞诺强调这一技术，鼓励最大限度地表达冲突情境。尽管在这些主角扮演与他们有冲突的其他人的角色过程中，这些人际关系的歪曲信念可能被解释、探究和进行行为矫正。通过角色互换，主角可以重新整合、重新消化和超越束缚他们的情景。角色互换可以充分表达他们对现实的理解，从团体中的其他人那里获得关于他们的反馈，一定程度上修正他们发现的歪曲信念。

2. 独白

独白是指主角直接面对观众说话，表达一些自己未觉察的感受和思想。在心理剧表演中，主角会被导演要求表达当时感受。独白给主角机会获得他自己或他人正在思考和体验而未直接表达的感受。主角也可能被要求在扮演自己之后，自言自语。这种做法可以使主角总结概括他的思想，表达他的情感，更密切地检验情感。

3. 替身

一个配角站在主角的身后与主角同台表演，或替主角说话，这个配角即是替身。替身可以模仿主角的内心思想和感受，并时常表达出潜意识内容。替身帮助主角觉察到内部心理过程，引导他表达除非语言思想和感受。替身辅助主角，并充当导演与主角之间的联络人。替身可以发挥整合作用，加强主角与配角的相互影响。

4. 多重角色

多重角色也称多重替身。当主角有多重矛盾的感受时，多重替身技术可以被有效地运用。多重替身可以参与到心理剧中，展现主角的多面性，表现主角内部状态、渴望、优点和缺点。

5. 空椅技术

空椅技术是将一张空椅放在舞台中间，让每位成员将其想象为一位他想诉说的对象而展开对话。从这个角度说，空椅也是一个配角。空椅技术也可以在预热阶段使用，通过每位参与者与空椅的对话，可以选择一位有强烈情绪困扰而其问题又具有普遍性的人做主角。治疗者可与其共同商定演出题材。

运用空椅技术应注意以下事项。首先，运用空椅技术之前，应了解主角的问题所在，以及应该运用何种具体形式。看是否适合用空椅技术。其次，运用空椅技术前，要营造出一种气氛。空椅是不会说话、不会移动、无血无肉、没有感情的物体，因此，让主角对它讲话，主角可能觉得很滑稽，甚至觉得很无聊。此时，如果没有营造出一种气氛，直接让主角对空椅子讲，主角肯定无法投入，甚至会不知所措。所以，在运用空椅技术之前，导演一定要充分掌握空椅子所代表个体的详细情况，然后告诉主角，那个人就坐在这把椅子上，并且详细地描述他的表情、动作、声音等。也可以请主角选择用一些象征物，比如花、彩色布等代表对方的某个特征或衣着打扮。一句话，要让主角感到那个人是真真实实地坐在他面前，他才会有话可说。最后，导演要引导主角全身心投入对话情境。提醒主角要设身处地站在另一个角度去思考问题。主角扮演"他人"的角色时，往往会用第三人称的口吻讲述，此时导演要求他要用第一人称说话，并且要尽量去模仿"他人"的声音和动作。只有这样，主角的体验才能够深入，获得的领悟也比较深刻。

6. 角色扮演

角色扮演是指运用戏剧表演的方法，将个体暂时置身于他人的社会地位，并按照这一角色所要求的方式和态度进行行动，以增进角色扮演的人对他社会角色和自身角色的理解，从而学会更有效地履行自己角色的心理技术。角色扮演的目的在于运用戏剧表演的方法，使人发现问题，了解问题的症结所在，进而更好地调整心理状态，解决心理问题。在角色扮演中，人们能亲身体验和实践他人的角色，从而能够更好地理解他人的处境，体验他人在不同情况下的内心情感，同时，反映出个体深藏于内心的感情。

角色扮演法是指通过赋予被试一个假定的角色,要求其按照角色的要求表现自己的行为,观察、记录并评价角色扮演的行为,评价角色接近程度或胜任力。

我们在心理剧中经常让当事人扮演自己或去世的人,让彼此相互对话,直到某种冲突获得解决为止。

7. 镜观技术

镜观技术是指让配角通过模仿主角的手势、姿势、表演中的语言,反映主角的状态。在配角的模仿过程中,主角观察由他人反映出来的自己的行为,像别人一样来看待自己。这个过程有助于主角形成更加准确、客观的自我形象。

8. 雕塑技巧

雕塑技巧是从社会测量技巧中发展出来的,通常是让主角将他与家庭成员的关系以雕塑的方法表现出来。例如,某成员可能将他放在父母之间,然后将其他成员排在他的后面或背向父母等,而这些成员彼此之间的距离皆不同,或许他大哥与家人之间的距离最远,每个成员的姿势亦由主角摆布。一切完成后,即可让主角陈述整个雕塑的意义,以及对每位成员的感受,或与成员对话。

9. 未来投射技术

未来投射技术用于帮助团体成员表达、解释个体对将来的看法,包括希望和愿望、对未来的恐惧或生活的方向。

二、心理剧的基本要素

心理剧有五个要素,它们是主角(protagonist)、导演(director)、配角(auxiliary)、观众(audience)、舞台(stage),具体解释如下。

(一)主角

1. 主角的含义

"主角"这个词是直接从希腊文中翻译而来的,意指"第一个进入演出的人",或指"内心冲突最剧烈的人"。在心理剧治疗中,主角指的是从事最主要演出的人,是心理剧治疗中最重要的角色,是一个代表的声音,让团体的其他成员可以通过他来处理自己的问题。因此,主角是心理剧中最重要的元素,所有其他元素都是随着主角之指示或要求而跟着主角进入他所想要的心理剧当中。主角必须有一种敢于揭示自我内心的欲望,他有能力面对一切磨难,一一承受所有的侮辱、失败,但是仍然重视生命的价值。

主角是心理剧演出的主要人物,也是心理剧团体的焦点;主角是在某一个特定的时间,想深入探索他个人问题的团体成员,而这个人的经验将会成为团体的中心焦点。

2. 主角产生的方式

在心理剧里,主角产生的方式有三个:个人意愿、团体选择、导演选择。

3. 主角的作用

(1)导演帮助主角将焦点放在他想要探索的冲突点上,建立口头上的契约,确定主角已经知道即将演出的就是自己想要解决的。

(2)依据主角陈述的想要处理的困扰,导演协助主角搭设起发生在过去、现在或未来的场景。

（3）透过主角的演出与配角的协助，在舞台上呈现具体或想象的事件，并在附加现实的层面上创造新的现实及发展新的剧本。

主角除了扮演自己外，还可以扮演许多其他的角色，借由角色交换，主角有机会进入各个不同的角色进行体验。

（二）导演

1. 导演的含义

导演是在剧中使用心理剧方法来引导主角探究问题的人。他协助演出的过程，是团体的领导者，也是主角的治疗师。

在心理剧治疗中，导演是受过训练引导主角演出的人，同时是主角的替身和剧的协同制作人。导演有时退居于一个协同导演的角色，甚至是一个助理，以协助剧中其他各个角色完成演出。

2. 导演的作用

导演主要的作用是提升主角的自发性、提词、引导与架构心理剧，协助心理剧的演出者及观看剧的整个团体，将剧从什么都没有变成某种真实的东西。导演是催化演出的人，在团体的结构中，依据心理剧治疗的规则与技巧来创建一个安全的氛围，以引导主角探索一个特定的生活情境，进行心理治疗的活动。

3. 导演应承担的责任

导演应承担以下方面的责任。

（1）营造足够的凝聚力和可以一起工作的团体气氛。

（2）充分地激励团体成员，并且带领他们做好充分的暖身活动，以准备开始演出，"真诚"以及"自发性"这两点是心理剧导演的金科玉律。

（3）运用适当的引导方式来产生主角；同时，能够照顾到团体中其他想要担任主角，但在这次团体中没有被选中的人。

（4）制定本次团体心理剧的治疗契约，该契约是在演出准备的过程中通过与主角协商而制定的。

（5）建立心理剧治疗联盟。

（6）准备好舞台，以便治疗性的戏剧能够进行。

（7）能够指导治疗，同时，也给予主角足够的自由去选择他想要探讨的焦点。

（8）辨别出主角非语言的信息和口语的沟通。

（9）能够将每一幕的布景在适当的时间及位置摆设出来。

（10）帮助配角进入他的角色。

（11）在演出时辨识出核心问题，帮助主角将问题演给团体看，而不仅是说出来。

（12）使用心理剧治疗的技巧，让演出可以从问题的表面走向核心。核心的问题或许涉及情绪宣泄、认知宣泄或整合的宣泄。

（13）为主角及团体创造足够的安全感。

（14）确保团体会遵守保密性原则，确保团体所有成员及自身的安全。

(15) 确定整个团体都参与了心理剧治疗的进行,不会让团体成为一对一的治疗。

(16) 协助主角在心理剧结束后重新进入团体。

(17) 协助在此次团体中担任配角的成员对其所扮演的角色给予回馈。

(18) 准许团体中那些认同主角的成员宣泄并整合情感,并分享他们自己的经验。

(19) 保护主角以避免被成员曲解地回应或被分析。

(20) 假如合适的话,分享自身的生命故事。导演的分享是为了满足主角的而非自己的治疗需要。

总之,导演是整个剧场的灵魂。一般来讲,导演在剧情中不能加入自己的世界观和理念,要充分地进入主角知觉系统中的主观世界。所以,导演不是导自己的戏而是导主角的戏。

(三) 配角

1. 配角的含义

配角是扮演主角生命中重要他人的任意团体成员。配角分广义和狭义两种。广义上,所有团体成员,除了主角以外皆是配角,包括由主角所选出的所有角色与在旁观看的成员。狭义上,配角则是仅指参加演出的成员。配角可能是每个心理剧中都需要的角色,他是由主角在团体成员中挑选的。

配角可以扮演某个外在的角色,比如说某位家庭成员、一只小狗或一棵树;或某个内在的角色,比如说,害怕的自己、小时候的自己或一个人内在的声音。配角可以协助主角,将其没有被表达出来的部分透过语言或非语言的形式表达出来。配角可以借表情、姿势或距离,来表达跟主角有关但没有被说出来的秘密。

2. 配角的功能

配角的功能是烘托主角的现实感,让主角与当事人再度对话。对配角而言,参与扮演某一种角色往往对他自己也有成长性的帮助,就像戏剧演员在演活一些角色时,能够扩大他的人生经验。心理剧中的配角,一方面是协助者,另一方面能够体会到另一个心灵、另一个人生,有扩大角色经验的效果,增加其知觉力。

3. 配角的选出

在开始心理剧之后,通常的做法是为了满足主角在剧中的需要而由主角来选择配角。主角挑选配角的原因很复杂,团体成员可能因为很明显的原因而被挑选出来,比如年纪、性别或身材跟这个角色刚好相当,也可能因为成员的特征比较不明显或不具体而被邀请扮演某个角色。主角在挑选配角时往往"感觉"某个人扮演某个角色会很棒,不是因为该人的年纪或性别,而是他过去的历史及自身的某些特质(常常都是未被表达出来的),让主角有这种感觉,莫瑞诺认为此时是"心电感应"——一个双方共同有的经验,不管知不知道——起了莫大的作用。

4. 配角的作用

配角是导演的延伸,也是主角的延伸——雕塑出主角真实或想象的部分。配角在调查者、引导者及演员三个向度上分担导演的工作。

(1) 在心理剧治疗中,配角成为"特别的调查人员"或"分析师",通过共情理解

(empathy)或扮演来获得他所扮演的角色信息。配角可能会适应所扮演角色的身体姿势，产生相应的感觉和想法，说出只有这个角色自身才可能说的话。

（2）配角成为"引导者"协助主角生命故事的展开。一旦进入角色，配角会被鼓励更加自发，也就是说，被鼓励去发展出超越这个角色的剧本，超越主角所给予的信息，进而，可以影响心理剧治疗的过程（同时也因此影响主角的治疗）。

（3）配角成为"演员"来协助剧的铺陈。一旦配角进入角色中，他们就有责任维持剧情的顺畅（在导演的引导下）。配角被鼓励以主角所给予的简单信息为基础，创造性地说或做某些事，发展自己的角色，塑造剧情及故事风格。

（四）观众

1. 观众的含义

在心理剧中，那些参加团体活动但未直接参加演出的人，被称为观众（audience）。通常在心理剧进行时观众仅默默注视眼前的演出，但是在心理剧完成后，这些人可以与主角分享他们的感想，或与主角对话。这使主角了解他并不孤单，也让主角能从自我的情境中跳出，重新回到现实。观众对主角的支持与同理，是支持主角重生的一种力量，也是让主角思考整个情境的动力。

2. 观众的责任

观众的责任就是与主角同在，同主角一起经历主角与自己的生命故事，并从中学习、获益。在心理剧演出之后的分享阶段，观众会被鼓励去分享他们的生命体验。成员会被邀请走上舞台，与舞台上等待认同与支持的主角以及舞台下的其他成员，一起分享演出是如何触动他，使他回想起他也有过类似的体验，或者他现在仍旧被类似的体验所困扰。此刻是不允许观众对主角进行分析、评判的，他们可以做的只是分享生活中发生在他们身上的与这场剧类似的事件，以及相关的体验。

因此，在心理剧进行的过程中，导演也将观众的存在视为过程的一部分。同时，观众也是配角的重要来源，有时观众可以协助制造一些音效。尤其在心理剧结束后，剧中的观众是比一般团体更具有讨论动力的互动团体。

（五）舞台

1. 舞台的含义

心理剧中演出的场所称为舞台。莫瑞诺把舞台定义为"心理剧第一工具"。他认为舞台提供给演员一个活生生的空间，这是一个多向度的、同时弹性达到最高点的空间。真实生活中处处充斥的现实性常常让人们因为被束缚而失去了灵活性，而在心理剧治疗中，人们可以凭借舞台的自由度，在舞台上找回灵性，从令人无法忍受的压力中解脱出来，自由地体验及表达。在心理剧中，一个舞台可以将过去、未来与现实的感受融合在一起，可以让主角如幻似真地、自由地悠游在他所创造的天地中。主角、配角走上舞台时，一方面会将所有的注意力放在舞台上；另一方面也意味着他们走进心理剧的现实中。

心理剧的舞台布置与场景亦全靠主角去搭建，这需要根据主角叙述事情的情境而定，导演可以准备一些道具供主角选用。这些道具是象征性的，通常是椅子、桌子或一些各种尺寸、不同颜色的布等。因此,在心理剧的舞台上,个人可以变成他想要变成的任何东西。

2. 舞台的形式

舞台可以分为以下两种形式。

(1) 将一个指定区域作为舞台,有空间分界线,还可以使用灯光。这样可以增强、阐明和强化行动。

(2) 舞台设置观众中间,由主角在房间中选择场景发生的地点,然后观众相应调整座位。反映出人人都是平等参与者的哲学观。

三、心理剧的流程

心理剧治疗过程包括三个部分:热身(warm up)、演出(action)、分享(sharing)。如果是训练团体,还会有一个审视(processing)的过程。

(一) 热身

热身是每一个心理剧的第一阶段,其作用是催化创造性的潜能。在团体过程中热身的功能有以下几个。

(1) 导演本身的暖化。

(2) 建立团体的凝聚力。

(3) 发展一个团体主题。

(4) 选出一个主角。

(5) 将主角带上舞台准备演出。

在热身时,导演可以给成员足够的时间彼此互动。当成员热烈讨论此刻心中浮现的议题,思考什么是他们想探索的问题时,就会热切地参与行动演出。导演的责任是协助团体找到他们而不是导演想探索的主题,因此一个好的热身会让导演得到充分的信息,同时也可以协助团体知道他们想要及需要的是什么。

热身可以是认知性的(cognitive),也可以是情感性的(affective),可以由导演来引导,也可以由团体成员来引导。认知性热身比较多的是信息的提供,是要暖化团体成员相关的感受;而情感性热身是直接地说出心中的情感、身体状况,它经常通过互动性的活动方式来进行。热身可以是非结构式或结构式的,其主要目的都是协助团体成员共同参与且发展到演出的阶段。在热身过程中,在成员所分享的核心议题出现时,导演在团体中通过重新叙述以及探索来激发他们的想法,以协助团体成员从热身转移到行动演出的阶段。

(二) 演出

演出是心理剧的第二部分。热身过后,导演及被选出来的主角更进一步地将问题从表面带入核心,导演利用团体成员作为配角来表演剧中的主要人物。大多数心理剧都是在一个经过设计的舞台上演出的。在演出的过程中,其他团体成员,除非是担任角色,否则不能进入舞台,以确保心理剧治疗过程中的界限。

当团体成员自发地演出一个场景或是他们选择的那个场景即将进入演出阶段时,演出本身可以直接显示他们所分享的核心议题,同时协助参与者在他们所关注的行动中去表达他们的感受,或让成员找到一种新的处理问题的方法。演出可以让成员在当下的情境中直接表露和感受在真实生活中无法完整真实表现的内在感受。所以应该让成员直接将情绪表露出来,尝试新的方法。例如,通过心理剧让老师学会与学生进行恰当的沟通,让学生学会如何与父母进行坦诚的交流,还可以训练警察学会如何与人质谈判,等等。

在心理咨询教师解决学生心理困惑的时候,采用心理剧的方式能使自己处于开放的地位。因为会有更多的学生与你互动,使你不得不随机应变而不是按预先计划采取措施。

心理剧导演在演出阶段会运用许多相关的技巧来协助主角走过这个历程,如替身、角色交换(role reversal)、设景(scene setting)、镜观(mirroring)、空椅(empty chair)等。演出也离不开主角、导演、配角、观众和舞台五要素。

(三) 分享

分享是相当重要的,分享使团体成员有时间宣泄自己并互相整合。成员开始反思,同时通过整个心理剧中的互相学习,他们知道刚才的演出与自己的联结,以及他人的感受,并与自己生活中的相似经验联系起来。而一个成员的分享经常会触发其他成员一些新的觉察和感受。

在分享阶段,导演会要求成员分享自己的感受和经验,而不要分析或评论演出者。在分享过程中不鼓励对事件进行分析,但鼓励认同。那些融入团体最多的成员意见在这个时候都会被听到,同时,每个成员也都能发现自己跟主角的异同。分享就是要抓住这个过程,让团体成员去宣泄自己的情绪,或者是得到一些反省。分享的目的也是在倾听别人的过程中将主角的经验一般化。有时候,整个过程的有效与否可以借由分享的深入程度来评估。分享更进一步的功能是冷静,让成员在团体活动过后可以重新进入其个人现实世界。

总之,分享阶段使所有参与者都有机会疏通他们的感觉,因为成员和主角一样是需要分享的。

(四) 审视

审视是在整个心理剧过程完成之后,检查信息的处理以及运用是否得当。这是团体、主角以及导演,特别是那些在接受正规训练的导演,所进行的一种学习过程。

心理剧不是演出。每个主角的剧都是他真实的事件,心理剧是做的,不是演的。做心理剧的时候不做分析,避免了分析者的主观判断。在导演的引导下,主角在做剧的过程中直接呈现、调整的就是案主内心的感觉。他展现的是内心的情结,他的感觉跟随的方向就是情结的指向,通过做剧情,他探索到不同的或者新的体验,这种情结的释放或者新的经验,拓展了主角过去内化的主观心理结构,而且这新的经验,是以情绪体验深度内化到主角的心理结构中。这就是心理剧能够进入参与者内心并震撼心灵的魅力所在!

四、心理剧导演

所有心理剧导演都扮演了一些特殊及有时重叠的角色。莫瑞诺描述这些角色是分析师角色、制作人角色和治疗师角色。我们认为还可以加上团体领导者的角色。表 5-1 总结了这些角色及其功能、技巧、典型，总加起来就是对心理剧导演的专业要求。

表 5-1 心理剧导演的专业角色

角色	功能	技巧	典型
分析师	同理者	了解	解释
制作人	戏剧导演	上演	美学
治疗师	改变媒介	影响	疗愈
团体领导者	管理者	领导	社会

（一）分析师

作为分析师，他们有责任充分且确实地觉察主角的状态，包括了解个人和人际的现象，以便为经验赋予意义以及增加自我觉察。根据莫瑞诺的说法："导演是研究的领导者——在导演新面具背后的观察者、分析师、团体参与者及演员等旧面具被隐藏起来，但仍然有功能。"拥有同理心技巧是心理剧的分析师角色所必备的先决条件。它是带来人格改变的必要和充分条件。同理心技巧包括正确觉察人们复杂情绪结构的能力，而其发展须结合理论知识以及生命经验，再加上心理剧中当主角或是在精神分析中当被分析的对象。此外，专业督导可以协助除去可能的"盲点"和反移情议题，这些都可能会损坏同理心。

（二）制作人

作为制作人，心理剧导演是剧场导演，要将所呈现出的事物转换成行动，并且让这些行动具有情绪上的刺激性以及美学上的愉悦性。根据莫瑞诺的说法，心理剧导演是协调和制作的工程师，能机敏地将主角所提供的每一个线索转化为演剧行动。制作人的角色使心理剧导演可创造性地运用心理剧技巧。正如画家、雕塑家、音乐家、作家、舞者、演员、诗人和其他艺术家使用技巧来作为表达的工具，然后将技巧扩充了原本的使用范围一样，有创造力的心理剧导演也尝试发掘独创性的方法。根据直觉而不是预设的规则来导剧，心理剧导演经常没有意识到自己为何及如何做出某些技巧，这是使用了某些艺术家所说的"灵感的秘密来源"，是一种超乎文字语言所能描述的创造性活动。

（三）治疗师

作为治疗师，他们是改变的媒介，要用促进疗愈的种种方法来影响主角。根据莫瑞诺的说法，制造治疗价值的终极责任是放在心理剧导演肩膀上的。在作为治疗师的能力上，心理剧导演执行许多疗愈介入，以便减轻痛苦并带主角在治疗旅程中向前进一步。这项工作需要心理剧导演有广泛的知识，包括正常或变态心理学、精神医学、心理治疗；能将心理剧运用在不同主角身上，而这些主角可能需要减轻症状、危机介入、解决冲突或改变人格；能运作不同的治疗因素，如情绪释放、认知理解、人际回馈及行为学习。心理剧导演必须能正确地使用心理剧技巧，并将心理剧过程付诸演出。心理剧导演的技巧包括非口语及口语的治疗介入。治疗介入为心理剧提出了一个以助人为目的的沟通架构。

这种沟通有很多形式。例如,非口语介入包括身体距离的治疗性运用、声音、眼神接触、身体姿势以及特地借由沉默来刺激想象过程。不管人们对非口语介入赋予什么意义,它们都有着很大的力量,必须小心和敏感地使用。在心理剧中最有力的非口语介入是身体接触,但这对不同的主角有不同的意义。对某些人而言,接触可能经验成被邀请退化到儿童状态,进而口语接受父母般的照顾和滋养;有时,这样的接触提供了一种神秘的疗愈能量,可以协助主角得到情绪平衡;对其他人而言,身体接触可能被认为是一种隐私干扰或性诱惑。心理剧导演面对最大的挑战之一,是去发现主角可以得到进展的最适当身体距离。

和非口语介入一样,口语介入也需小心估量。以下口语介入在心理剧中常被使用:面质、澄清、诠释、宣泄、接纳、建议、忠告和教导及自我袒露。

(1) 面质:指的是聚焦在探索明显、核心、重要议题的那些陈述。例如,在面质主角感觉的时候,心理剧导演聚焦于这个感觉,也以此为接下来的探索铺路。面质也可以被视为将主角放在明处、不让他们逃避困难问题的一种介入。

(2) 澄清:指的是问一些问题,目的是弄清表达出来的东西,以便得到对情境的更详细描述。

(3) 诠释:指的是一些口语解释,他们可以说明经验的来源、历史或起因,以便为经验提供一个认知架构。然而,必须强调的是:"心理剧的诠释及领悟给予,与口语形态心理治疗的方式在本质上有所不同。"相对于古典精神分析的口语解释,心理剧导演透过替身、角色互换及其他行动技巧来传达新的领悟,强调的是主角在行动中所演化的逐步自我觉察过程。

(4) 宣泄:指的是心理剧导演努力鼓励主角释放被压抑的感受。心理剧的特殊功能就在于不仅促进情绪的宣泄,也去整合被表达出来的感觉。

(5) 接纳:指的是心理剧导演在情境中提供主角无条件的正向态度。接纳提供了必要的非评断架构,让主角在呈现自己的时候可以不必害怕被批评和反对。治疗师告诉患者:"我相信你,相信你的能力和原本的价值。我接受你原有的样子,你没有什么缺点。我在这里与你一起,不求回报,也不会要求你一定要爱我、尊敬我和欣赏我。"

(6) 建议:指的是对主角注入一种改变的心智状态,而可能唤起一种类似于催眠中的恍惚状态。建议用在唤起记忆、幻想和梦,或是作为退化到早期阶段的一种邀请。建议有可能唤起生动的想象,以至于各种狂野的想法都可能出现;主角知道怎么回事,但是却不完全理解到底发生了什么状况。

(7) 忠告和教导:包括用资料及引导来提供主角教导性的指引。固然有许多主角不喜欢被告知该做什么,有些人还是发现具体的忠告非常有用。在尝试增强想要的行为以及减少不想要的行为时,心理剧导演使用赞美和鼓励,而不是负向的批评或责难。

(8) 自我袒露:指的是心理剧导演分享他们自己此时及过去的经验、感受和想法。心理剧导演在思考之后所选择的这种透明姿态强调的是治疗师与个案关系中的真实及移情层面。

（四）团体领导者

作为团体领导者,他们培养建设性的团体气氛,以促进支持性社会网络的发展。这些不同角色的部分重叠和交错,形成了心理剧导演专业认同的基础。下面具体来了解一下心理剧导演四种专业角色的内容。根据莫瑞诺的说法："导演是平衡行动的象征,他协调、整合、综合、融化参与者成为一个团体。"在作为团体领导者的工作中,心理剧导演关心的是人际关系,而且相信问题的解决最好方式是在社会脉络中,而不是在个人情境中。因此,心理剧导演需要做到以下几点。

（1）组织团体结构(时间、组成、地点、付费程序)。

（2）建立团体规范,例如,保密性、做决定、身体接触、团体之外的社交互动以及人际责任。

（3）建立团体的凝聚力、规范团体张力,以及培养对团体的兴趣。

（4）鼓励团体成员积极参与,促进成员间的互动与沟通,并且通过行动方法或口语解释来澄清关系的发展。

（5）排除发展合作性社会气氛的障碍,例如,把处理竞争作为团体的一种矫正性学习经验。

心理剧导演要成为团体领导者,需要有社会心理学、团体动力、团体组成、团体过程、团体发展阶段、团体心理治疗的治疗性因素、团体心理治疗的不同方法,包括精神分析、人本—存在以及任务取向等方面的知识。若有能力运用团体观察和解释的各种方法,例如社会测量学、焦点冲突理论、人际行为的三面向理论、团体多重观察系统,并且能够分辨团体发展的不同阶段,则能进一步提高心理剧导演成为团体领导者的能力。

总之,心理剧导演必须不只在分析师、制作人、治疗师和团体领导者这些角色中找到最理想的融合,而且要以吻合自己个性的方式来执行任务。假如心理剧导演能用适当尊重其他人的方式来做这些工作;假如他能聆听且了解主角的潜在信息;假如他能激励情绪的投入和自发;假如他能帮助主角移除人格改变的障碍;假如他能促进团体中建设性关系的发展;假如他能将前述的需求结合到个人的缺点……假如他能做到所有这些,那他的工作已无可挑剔。

参考与练习

1. 心理剧的故事

心理剧的理念源于莫瑞诺年轻时在维也纳公园观看孩子们的游戏之时。

他说："有一天我路过一座宫廷花园,遇见了一群小朋友在玩耍。欣赏了一会儿他们的游戏之后,我开始给他们讲故事。出乎意料的,他们放下手边的游戏,很乐意地听我的故事并把这些故事表演出来。从那时候起,我闲暇时最喜欢的消遣之一就是到维也纳花园里找棵大树坐下,给小朋友讲神仙故事。故事的重点是我像个神仙坐在树下,吹着魔笛,吸引着孩子们来到这个神仙的国度。其实故事本身并不稀奇,而是表演本身及那种如幻似真的氛围让人感到神奇。我就是那气氛的中心所在,会经常边说边从树下坐到树干上,小朋友则一圈圈围着我,晴空是我们的疆界。"

莫瑞诺观察到,当没有剧本时,孩子们的表演具有高度的自发性与创造力。

2. 评估角色执行的一个训练练习

舞台上放了4张空椅子,每一张空椅子代表心理剧导演专业角色的四种角色(即制作人角色、治疗师角色、分析师角色和团体领导者角色)之一,然后邀请参与者坐在这些椅子上,同时以简短独白说出他们对于每一个角色的经验。这让我们有机会去探究正在接受训练的心理剧导演与不同角色的关系,包括他们对哪些角色觉得比较自在,他们在执行任务时的优点及缺点在哪里,他们在哪些方面需要更多的训练及个人成长,以及他们在角色间的潜在冲突为何。

例如:一个咨询师导演以下列方式描述他的表现。作为一位分析师,他觉得自己好像在山顶上,想要有一个更好的视野,或好像是一只猫头鹰,需要更多的知识,但是在整合脑和身体方面却有困难。作为一位制作人,他觉得自己好像是一个塞子,能够打开或关闭,或是像潺潺溪流,有时被石块阻挡,中断了他的创造力。作为一名治疗师,他觉得好像是走在小径上,不知道终点在哪里,或好像是父母,愿意付出而不期待从孩子那里得到任何回报。最后,作为一位团体领导者,他困扰于见林不见树,也觉得自己好像是一艘船的舰长,而水手们持续威胁着要叛变。

第六章

校园心理剧治疗工作坊

【开设校园心理剧场　演绎学生生命故事】

有一位国际著名心理剧专家曾经说过:"戏剧模仿生活,却很少人意识生活亦在模仿戏剧。"

戏剧行为和梦境一样,对脑和身体产生冲突。在戏剧里的表演行为、饰演的角色及表达的情绪,会成为此人生命经验的一部分,可以运用在现实生活的某些情境里。在生命里,我们面对旧情境很难有新的反应。然而,在戏剧里,我们却不难在同一情境里尝试新的回应。在没有计划的情形下发现不同选择,而这个选择往往成为生命中的选择。

我国各类学校开设的学生心理咨询机构,大部分心理咨询方式都是用语言表达式的,即来访者与咨询老师是说与听的沟通方式。笔者在学校从事多年的学生心理辅导与咨询工作,大部分时间也是采用这种传统的方式,因为在笔者的工作室里,几乎随时都会有学生来咨询。

2007年8月,笔者参加了中国首届表达性心理治疗和心理剧国际学术研讨会之后,便在所工作的学校开设了"校园心理剧场"。

在心理剧场,组织学生用戏剧表达的方式,演绎他们自己和他们共同的故事。学生们曾经在咨询室里说不出来或者是表达不清楚的心理困惑,在一场场心理剧的演出和分享中都表达出来了。所以,笔者的感受是:剧场演出与生命演出之间有强而有力的关系。

学生们都特别愿意来到校园心理剧场,实际上,在心理剧场的演出活动也是团体心理辅导与咨询方式的一部分。在这里,他们演绎着自己的生命故事的同时,也使身、心、灵更健康地成长。

第一节　生命是条流动的河——演绎人生剧场

> 你可以在心理剧当中探索生命,
> 可以在没有惩罚的恐惧之下去冒险的历程。
> ——哲卡·莫瑞诺(Zerka Moreno)

第一场 《一人一故事心理剧场》——生命故事

> 在人的一生中,
> 任何人都有精彩难忘的故事,
> 而人人也乐于关切、欣赏与学习他人故事的经验。
>
> 邀请您,一起与大家分享你生命中的故事。
> 给自己一个机会,来参加一人一故事心理剧场,
> 在心理剧场里,
> 让我们一起走出困惑的迷宫,
> 重写生命新故事。

【心灵感悟】

> 每个人都有自己的生命故事,
> 每个故事都值得被聆听。
>
> ——刘嵋

一、相关理论

"一人一故事"心理剧场,也称回放剧院。它是20世纪70年代末在美国实验剧场运动中兴起的一种即兴演出方式。它的发起人乔纳森·福克斯(Jonathan Fox)曾说:"'一人一故事'剧场最基本的原则,就是要让每个人为自己发言。"它的原意是"Play back",即将故事重演的意思。它的理念是每个人都有自己的生命故事,每个故事都值得被聆听。形式主要是观众在剧场上分享个人经验及感受,演员在聆听后以形体、声音将观众的复杂心理在心理剧中实时呈现,作为礼物回赠观众,因此特别受人们的欢迎。

"一人一故事"心理剧场,简要地说,是一种即兴互动式剧场,演员没有事前编好的剧本,由现场来观赏的观众提供自身的感受或故事作为剧情发展,演员用几个固定的形式,没有预先排练或者讨论,即兴将感受或故事呈现出来。故事重演能帮助观众重拾宝贵、失落的回忆,印证个人存在与身份的价值。

"一人一故事"是一种个人成长的有效方式:对讲故事者来说,它不是心理治疗,但有治疗的效果;对演员来说,能在演别人的故事中突破从前的自己;对观众来说,单纯的听和看也是一种投入与参与的过程,自然也会有收获。

为什么要重演故事?因为人类历史传承很大一部分是靠"讲故事"而来的,同时,人的感觉诉求和心理压力,也需要借此方式来表达和释放,并得到新的体验和认知。当人们讲故事或听故事时,人与人之间形成的交流,既是私密的,也带有社会性。因为人类心理冰山的诉求有着一致的深度层级,都渴望爱、尊重和有价值。

"一人一故事"剧场的表演方式有很多种,常用的有这样几种形式:

(1) 流动塑像:运用身体的雕塑不断流动,来演绎讲故事者的感受与想法。

(2) 转形塑像:每个演员同时演绎讲故事者由一种心情转入另一种心情的想法和感

受，即由两个流动塑像组成。

(3) 一对对塑像：每两个演员组成一组，通常至少是两组，每组演员分别演绎讲故事者在同一时间或同一事件中矛盾的心情。

(4) 大合唱：所有演员组成一个凝聚体，演绎讲故事者在某一事件过程中的各种感受和体验，这种形式非常有感染力。

(5) 一页页：每一个演员演绎故事的一个情节片段，由一组演员依次完成整个故事情节。

(6) 三句话：将故事提炼成三句话，由三批演员分三次完成。

(7) 自由发挥：由讲故事者指定自己的扮演者，然后与其他演员一起，运用道具呈现一个写实的完整故事。

"一人一故事"剧场的表演者，基本都是非职业演员，只是经过培训的业余表演爱好者。乔纳森·福克斯相信每个人都有表演天赋。"一人一故事"的道具也很简单，只有一把给讲故事者的椅子、几块色布和几种小乐器，但它能搭建一个富有创意的平台。

二、招募方式及人数

(1) 对心理剧演出感兴趣、愿意讲出自己的故事的学生，看到海报后自愿报名。

(2) 选 30 人左右。

三、剧场布置与道具

固定场景几乎是大同小异，有 4~5 张排成一列的椅子面对观众，舞台两边一边是助理乐师；一边是两张椅子，靠近演员的是说故事的人的椅子，另一张是导演教师的椅子。道具只有各种颜色的布和演员的椅子，各种布排列在舞台的侧后方，便于演员选取。

四、开场

(一) 热身

寻找知音

成员拿着卡片随便走动，去寻找符合自己志趣的成员，请那位成员在最符合成员自己志趣的格子里面签字。

(注：每个成员可能有数项符合，但只需在最符合自己的那个格子里签名)。

导演教师发出命令："志趣相投的成员聚在一起(人数少的可以合并)，大家微笑握手，可以熟悉，互相交流一下。"

(二) 演出

1. 准备阶段

导演教师首先介绍 4 位剧前选拔好的志愿者做演员，当然是具有表演天赋的更好。4 位演员向大家做自我介绍。

导演教师指导语："我们多数人在童年及少年时都曾经遭遇到一些不愉快的经历，那时的我们在经历成长的过程中，总会有些当时没有能力处理及面对的人事物，这些不愉快的经验在我们的表意识中可能感觉早已经遗忘了，却潜藏在我们的潜意识当中，并且时时影响着我们，可能让我们没有安全感，缺乏自信，感觉自卑，感觉沮丧，做事情没有动力。这些潜藏的不愉快经验也可能影响到我们的工作、生活和学习。"

"过去不愉快的事件，也可能是小时候父母的严厉管教，或者老师的体罚与责骂，也可能是一次被误会的经验,或者是被同学朋友背叛的不愉快,这些不愉快的过去,确实还是经常影响着我们。"

导演教师简单地问观众几个问题,多是属于感受性的问题。例如:今天来看表演的心情如何?今天过得如何?若有观众回答,即请演员将此观众的心情呈现出来,做完后演员停格,回复中立姿势回送给回答的观众。观众会越来越了解自己与此剧场形态的关系,由别人的感受和故事,引发自己的故事,导演教师由此进入说故事的阶段。

2. 讲故事阶段

请有故事的观众坐在说故事的椅子上说故事。

每个人都有自己的生命故事,每个故事都值得被聆听。

3. 演出阶段

导演教师让演员演出这个故事。

由于它是即兴剧场,当中的仪式是整个演出架构的重要部分。导演教师问问题,观众回答,导演教师将答案交给演员,演员呈现送回给观众。演员用几种固定的形式,没有预先排练或讨论,即兴将感受或故事呈现出来。

演员运用形体动作、音乐演绎观众分享的故事。

(三)分享

观众于剧场上分享个人经验及感受,演员在聆听后以形体、声音或话剧形式实时呈现,作为礼物回赠观众。

场后分享

他的剧本,我的缩影。

我的故事,他的触动。

他的眼泪,你的感受。

我们的故事,不会停下……

这是一个很好的学习机会,在不同的情境中,大家从生疏到熟悉,最后都笑了。当看见他人演自己的故事时,那是很写实、很残酷的,但它让我们有力量去面对、去处理。

"一人一故事"心理剧以即兴演出方式,将学生的心理问题通过演员的演出来表现,揭示其心理现象本质。演员事先没有剧本,进入剧场后通过与其他成员的沟通,来捕捉他们关注的校园生活现象和心理问题,每个成员都有机会倾诉,每个成员都可以听到其他成员讲的故事,表演时台上台下互动,有助于培养学生健康的心理能力,寻觅快乐人生。

举例1:在这种氛围中,一位内向的女同学忍不住讲了自己的故事。

她叫个个,是个贫困生,考上大学后,时刻挂念着在家养病的妈妈和她的弟弟妹妹,而爸爸又在外地打工,自己又渴望寻求学业的发展。一路风雨坎坷,最终见了彩虹。除了自己的坚韧,也有学校和同学的相助,让她在追寻理想的过程中,感受到了温暖的力量。她主要讲了在大学里与同学的友情故事。

看到自己的故事在舞台上被呈现,个个非常感动,也觉得不可思议:几位非专业的演员只是听了她的讲述,既没商量,也没排练,只是即兴表演,就把她的感觉和心理演得那么到位。而且,无形中,她的故事还给作为观众的大成以抚慰和启发。

举例2：一位男生，叫阳光男孩，他曾经是我心理咨询室的常客，内向，不善语言表达，高中时就有学业和感情的困惑。在这次心理剧场，他勇敢地给大家讲他上高中时的故事。在最无助、最困惑的时候，他独自一人跑到麦子地里抱头痛哭了很长时间，那是一种宣泄，令他至今难忘。

导演教师和演员帮着他用绿色的绸布摆在场内作为麦田，一位演员扮演他的角色，表演了那一幕，然后其他演员分别扮演他的老师、同学上场安慰他、鼓励他。宣泄之后最需要的是给予爱，这时导演教师引导阳光男孩上场，演员们拥抱他，这运用的是肢体语言。阳光男孩感动得流下了热泪。观众也感动了，有类似经验的观众感触更深。

这就是"一人一故事"的剧场效应，它提供了一个互动真情的空间，不是心理治疗，却有着治疗的功效，不论对于讲故事的人，还是一言不发的观众。

不少参与过"一人一故事"剧场的同学发现，即使舞台上的演员表演水平有限，台下观众也会非常投入并叫好。因为，正在上演的虽然不是自己的，但也是与自己有关或者与自己类似的生命故事。可以说，"一人一故事"剧场的表演不是舞台上远离生活的观赏戏剧，而是直接关乎台下观众现实生活的实用戏剧。

所以，"一人一故事"心理剧场开拓了一个真挚互动的空间，让观众说出他们的亲身感受或经历，无论是平凡的、酸甜苦辣的，还是深刻的，当把自己的经历或感受说出来以后，就可以目睹自己的故事重新被呈现后的变化。所以，"一人一故事"剧场不仅是一种表演艺术，同时是人与群体互动的分享过程。每个人只要愿意开放自己，不仅可以听到别人的故事和感受，还会发现自己活在当下的内心世界以及与社群之间产生的联系。大家在一起，通过这种方式来分享自己的喜怒哀乐，并从中获得深刻的感悟、体验和教诲。

第二场 《生命是条流动的河》——教师螺旋心理剧工作坊

生命的开始，是成长的起头，
成长中，时时刻刻面临寻获的惊喜和受伤的苦痛。

生命的长或短有时非我们所能掌控，
但是生命的美好却是我们可以左右的。

生命的意义就在活着的这段时间，
活得有声有色，活得快乐幸福，
这才是生命条流动的旋律。

欢迎参加心灵成长——教师心理剧工作坊，
我们很高兴您能加入我们的心理剧场。
我们将一道从生命河流的上游到中游进入下游，
寻找我们生命的力量，
面对您过去遗存的创伤，
一起发现未来生命中的和谐。

> 通过两天的活动,
> 我们相信,工作坊将极大地触动您的心灵,改变您的生命;
> 了解与掌握心理剧的有关技术与方法!

一、时间:2009年4月(2天)

人员与人数:中小学教师,40人左右

目的:

(1) 通过心理剧的形式,帮助成员互相连接,挖掘创伤;

(2) 透过行为科学地帮助成员恢复其自发性、创造的能力。

带团教师:刘峅

助理:3人

二、心理剧治疗方式

心理剧治疗分为三个阶段:暖身、演出和分享。

(1) 在暖身阶段,拟透过暖身活动帮助成员建立安全模式,互相连接,借助绘画"生命玻璃杯"挖掘并分享生命中的创伤和痛苦。

(2) 在演出阶段,拟就暖身活动成员出现的议题,选出主角进行演出。

(3) 在分享阶段,通过成员的分享,达到彼此支持与帮助的目的,成员互相激励,面向未来。

预期效果:希望透过此工作坊,成员们通过绘画和心理剧的方式来整合自己,自我照顾,愈合创伤,展望未来。

道具与材料:大的宣传纸,马克笔若干,A4彩纸(人数×3张),彩笔及蜡笔,A4白纸(人数×2张),各种颜色的绸布,抱枕若干,纸巾,桌子椅子,音响设备,剪子,透明胶带。

场地:将各种颜色的绸布在场内围成一个大的椭圆形。

心理剧设计方案:心理剧设计方案见表6-1。

表6-1 心理剧设计方案

	时间	方式	主题	内容	效果
第一天	上午 (3个小时)	第一幕 积极心理剧	联系,力量与艺术表达	(1) 相识活动 (2) 游戏活动 (3) 艺术表达	河流上游:体验快乐
	下午 (3个小时)	第二幕 情景心理剧	困惑,希望与情绪表达	(1) 热身活动 (2) 安全模式建立 (3) 情景剧表演	河流中游:解决心理困惑
第二天	上午 (3个小时)	第三幕 螺旋心理剧	探索,挖掘与愈合创伤	(1) 热身活动 (2) 安全模式建立 (3) 心理剧治疗	河流下游:心理剧治疗
	下午 (3个小时)	第四幕 生命是条流动的河	超越过去,进入未来	(1) 我的书 (2) 预见未来表演 (3) 讲授与讨论	回到上游:展望未来

第一幕　积极心理剧：联系，力量与艺术表达

准备：导演教师与全体成员在彩布椭圆外圈拉起手。

（1）报数。

（2）介绍两天的安排。

① 特点：计划性、连贯性和层次性（大家暂时忘掉工作，活在当下）。

② 主题：生命是条流动的河。

③ 内容：两个心理剧。

④ 心灵成长：在心灵探索中了解、挖掘与整合自我；在成员互动中大家从相识、相知到相助，我们心灵一起成长。

（3）团体规范：尊重、守时与保密。

（4）团队介绍：导演与助手。

一、相识活动

1. 内外圈沟通

（1）分内外圈形成："1、2"，"1、2"报数，数"1"的成员为外圈，数"2"的成员为内圈，内外圈的成员一对一，面对面站立。

（2）内圈的成员认识所有外圈的成员：内圈的成员原地不动，外圈的成员按顺时针转动，一一向每位内圈的成员介绍自己。

（3）问答：

① 内圈的成员："请问您是谁？"

② 外圈的成员："我是喜欢什么的×××。"

③ 两个人握手。

④ 内圈的成员："认识你真好！谢谢！"

（4）内外圈交换，同样进行一遍。

2. 握手相识

成员们在场内随便走动，然后找到不认识的成员或是认识的成员分别说：

（1）"认识我是你的荣幸。"

（2）"我们不认识，今天认识了，我们是好朋友。"

（3）"我们早认识，今天又见面，我们是好朋友。"

3. 滚雪球

1滚到2，2滚到4，4滚到8，8滚高16。即每一个团体成员去找自己不太熟悉的一位团体成员，两个人互相介绍自己；然后两个团体成员作为一组一起去找另外一组的两个成员，分别将自己一组的一方介绍给对方，四位团体成员为一组再和另外四人一组的成员形成一个八人组互相介绍，以此类推。

4. 连环炮

（1）导演教师指导语：每个组的成员轮流向本组的成员介绍自己时，在自己的名字前加三个定语，如来自哪儿、兴趣爱好、对未来的向往等。后面的成员介绍自己时，必须先重复前面的成员的介绍。

(2) 小组连环自我介绍(六个人一组)。

A：我是_____、_____、_____的 A；

B：我是_____、_____、_____的 A 旁边的_____、_____、_____的 B；

C：我是_____、_____、_____的 A 旁边的_____、_____、_____的 B 旁边的_____、_____、_____的 C；

D：我是_____、_____、_____的 A 旁边的_____、_____、_____的 B 旁边的_____、_____、_____的 C 旁边的_____、_____、_____的 D；

E：我是_____、_____、_____的 A 旁边的_____、_____、_____的 B 旁边的_____、_____、_____的 C 旁边的_____、_____、_____的 D 旁边的_____、_____、_____的 E；

F：我是_____、_____、_____的 A 旁边的_____、_____、_____的 B 旁边的_____、_____、_____的 C 旁边的_____、_____、_____的 D 旁边的_____、_____、_____的 E 旁边的_____、_____、_____的 F。

二、游戏活动

童年的回忆(房间里的光线暗下来，背景音乐：《大长今》)

大家坐在座位上，听着音乐，随意到场内，用肢体语言做出童年时玩各种游戏的动作。可以是单人的，也可以是几个人一起的。

(注：在这个活动中，开始大家还不好意思，慢慢地大家开始进入角色回到难忘的童年，参与的人越来越多，场上越来越热闹，大家回到了快乐的童年。)

(中场休息)

三、艺术表达

按出生月份分组，6~7 个人一组。

1. 合作画

助理发给每个组一张大宣传纸，马克笔、彩笔及蜡笔。全组成员共同完成一张合作画作品。要求：①有主题；②有题目；③有创意；④有新意。

(背景音乐：班得瑞《对话》)

分享：每个组将作品贴到墙上，由一位代表介绍合作的过程及作品的含义。

评比：哪个组表现得有创意、有新意。

2. 艺术表达——找到内在的力量

每个组选择不同颜色的绸布，一条或几条都可以，赋予所选择绸布颜色意义和力量，用歌舞来表达，条件是全组成员都要参与并表演。

表演：每个组分别上场表演。

评比：哪个组表现的力量大。

结束：心灵舞动：《相逢是首歌》

第二幕 情景心理剧：困惑，希望与情绪表达

一、热身活动

1. 互助按摩

导演教师让大家手搭在另一个人的肩上面，形成一个圆圈。一边唱儿歌一边运动。有五种运动：捏一捏、捶一捶、敲一敲、揪一揪、拍一拍，就是捏背、捶背、敲头、揪耳朵和拍背。然后转过身再进行一次。过程中可以观察和了解团体成员的表情，并询问大家的感受，是否放松。

2. 健手操："十巧运动"（根据清华大学樊富珉教授健康讲座整理）

(1) 两手前伸，手心向下，大拇指收起来，食指侧面相击36下。

(2) 手心向上，五指并拢，小拇指侧面相击36下。

(3) 两掌向上，手心相对微曲呈莲花状，两手腕部相击36下。

(4) 两手虎口交叉，相击36下。

(5) 两手五指分开交叉，相击36下。

(6) 右手握拳，打击左手掌36下。

(7) 左手握拳，打击右手掌36下。

(8) 手背相对，上下打击36下。

(9) 用手揪住耳垂，向下拽36下。

(10) （摘下眼镜）两手干搓，发热后像碗一样扣在双眼上，双眼从左到右转6下，从右向左转6下，反复3次。

做完健手操之后，请大家伸出双手，左手手心朝上，右手手心朝下，相邻两人的手尽可能地接近，但是不要碰到。请大家闭上眼睛，把注意力放在手心上，用心去体会。然后请大家睁开眼睛，两个人的手接触。导演教师可以向大家解释：向上的手心代表接受别人的帮助。向下的手心代表我们给别人的帮助，是付出。并带领大家一起说：

无论你多么富有，都富有不到不需要接受；

无论你多么匮乏，都匮乏不到给不出来；

让我们一起在付出中获得，在获得中付出；

彼此支持，共渡难关。

二、安全模式建立

（参考《网络双刃剑》——休闲好时光四、(二)安全模式建立）

1. 寻找力量——画"右手"

2. 光谱测量

三、情景剧演出

1. 剧团组成

随机分成若干个剧组，每个剧组5~6人。

2. 编剧

每个剧组分别集体创编一个校园情景心理剧，即将校园工作中遇到的人际冲突方面的问题（师生之间的，老师与学生家长之间的，老师与领导之间的，等等）及解决方法编成

心理剧,每个人都必须担任角色。

3. 演出

(1) 每个剧组在演到人际矛盾冲突达到高潮时,可以暂停,让其他剧团参与讨论剧情应该怎样往下发展。

(2) 本剧团继续将剧表演下去。

(3) 如果其他剧团有更好的解决方案,可以集体上场,即兴表演。(这个环节非常热闹,也非常富有挑战,充分体现了大家在心理剧表演中的创造性和自发性。例如:有一个剧团表演的是在课堂上老师与一个调皮的学生发生了争吵,暂停,剧情应该如何往下进行?很多成员上场来演老师的角色,但都不能说服这个学生,这时,一位小学校长——汶校长上场很自信地说:"我来试试。"开始扮演调皮学生的演员还是想尽一切办法刁难汶校长,但是,很快,汶校长的教育方法和对学生尊重与关爱的表现感动了演员,矛盾解决了,全场响起了掌声。)

4. 分享

分享从编剧、排剧、演剧到看剧的体会与启发。大家分享在不同的角色中的收获及参与心理情景剧的感受,体验心理剧的魅力。通过编、排、演、看,大家感受到团体的智慧,更学会了在工作和学习中处理人际冲突的办法。大家一致认为:"人生如戏,戏如人生。"应将心理剧中关于人际冲突好的解决方法运用到工作与学习中。

第三幕 螺旋心理剧:探索、挖掘与愈合创伤

一、热身活动

1. 解方程式

成员围成一圈,双手张开,握住隔一位成员的手,想办法结成一个圈,但过程中手不能松开。

2. 信任圈

每组围圈,邀请一位成员到中间,其他成员手拉手围圈。圈内的成员闭上眼睛,自觉舒适地倒向任何一方,其他成员必须手挽手,形成保护圈给予保护,不能让圈内成员摔倒。他往哪里倒,团体就在哪里接住他,给予保护,并将他推到中间的位置。如此倒下、接住,使圈内的成员从紧张到很放松。然后换人到圈内去体验。

3. 成长三部曲:"鸡蛋—小鸡—大鸡"

(1) 让全体成员蹲在地上,在最初状态,所有成员都是鸡蛋(以蹲下为标志)。

(2) "鸡蛋"可以自由活动,与同类进行猜拳,如果赢了,就进化成小鸡(以半蹲为标志)。

(3) 小鸡再与同类(只能是小鸡)猜拳,如果赢了。就进化成大鸡,如果输了,就退化成鸡蛋。

(4) 大鸡再与同类(只能是大鸡)猜拳,如果赢了,就成功回到座位上,如果输了,就退化成小鸡。以此类推,每个成员只有成功回到座位才能退出游戏。

分享:没有得到成长的成员谈谈原因和感受。

二、安全模式建立

1. 卡片认知联结

（1）导演教师将各种带不同图案的卡片摆放到圆圈的中间，每一种卡片有两张。

（2）请每个团体成员选择一张自己喜欢的卡片。

（3）每个团体成员找到与自己相同卡片的成员，进行分享与交流。

（4）然后全体成员围成一个大圈，随意介绍与分享。

（观察性自我（OE）卡片，通过选择各样动物姿态的卡片，投射内在需求，了解自己的状况，并与伙伴一起分享你对这张卡片的感受。）

2. 探索创伤——画"左手"

（1）助理将各种颜色的纸和彩笔摆放到圆圈的中间。

（2）请每个成员选择一张自己喜欢的颜色的纸和彩笔。

（3）每个成员将自己的左手掌画在纸上，然后在"左手"上用字或者画表达出自己的"恐惧"。

（4）分享：首先两三个成员互相介绍自己的"恐惧"。然后全体成员围成一个大圈，随意介绍与分享。

（5）大家讲自己的"恐惧"，然后将自己的"左手"画贴到房间里任何一个自己喜欢且醒目的地方，如墙上、门上、窗户上或者黑板上等。

3. 相似圈

导演教师分别说出以下的话，让成员逐渐地熟悉，并进入圈内。

（1）"80后"的成员请站到圈的中间。

（2）"70后"的成员请站到圈的中间。

（3）"60后"的成员请站到圈的中间。

（4）在家排行老小的成员请站到圈的中间。

（5）在家排行老大的成员请站到圈的中间。

（6）在家是独生子女的成员请站到圈的中间。

（7）对父母、子女有愧疚的成员请站到圈的中间。

然后，让对父母、子女有愧疚的成员在内圈坐下来，分别讲出他们的故事。其他成员在圈外认真地倾听。

4. 搭肩

导演教师："大家听完他们的故事，你与谁有联结，请将手搭在谁的肩上。"

（1）讲故事的成员回头与搭他/她肩的成员分享。

（2）一位中年女老师——慧芳被搭肩的成员最多，她便成为主角。

（3）导演教师征得主角的意见，是否同意当主角，来治疗创伤。

（休息10分钟）

三、心理剧治疗

（观众坐在四周观看）

1. 导演教师提问题

导演教师拉着慧芳的手在场内慢慢转着圈走动，问题围绕以下的内容进行。

（1）成长中的力量有哪些？（加深刚才右手的力量）
（2）对未来的向往是什么？（使慧芳对未来有美好的向往）
（3）恐惧是什么？（加深刚才左手上的创伤）
2. 主角说故事
导演教师引导慧芳讲出内疚于母亲的具体情节。
主要内容是：由于自己的教育事业，母亲在病危时没有守在母亲的身边，更加内疚的是最后母亲在医院咽气的时候，做女儿的也没有在身边。
导演问：如果时间能倒流，你最想做的事情是什么？
慧芳回答：最想一直守在妈妈的身边，最后送妈妈走。
3. 选替身和配角
导演教师让主角在成员中选出一个扮演妈妈的角色、两人扮演医生的角色和一人扮演她的替身小慧芳。
4. 布景
分为两个场景：家里和医院病房。
5. 演出
在两个场景中，分别让小慧芳与妈妈进行沟通，小慧芳守在妈妈的身边，在家里娘俩说些知心话。小慧芳亲自背着妈妈去医院，在医院里伺候妈妈。
（慧芳在旁边看着比较欣慰，下面要处理悲伤的宣泄和弥补内疚的心）
小慧芳发现妈妈喘气困难了，马上喊来医生，医生进行紧张的抢救，小慧芳在旁边求着医生，但抢救无效，妈妈终于停止了呼吸。
小慧芳趴在妈妈的身上痛哭。
这时，慧芳也哭得厉害，导演领她上场，她便扑到妈妈身上痛哭起来，小慧芳退场。

（灯光暗下来，背景音乐《妈妈我想你》响起。）

我第一次睁开眼睛，看见的是你，
我第一次哭泣，为我擦干的是你，
我第一次跌倒时，搀扶的是你，
我第一次喊妈妈呀，最开心的是你，

我第一次离开家，送我的是你，
我第一次有成绩，最激动的是你，
我第一次绝望时，呼唤的是你，
我第一次懂事时，夸奖的是你，

妈妈呀妈妈呀我想你，
没有你的夜里我好孤寂，
去往天堂的路是否太拥挤，
妈妈累了你就好好休息。

妈妈呀妈妈呀我想你,
你走后的天空一直下着雨,
带上你心爱的油纸伞,
妈妈你要照顾自己。

妈妈呀妈妈呀我想你,
是你让我鼓起了勇气,
我们约好了吧,约好了吧,
来生在这里团聚。

我们约好了吗,约好了吗,
妈妈我在这里,
等你。

全体成员上场,围拢拥抱在慧芳的周围。
助理这时要注意观察,递纸巾。
(导演引导妈妈与慧芳对话)
慧芳:"妈妈,对不起,都是我不好。我来晚了,没有能好好地照顾您。"
妈妈起身对慧芳说:"女儿,别难过,妈妈知道你工作忙。"
慧芳:"妈妈。"
妈妈:"女儿,你好好照顾自己和孩子,这样妈妈才放心。"
慧芳:"知道了,妈妈。"
(导演指导角色互换,慧芳扮演妈妈,妈妈扮演慧芳)
……

四、去角

让两个成员双手高高举起一条绸布当作大门。
妈妈的扮演者走到慧芳跟前:"慧芳,我不是你的妈妈,我是×××。"然后钻过"大门"。
慧芳的替身走到慧芳跟前:"慧芳,我不是小慧芳,我是×××。"然后钻过"大门"。

五、分享

积聚力量面对创伤。慧芳坐到导演教师的身边,想给慧芳说话的成员分别上前来表达。
(注:分享必须遵循三原则:不分析、不建议和不批评、不发问。)

第四幕 生命是条流动的河——超越过去,进入未来

一、热身活动

1. 信任腾飞

随机分组。每个组围成圈,邀请一位成员站到圈中间,其他成员手拉手围成圈。圈内

的成员闭上眼睛,自觉舒服地倒向任何一个方向,其他成员必须齐心协力,形成保护圈给予保护,绝不能让圈内的成员摔倒。他往哪里倒,团体成员们就在哪里接住他,接住他之后,大家将他举起,围着场地转一圈。使被举起的成员有坐飞机一样的感觉。最后安全地着地。然后换人,使小组内每个成员都体验一下信任腾飞的感觉。

2. 小小动物园

(1) 每个团体成员取一张白纸、一支铅笔和几只彩笔。

(2) 导演教师指导语:"每一种动物都有它们的品格,我们每个人也都有自己的属相,你喜欢自己的属相吗?请大家将自己最喜欢或向往成为的一种动物写下或画出来。"

(3) 写完或画好,将作品放到小组中间,展出来,每个小组便呈现出一个小小的动物园。

(4) 大家分享与交流。

3. 我的书

1) 设计书

(1) 发材料:助理发给每个小组一盒彩笔,每人一张 A4 白卡纸,一分为二折叠。

(2) 设计书:导演教师:"今天,我们每个人设计一本书,首先设计封面,封面上可以图文并茂,写上书名、目录和作者的名字。然后打开书,左页上写第一章及题目,右页上写第三章及题目,最后在底面写第六章及题目。"

(3) 全组成员互相分享每个人的书。

2) 书展

全体成员将自己的书摆放在对拼起来的桌子上面,大家浏览观看,随时挑出感兴趣的书,由作者给大家讲解、介绍。

(成员设计的书有《生命之舟》《守护心灵》《成长学校》《水的故事》《生命的重塑》《珍爱生命》《为自己加油》《生命和谐》《生命赞礼》《树》《攀登》《希望》《我的路》《我的一生》《超越》和《仰望星空》等。)

3) 留言

小组成员围坐一圈,每个成员的书往右传,每个成员在书的第一章下面留言,这样,每本书转一圈,就留下了每个成员的留言。

二、选最佳书目

(1) 每个小组推荐一本书,每个组将选出的书展放到讲台前,大家在自己喜欢的书前站队。

(2) 人数最少的一列解散,再选择其他的书列。

(3) 最少的一列再解散,重新选择。

(4) 以此类推。

(5) 最后剩下一列。大家都站到了《仰望星空》这本书的后面,这本书被选为最佳书目。书的作者上场,成为主角。

三、预见未来表演

最佳书目的作者先给大家讲解他的书的目录，然后导演教师帮助他选演员，将书里的内容编成剧的形式，进行角色扮演。

四、分享

（中场休息）

（一）讲授与讨论

（1）心理咨询的艺术性治疗——《表达性心理治疗与心理剧》介绍。

（2）总结与分享两天的心灵感受。

（二）搭肩

（1）在工作坊的两天中，你认为谁能给你力量，你就将手搭到他的肩上。

（2）你认为谁需要力量与帮助，就将手将手搭到他的肩上。

（3）被搭肩多的成员分享自己的感受。

五、结束

心理剧做了、完成了、结束了；行动完成了；眼泪也流了；伤口获得治愈；过去成为永恒的一部分。生命的另一个循环已结束。然而，结尾固然终止了剧场里的治疗旅程，但它不应被视为绝对的终止。心理剧结束的最终目的，是将演剧延伸超越其自然的结局，并引入一个新的开始。在结束的十字路口，主角反省了过去发生的事，确认现在存在的事，并期待不确定的未来。

场后分享

表达性心理治疗是一种刚兴起的心理治疗方法，它通过游戏、活动、绘画、音乐、舞蹈、戏剧等艺术媒介，以一种非纯口语的沟通技巧来介入，释放被言语所压抑的情感经验，处理当事人情绪上的困扰，帮助当事人对不同刺激有更深刻的正确反应，重新接纳和整合外界刺激，达到心理治疗的目的。

心理剧之父莫瑞诺说："心理剧是人类社会的缩影。"

心理剧可以揭示深藏在参与者内心的症结，在导演的协助下，通过当事人目前的性格特征，揭示出其性格产生的根源，即幼时所受伤害所造成的"生存决断"。同时让成员通过这些"主角"，普遍觉察到自己身上"看不见"的，但又无时无刻不在发挥作用的负面人格特质，从而起到修复心理创伤、提升心灵品质的效果。心理剧可以帮助我们提高自我解决现实问题的能力，建立更良好的人际关系。

一个心理剧可以引发出更多的心理剧。在最后的相似圈讲故事的成员，还可以再进行心理剧演出与心理剧治疗。

从一幕到另一幕：在心理剧中，有许多格言，其中包括"头脑忘记的，身体常记得。""角色交换是驱动心理剧的引擎。""需要三幕或者更多才能构成一出心理剧。"

大部分心理剧最常见的过程是这样的，主角与导演、配角一起工作，演出一些当前的问题或情境。第一幕场景将导向于提高对另一个时空（通常是过去）的觉察力。由此建立起关于这一过去事件的第二幕场景，主角继续他的探索。在最后一幕到来前，可能有更多的场景，到达更遥远的过去。最后一幕中，主角带着新的认识、增强的觉察力以及可能的问题解决方案回到现在。

对主角而言，心理剧的体验是真实的，因此，遵循"始终在现在时刻结束行动"这一原则非常重要。可能出现这样的情况——主角进入童年场景，达成某种宣泄或洞察，完成了治疗目标，于是剧可以结束了。当演出结束后，配角要做一个特定的行动，除去他们暂时采用过的属性和个性特点，并收回他们自己。

人们诸多的痛苦，其实都只是"角色"的痛苦，去除了"角色"，你会发现，"外遇"只能伤害到"伴侣"这个角色；"裁员"只能伤害到"员工"这个角色；"生离死别"伤害的也只是"亲友、恋人"的角色……这些角色不是生命本身，而是各种关系的起承转合。

一出心理剧的结束：终止并不等同于快乐的结尾。在理想情况下，主角在终止时达到他所渴望的那一幕。如果这样的情况没能发生，作为导演，可以借鉴他们之前演出中体验和收获的终止场景再做一幕。

团体解散时的终止：给那些没有当过主角或是某种程度上未完成工作的团体成员机会来处理自己的问题。注意解散的仪式。

第二节 漫步人生路——直面人生剧场

心理剧不是演出，
每个主角的剧都是他（她）真实的事件；
心理剧是做的，不是演的，
做心理剧的时候不做分析，避免了分析者的主观判断；
在导演的引导下，主角在做剧的过程中直接呈现、调整的就是案主内心的感觉，
他（她）展现的是内心的情结，他（她）的感觉跟随的方向就是情结的指向。
通过做剧情，他（她）探索到不同的或者新的体验，
这种情结的释放或者新的经验，
拓展了主角过去内化的主观心理结构，而且这新的经验，
是以情绪体验深度内化到主角的心理结构中。
这就是心理剧能够进入参与者内心，震撼心灵的魅力所在！

第三场 《伴你同行》——单亲孩子的心理剧工作坊

> 我们心里都有一口井，
> 井的最深处有使我们感到
> 不知所措、惧怕、被刺痛与被挑战的情绪。
> 这些情绪是生命最原始的养分，
> 把它们发觉出来，重新注入生命，我们才得以重生。
>
> 欢迎来到心灵剧场，
> 在这里有一群人伴你同行，共同成长！

时间：2008年4月22日(3:50—7:00)
人数：30人
道具：各种颜色的绸布，抱枕若干，纸巾，桌子椅子，音响设备。
场地：将各种颜色的绸布在场内围成一个大的椭圆形。
准备：导演教师与全体成员在椭圆外圈拉起手。

(1) 报数(了解团体总人数)。

(2) 导演教师：今天我们30个同学有缘相识在《伴你同行》心理剧场，在今天的剧场里，大家首先关掉手机，与外界暂时隔绝，放下一切事情。现在强调团体规范：保密、尊重。在剧中不管发生什么事情，出去都不要对别人说，时刻做到互相尊重。

一、热身活动

1. 接龙
2. 成长三部曲

二、安全模式建立

1. 光谱测量

光谱测量的目的：成员评估自己及了解与自己相近的同学，说明：以圈中心为点，斜着一条直线，线的一端为＋5，另一端为－5，中心点为0，这样，一条线上分为11个等级，即＋5、＋4、＋3、＋2、＋1、0、－1、－2、－3、－4、－5。

(1) 对心理咨询了解的程度，从非常了解到一点都不了解，从＋5到－5，请选择您的位置，站到所选的位置，每个成员与站在自己周围的成员分享。

(2) 对调节和控制情绪的办法的了解，从非常会到一点也不会，从＋5到－5，请选择您的位置，站到所选的位置，每个成员与站在自己周围的成员分享。

(3) 平时对恐惧的感觉，非常严重到一点也没有，从＋5到－5，请选择您的位置，站到所选的位置，每个成员与站在自己周围的成员分享。

2. 寻找力量

(1) 导演教师将各种颜色的纸和彩笔摆放到圆圈的中间。

(2) 请每个成员选择一张自己喜欢的颜色的纸和彩笔。

(3) 每个成员将自己的右手掌画在纸上，然后在"右手"上用字或者画表达出自己的力量。

(4) 分享：首先两三个成员互相介绍自己的力量与分享。然后全体成员围成一个大圈，随意介绍与分享。

(5) 大家讲自己的力量，然后将自己的"右手"画贴到房间里任何一个自己喜欢且醒目的地方，如墙上、门上、窗户上或者黑板上等。

3. 艺术表达

分出5个组，每个组6个人。分别是大海组、青春组、泉城组、爱心组和生命之花组。每个小组选择不同颜色的绸布，一条或几条都可以，赋予所选绸布颜色意义，可用歌舞来表达，也可用其他方式来表达，条件是全组成员都要参与并表演。

4. 相似圈

(1) 在家排行老大的同学请站到圈的中间。

(2)家是独生子女的同学请站到圈的中间。
(3)有非常幸福童年的同学请站到圈的中间。
(4)小时候挨过父母打的同学请站到圈的中间。
(5)小时候被父母打得很厉害的同学请站到圈的中间。

三人站进圈内,玲玲(女,化名)、小乙(男)、小丙(男)分别讲述了各自小时候被父母打的经历。

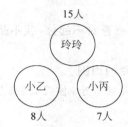

5. 搭肩

成员听完他们各自的故事,导演教师组织他们进行搭肩活动,即你对谁同情、支持、有连接,或者今天想帮助谁,你就将你的手搭在谁的肩上。结果搭在玲玲肩的人最多,15人,小乙和小丙分别是8人和7人。于是,今天的主角便产生了——玲玲成为主角。导演教师征求玲玲的同意,开始做剧。

(休息10分钟)

三、演出

观众坐在四周观看,导演教师拉着玲玲的手在场内慢慢转着圈走动,并不时提问玲玲,问题围绕以下的内容进行。

(1)成长中的力量有哪些?(加深刚才右手的力量)
(2)对未来的向往是什么?(使玲玲对未来有美好的向往)
(3)说故事:导演教师引导玲玲讲出小时挨打的往事。

6岁前爸爸经常动手打她们娘俩,而妈妈非常软弱,很少反抗,只是本能地骂,还不停地吐。玲玲有时去求邻居家的奶奶来帮忙。有时爸爸把玲玲打得嘴出血,甚至有时用鞋底打,玲玲哭着向奶奶求救,而奶奶只是在一边骂,不敢拉,也不敢制止。爸爸还不让她们向姥姥说挨打的事,否则打得更厉害。玲玲6岁那年,父母离婚了,玲玲判给了妈妈。后来妈妈再婚,有一个比她小4岁的弟弟。妈妈的爱几乎全放在了弟弟身上。

(4)选替身和配角。

讲完痛苦的经历,导演教师让主角在成员中选出扮演爸爸、妈妈、邻居奶奶、小玲玲的替身。妈妈、奶奶和小玲玲三个角色很快就选出,但是爸爸的角色选得很难,导演教师帮助选出。

(5)布景:大家帮着玲玲将场地布置成6岁前她家的场景。
(6)演剧。

主角玲玲坐在导演教师的旁边,看着演员们角色扮演,演出她叙述的挨打的情景。当看到爸爸打她们娘俩时,玲玲不由得哭起来。(纸巾递上)随着剧情的进行,她哭得更厉害

了。(创伤打开了)

　　导演教师引导男同学制止爸爸的打骂。几个男生一起上场抓住爸爸,制止他。他们自发性地说了一些讲理的话,如:"不要再打小玲玲了,她太可怜了!""小玲玲这么小,你怎么能忍心打?""你再打她们娘俩我们要打110了。""你再打,我们可就不客气了。"……

　　导演教师让玲玲与小玲玲对换角色,玲玲与妈妈拥抱。

　　妈妈对小玲玲说话:"小玲玲,我的好女儿,你跟着妈妈受委屈了,希望你坚强,快乐起来"。

　　爸爸对小玲玲说话:"小玲玲,爸爸对不起你,我不是个好爸爸,你打我吧"。

　　玲玲与妈妈拥抱痛哭。

　　全体成员上场,围拢拥抱在玲玲的周围。

　　(窗帘拉上,或者灯光暗下来,背景音乐《摇篮曲》响起,大家一起唱)

　　睡吧,睡吧,我亲爱的宝贝
　　妈妈的双手轻轻摇着你。
　　摇篮摇你快快安睡,
　　夜里安静,被里多温暖。
　　睡吧,睡吧,我亲爱的宝贝,
　　妈妈的手臂永远保护你。
　　世上一切,快快安睡,
　　一切温暖,全都属于你。
　　睡吧,睡吧,我亲爱的宝贝,
　　妈妈爱你,妈妈喜欢你。
　　一束百合,一束玫瑰,
　　等你醒来,妈妈都给你。
　　睡吧,睡吧,我亲爱的宝贝,
　　妈妈爱你,妈妈喜欢你。
　　一束百合,一束玫瑰,
　　等你醒来,妈妈都给你。
　　睡吧,睡吧,我亲爱的小宝贝。

　　大家拥抱在一起唱摇篮曲的时候,也有成员在抽泣,助理这时要注意观察,递纸巾。

　　妈妈再对小玲玲说话:"小玲玲,乖孩子,不怕。"

　　爸爸再对小玲玲说话:"小玲玲,爸爸错了,请你原谅爸爸。"

　　小玲玲对妈妈说话:"妈妈,我的好妈妈,我永远陪着你。"

　　玲玲对小玲玲说话:"小玲玲,你要坚强。"

　　空椅子技术,玲玲对空椅子(爸爸)说话:"爸爸,你不该打妈妈,不该打我,我恨你,我不能原谅你!"

　　未来投射技术,帮助玲玲表达、解释自己对将来的看法,包括希望和愿望、对未来生活的方向。

四、去角
让两个成员双手高高举起一条绸布当作大门。

爸爸的扮演者走到玲玲跟前："玲玲，我不是你的爸爸，我是某某某。"然后钻过"大门"。

妈妈的扮演者走到玲玲跟前："玲玲，我不是你的妈妈，我是某某某。"然后钻过"大门"。

邻居奶奶的扮演者走到玲玲跟前："玲玲，我不是张奶奶，我是×××。"然后钻过"大门"。

小玲玲的扮演者走到玲玲跟前："玲玲，我不是小玲玲，我是×××。"然后钻过"大门"。

五、分享
玲玲坐到导演教师的身边，想给玲玲说话的成员分别上前来表达。
（注：分享必须遵循三原则：不分析、不批评和不建议、不发问。）

六、结束
（大家合唱《和你一样》）。

谁在最需要的时候轻轻拍着我肩膀
谁在最快乐的时候愿意和我分享
日子那么长　我在你身旁
见证你成长让我感到充满力量

谁能忘记过去一路走来陪你受的伤
谁能预料未来茫茫漫长你在何方
笑容在脸上，和你一样，
大声唱，为自己鼓掌。

我和你一样　一样的坚强
一样的全力以赴追逐我的梦想
哪怕会受伤　哪怕有风浪
风雨之后才会有迷人芬芳
我和你一样　一样的善良
一样为需要的人打造一个天堂
歌声是翅膀　唱出了希望
所有的付出只因爱的力量
和你一样

谁能忘记过去一路走来陪你受的伤
谁能预料未来茫茫漫长你在何方
笑容在脸上　和你一样

七、疗伤

在经过"情绪本质的深度手术"之后,主角被放在"恢复室",他可以得到温柔、爱以及个别化的照顾,直到重新获得平衡。

一般在做完心理剧角色扮演,成员们离开剧场后,笔者还要与主角单独留下,陪主角处理伤口,做进一步的包扎伤口。因为,打开伤口后,在心理剧角色扮演中,主角得到了宣泄,宣泄之后紧跟着就是让其得到关爱,得到父母的关爱,得到大家的关爱。

我陪玲玲又谈了一个多小时。在疗伤过程中,玲玲又说出自己对单亲家庭孩子的看法,对校园恋爱的看法,对婚姻、结婚、离婚及家庭的看法,谈了她现在家庭的情况,还谈了她今后学业的打算和职业生涯的规划。

最后,玲玲谈了她的感受:

(1) 很好,很舒服,过去不知道为什么一直生活在痛苦中,回家经常莫名其妙地哭。今天才知道了为什么,今后不再活得这么累了。

(2) 通过心理剧的角色扮演艺术,看到了自我,寻找到了自我,与真实自我联结。

(3) 提升了对内在自我的觉察,探索出自身内在的痛苦的源头和自身内在的能量。

(4) 享受到人际和团队和谐互动的力量。

场后分享

本想治疗的人正好被选为主角

这个心理剧治疗的主角是我们阳光心理学社的一名热心成员,她入校不久就参加了阳光心理学社。我们心理健康教育中心的各种活动她都参加,如每场心理专题讲座、每次的团体心理辅导和咨询、每场心理电影赏析、校园舞台心理剧的编剧、导演和演员的角色,她都担任过。

大家都喊她"漂亮姑娘",因为她的皮肤白白嫩嫩的,一双大眼睛非常美丽动人,可是尽管如此,笔者发现她在与笔者接触时,从来不敢抬头直视笔者,她似乎害怕什么。她的目光和面部表情告诉笔者她需要治疗童年时的创伤。

这次心理剧治疗剧场笔者特意通知了她参加。没有想到不谋而合,在我进行"相似圈"活动时她进来了,立刻挖掘出她童年挨打的经历;在"搭肩"活动中,在她身后的人最多,她当上了主角。在心理剧的演出中,我们第一次了解到她童年时痛苦的经历。

后来,笔者更加关注她的成长与发展。做心理剧治疗时她流露出绝不谈恋爱、不想结婚的念头。但学校里有很多男同学喜欢她、追求她。后来听说她谈恋爱了,性格活泼开朗多了。当然她现在已经毕业工作了。忠心地祝她幸福、快乐。

第四场 《往事如昔》——曾经被开除的学生心理剧工作坊

【心灵细语】

心理剧
是一种生命的心灵旅程,
是通向更有创造性生活的途径,

所有的人都可以从中受益。

——刘嵋

> 我们心里都有昨日的回忆，
> 有的回忆给我们带来负面的影响，
> 时刻缠绕着我们的思绪。
> 把它们发觉出来，重新注入生命，我们才得以重生。
> 欢迎来到心灵剧场，
> 在这里有一群人与你分担昨日的痛苦，共同成长！

时间：2009年5月21日(14:30—17:45)
人数：24人(男女各半)
道具：各种颜色的绸布，抱枕若干，纸巾，桌子椅子，音响设备。
场地：将各种颜色的绸布在场内围成一个大的椭圆形。
准备：导演教师与全体成员在椭圆外圈拉起手。
(1) 报数(了解团体总人数)
(2) 导演教师：今天我们24个同学有缘相识在《往事如昨》心理剧场，在今天的剧场里，大家首先关掉手机，与外界暂时隔绝，放下一切事情。现在强调团体规范：保密、尊重。在剧中不管发生什么事情，出去都不要对别人说，时刻做到互相尊重。

一、热身活动

成长三部曲

让全体成员蹲在地上，在最初状态，所有成员都是鸡蛋(以蹲下为标志)；"鸡蛋"可以自由活动，与同类进行猜拳，如果赢了，就进化成小鸡(以半蹲为标志)；小鸡再与同类(只能是小鸡)猜拳，如果赢了，就进化成大鸡，如果输了，就退化成鸡蛋；大鸡再与同类(只能是大鸡)猜拳，如果赢了，就成功回到座位上，如果输了，就退化成小鸡。以此类推，每个成员只有成功回到座位才能退出游戏。

成员会体会到每个人在成长过程中往往都不是一帆风顺的，可能经历许多挫折，但是，只要坚持不懈，在经历无数次失败之后一定可以茁壮成长，取得成功。

二、安全模式建立

1. 光谱测量
2. 挖掘与探索创伤：画生命玻璃杯
(1) 助理将各种颜色的纸和彩笔摆放到圆圈的中间。
(2) 请每个成员选择一张自己喜欢的颜色的纸和彩笔。
(3) 每个成员画一个玻璃杯，在杯子里画出一滴泪，即痛苦的往事。
(4) 分享：首先两三个成员互相介绍自己的玻璃杯。然后全体成员围成一个大圈，随意介绍与分享。

3. 艺术表达

按山东省地图分出了 4 个组,每个组 6 个人。其中有两个组表演的是解开心灵的结。于是,我就带他们进行了心理游戏:解开千千结。先是小组解,然后是全体一起解。

4. 相似圈

(1) 家是独生子女的请站到中间。

(2) 有非常幸福童年的请站到中间。

(3) 有不幸福的童年的请站到圈的中间。

(4) 对家长有内疚的请站到圈的中间。

有 11 个人站到圈内,分别讲出了自己埋藏的痛苦的往事。

举例:(1) 老爷和姥姥去世,自己都未赶到现场而内疚。

(2)(漂亮女生,哭得厉害)对考学报志愿不满意,本来喜欢表演,为了父母的意愿,违背了自己的理想,感到遗憾。

(3)(高个子男生)上小学和中学时,曾经离家出走过两次。

(4)(看似非常快乐的男生——大山)高中一年级的时候,被班主任开除,父母被通知到校门口接他,父母表现出对他的极度失望。不久,父亲生病去世。留下了终身的遗憾。后来他就读另外一所学校,继续上学了。

……

5. 搭肩

成员们听完他们 11 人各自的故事,导演教师组织他们进行搭肩活动,即你认为需要帮助、需要给予力量的人,你就将你的手搭在谁的肩上。没有被搭肩的成员选择别人,被搭肩人少的解散重新选择其他人。最后搭在大山肩的人最多,于是,主角便产生了。导演教师征得大山的同意,开始做剧。

(休息 10 分钟)

三、演出

1. 讲往事

成员坐在四周观看,导演领着大山的手在场内慢慢转着圈走动,并不时提出问题:

导演:成长中的力量有哪些?

大山:责任、关心

导演:对未来的向往是什么?

大山:好好学习专业,找个好工作,报答父亲。

导演:具体讲讲被开除的事情,好吗?

大山:……

2. 选替身和配角

讲完痛苦的经历,导演教师让主角在成员中选出扮演当年爸爸、妈妈、班主任、高中时的大山的人。

3. 布置场景

大家帮着大山布置场景。三个场景：班主任办公室，学校大门口，家里。

4. 演剧

第一场：（班主任办公室）班主任把大山叫到办公室，宣布开除，但理由不充分，这对大山来说是个晴天霹雳。

第二场：（学校大门口）父母被班主任通知来学校接大山。这对大山又是一个打击，因为学生最怕的就是请家长，父母在学校大门外看到大山后表现出对他的极度失望，妈妈不停地哭，父亲不停地骂他不争气。

第三场：（家里）父亲由于劳累过度，生病去世，临终前，喊着让大山一定要上学，要重返学校。

这时大山上场抱住父亲痛哭。

（灯光暗下来，背景音乐动力火车《摇篮曲》响起。）

亲爱宝贝乖乖要入睡，我是你最温暖的安慰

爸爸轻轻守在你身边，你别怕黑夜

我的宝贝不要再流泪，你要学着努力不怕黑

未来你要自己去面对，生命中的夜

宝宝睡，好好地入睡，爸爸永远陪在你身边

喜悦和伤悲，不要害怕面对，勇敢我宝贝

亲爱宝贝乖乖要入睡，我是你最温暖的安慰

爸爸轻轻守在你身边，你别怕黑夜

大山与父亲对话，角色互换，对话。

这时，班主任上场，与大山沟通，大山开始不理班主任，对他十分愤恨。

导演教师引导观众帮助大山出气，几个男同学上场，给班主任讲理，质问他。

班主任对大山道歉，请求原谅。

大山与班主任对话，角色互换，对话。

后来大山被感动，与班主任拥抱。

导演教师："大山，将来的某一天，你在街上遇见班主任了，你会怎么样？"

大山："要是今天没有做心理剧，我遇到他可能要报仇。不知道会出现什么后果。可是，在心理剧里，他向我道歉了，我当时也有不对的地方，我也应该原谅他，我不会去伤害他的。"

导演教师："好，我们现在演一下你们见面的情景。"

班主任与大山进行角色扮演。非常友好，班主任愧疚地向大山道歉。

助理发给每人一张写有"拿得起　放得下"的纸请每个成员认真阅读并细细体味，同时给予适当的启发。大家一起朗读。

> **我**
> **拿得起　放得下**
>
> 生命中有太多的往事、记忆、痛苦的经历，
> 使自己一味执着，情绪上困扰、精神上迷惘。
> 失意、失恋有太深的痕迹令人难以解脱。
> 但是，
> 过于沉湎这类情绪将影响健康和生命的成长，
> 尝试将执着放开，设想将一副重担从肩上卸下的感觉，
> 放弃执着你就得到重生的机会，
> 更得到快乐的欢喜。
> 无悔自己的选择和人生经历，
> 过去的由它逝去，
> 学会宽恕他人，体谅自己。

四、去角

让两个成员双手高高举起一条绸布当作大门。

爸爸的扮演者："大山，我不是你的爸爸，我是×××。"然后钻过"大门"。

妈妈的扮演者："大山，我不是你的妈妈，我是×××。"然后钻过"大门"。

班主任的扮演者："大山，我不是班主任，我是×××。"然后钻过"大门"。

小大山的扮演者："大山，我不是小大山，我是×××。"然后钻过"大门"。

五、分享

大山坐到导演教师的身边，想给大山说话的成员分别上前来表达。

（注：分享必须遵循三原则：不分析、不批评和不建议、不发问。）

六、结束

大家合唱《阳光总在风雨后》。

场后分享

"手中无剑、心中有剑"

如果心理剧导演的治疗技巧像一把利剑。那么，大部分心理剧治疗师一如所有武林高手，都会告诉你，最高的境界是"手中无剑、心中有剑"。所以，我们在做每一个心理剧治疗时，都一定要懂得，每一个主角都是独特的，要根据主角的故事，随机应变，因时制宜。

在这个心理剧治疗中，没想到平日最快乐的人在心理剧中也会成为主角。在心理剧的各个环节中，对每一个成员都要认真地关注，随时把握剧的发展方向。正因为做到"手中无剑、心中有剑"，才有可能唤起大家都不会认为会成为主角的人埋藏在潜意识的东西。并且在角色扮演的过程中，进一步将剑刺中要害，疗好伤口。过后，主角和观众都大大舒了一口气，有很舒服的感觉。

主角大山反馈说："在心理剧的演出中，我仿佛获得了一张许可证，自由地做出了现

实生活中难以完成的事情。在心理剧表演中,在没有计划的情形下进行选择,而这个选择成为我生命中的重要选择。过去我掩饰了自己的不愉快,今后我会真正地快乐的。"

参考与练习

校园心理剧疗法基本技术训练
一、训练目的
(1) 学习心理剧治疗技术理论原理。
(2) 掌握心理剧治疗技术的创作原理、过程。
(3) 在角色体验中发现表达性艺术治疗的真谛,提升创造新角色的能力,这种能力源于"自发性",即对旧有状况以新的方式做出反应,对新状况做出充分的反应。

二、训练要点
(1) 在训练过程中,角色训练者有确定的角色、功能和任务。
(2) 角色训练团体根据确定的经过测试的方法得到指导,基本的心理剧技术有:具体化,角色交换,镜观技术,教练技术,示范和模拟,个人分享,小组讨论,自我觉察和自我监控。
(3) 这些技术使此种类型的学习过程得以在角色训练团体中发生。

三、训练要求
(1) 对于该角色及其如何与其他角色相配合的理解。
(2) 演出该角色的必要技能。
(3) 能够自如且可信地演出该角色的相关的感情。

四、训练指导语
心理剧是用来帮助个体"演绎"本身问题的方法。心理剧通过自发性和创造性来演绎每个人精彩的人生。心理剧有很多技术,通过心理剧技术训练,可以提高心理剧治疗的水平和质量。

五、训练实施
(一) 暖身训练
1. 情境测验
"救生船"的情境——谁要被迫选择死亡。
"弃置在荒岛"的情境——团体如何把本身组织起来,戏剧性、幻想性、幽默性、悲剧性和挫折的情境,从轻度情形到极端的情形均可。
2. 引导式幻想
想象身体的内部旅程,经过的森林、山脉、房屋或进入大海;想象自己会拥有怎样的小屋,并仔细说出它;这种技术叫作"引导式白日梦法"。
点评:
在练习中,导演要求团体成员想象各种主题,并说明每个人所想到的详细内容。
3. 舞蹈
舞蹈和练习可以引起自发性和对情感表达的投入,因此可以达到暖身的效果。与舞蹈有关的是下列所述的活动：身体动作、感觉唤醒、生理能量学和韵律式团体仪式。简单的声调——吟唱、咕噜哼鸣、嗓音重叠都能加强呼吸和动作表达的效果。

4. 艺术材料

运用绘画、黏土、纸糊材料、粉笔、蜡笔、指画、彩色沙土及各种美术拼贴材料进行绘画和艺术创作，团体成员互相分享绘画，他们会自动自发和有效地自我创造，把自己的画呈现出来，并讨论所绘的作品。

（二）主角的产生训练

1. 团体选择

让每一位团体成员按照自己的意愿排在他认为可以代表自己或与自己最有连接感的主题或人后面。当主角的候选人有好几个的时候，导演会问："假如现在你无法以主角的身份工作，你会选择哪一个主角所代表的主题来工作？"

点评：

当有不止一位成员有担任主角的意向时，导演可以让每一位有意向的成员简短说明自己的主题，然后由其他参与者表决，选出大家感兴趣的主题和在心理剧的过程中能获得最多效益且有助于个人成长的角色。

2. 动作社会图

团体成员分别详细和具体地描述自己的重要他人。导演会让这些人物在舞台上呈现出来。一般主角所表达出的这些人物是与他有密切关系的人（往往是主角的家人）。团体成员成为配角来扮演主角所描述的人物，以演出他们的特质来。主角可以在导演的帮助下，把这些"人物"按照有意义的关系安排各自的位置，主角也要说出这些"人物"常说的话。最后，配角们按照主角安排的位置摆好姿势，并把所扮演人物常说的一句话挂在嘴边。这时主角站在一边，仔细观察，或进入状态，与他们一起进行互动活动。

点评：

在这个技巧中，主角呈现出他人际关系的人物——社会原子。

（三）基本角色扮演技术训练

1. 具体化或雕塑技术训练

（1）让一个人左手叉腰，右手平举向正前方并伸出食指，双脚张开，这个人就很快地被雕塑成责备他人的姿态。

（2）主角说他在老板面前是顺服的，就让他演出一个典型的场景，在这个场景中他是顺服的，为使主角容易这样做，角色训练者会使其暖身到那一场景的时间和地点，然后主角设立场景，演出对他们来说重要的细节，可能会使用道具，就好像那一场景发生在现在。

然后训练者会请主角选另一个团体成员做配角，担任老板这个角色。主角与配角交换角色，表演老板的角色，目的是向配角表明如何扮演老板的角色。主角扮演老板的角色时，可能被问到这样一些问题：在这一场景中发生了什么？老板在做什么？主角当时是什么样子？当确认配角已经了解了角色，训练者指导配角演出那一场景，就好像再次发生了。主角所关心的重大问题以这种方式变得具体了。

点评：

这是一种非口语的表达方式，如同雕塑家将人的"肢体"雕塑成某种特殊的姿态，以表示某种特殊的意义。用行动来表演出团体成员关心的重大事件活动,这是不同于言语描述的另一种强有力的表达方式,这是实际地在当下演出个人生活中的一个场景。

2. 镜观技术训练

当主角因阻抗作用无法上台演出时,导演会让一位配角模仿主角,让主角有机会如同照镜子一样,看到自己的行为举止和内在心态。配角要尽可能模仿主角的一切,重复他的动作,试着用话语、动作表达主角可能的感受,像一面镜子反映出来,而主角则坐在团体中观看。

点评:

运用镜观技术时,配角通过模仿主角的手势、态度、演出中的言语,来反映主角的角色。导演可以将主角带出场景,使他脱离原有角色,让主角有机会以旁观者的角度去观看整个心灵挣扎的过程或紊乱的情境,以激发主角重新诠释这个情境,进而产生新的领悟。

3. 空椅技术训练

1) 倾诉宣泄式

只需要一把椅子,将这张椅子放在来访者的面前,假定某人坐在这把椅子上。来访者把自己内心想对他说、却没机会或者没来得及说的话,表达出来,从而使内心趋于平和。

点评:

倾诉宣泄式主要应用于以下三个方面。

第一,亲人或者朋友由于某种原因离开自己或者已经去世,来访者因他们的离去,内心非常悲伤、痛苦,甚至伤痛欲绝,却无法找到合适的途径进行排遣。此时,心理辅导教师可以运用空椅技术,让来访者向空椅进行倾诉,表达自己对空椅所代表人物的情感,从而使自己强烈的情感得以舒缓。

第二,空椅所代表的人曾经伤害、误解或者责怪过来访者,来访者由于各方面的原因,又不能直接将负面情绪发泄出来,郁积在心。此时可以通过对空椅的宣泄、指责,甚至是谩骂,使来访者获得内心的平衡。

第三,空椅子所代表的人是来访者非常亲密或者值得来访者信赖的人,来访者由于种种原因,无法或者不便直接向所代表的人物倾诉。此时,可以让他向空椅子倾诉,宣泄出自己的情感,从而获得某种解脱。

2) 自我对话式

放两把椅子在来访者面前,先让其坐在一把椅子上,扮演自己的某一部分;然后再让他坐在另外一把椅子上,扮演自己的另一部分。这样依次进行对话,从而达到内心的整合。

点评:

自我对话式主要应用于以下两个方面。

第一,由于种种原因,来访者认为自己本应该做的事情,却没有做,引起了不好或者严重的后果时,便产生了强烈的内疚感、罪恶感和自责心理。此时,运用空椅技术,让来访者与自己展开对话,从而减轻内疚感。

第二,面对各种各样的选择很难下定决心,或者处于人生的十字路口不知将何去何从时,来访者忧心忡忡,不知如何进行选择,因此逃避现实,甚至通过烟酒等其他方式来麻醉自己。此时,可以运用空椅技术,让来访者与自己展开对话,澄清自己的价值观,分析各种选择的利弊,找到解决问题的途径。

3)"他人"对话式

这是自己和"他人"之间的对话,放两把椅子在来访者面前,坐到一把椅子上时,就扮演自己;坐到另外一把椅子上,就扮演别人。两者展开对话,从而可以站在别人的角度考虑问题,然后去理解别人。

点评:

"他人"对话式主要应用于以下两个方面。

第一,来访者以自我为中心,不能或者无法去体谅、理解或者宽容别人,因此存在人际交往方面的困难,而自己却找不到原因。此时,运用空椅技术,让"自己"和"他人"之间展开对话,让来访者设身处地地站在"他人"的角度思考问题,从而产生领悟,找到人际交往困难的原因。

第二,来访者存在社交恐惧,不敢或者害怕和他人交往。此时,运用空椅技术,模拟人际交往的场景,让来访者在这种类似真实的情境当中减轻恐惧和焦虑,学会或者掌握与人交往的技巧。

六、注意事项

(1)主角的暖身过程要一直持续到他在思维、情感和行为上表现出顺服,如果使主角的自发性能促进整合出一个坚持自己主张的新角色,那么这个暖身过程就是至关重要的。

(2)通过角色交换可以看到导演是如何对待主角的,主角是如何回应的,然后导演又是如何回应的。

附 录

【心理剧技术参考】

附表1 心理剧常用的技术一览表

常用技术	操作定义	目标
自我表达 (Self-presentation)	导演请主角介绍自己的想法、感受、所处状况等让观众知道	暖身 收集资料
扮演角色 (Role-playing)	导演请主角在剧中扮演其他角色（人、物、感受等）	暖身 收集资料 行为训练 增加角色背景 行动化完成经验 扩大意识范围 情绪宣泄 感受辨识
对话 (Dialogue)	导演请主角与其他配角进行沟通	收集资料 行动化完成经验 情绪宣泄
独白 (Solioquy)	导演请主角旁若无人、自语式地说出自己的心声	收集资料 情绪宣泄 感受辨识
替身 (Double)	导演请主角演出主角本身，或演出主角的另一面的自我	情绪宣泄 感受辨识 扩大意识范围 增加对问题的了解
角色互换 (Role reversal)	在进行对话时，导演让主角换成沟通对象的角色，借由这个角色与自己沟通	扩大意识范围 角色统整 增加对问题的了解 增加角色背景
空椅 (Empty chair)	导演请主角与一张空椅子对话	情绪宣泄 感受辨识 行动化完成经验
镜子 (The mirror)	导演请主角站在一旁观看配角扮演自己，而与另外的配角互动	增加对问题的了解 不合理观念的修正 扩大意识范围
复合多重替身 (Multiple doubles)	导演请配角们来演主角各种不同的自我	情绪宣泄 感受辨识 增加对问题的了解 扩大意识范围
转身说话 (Talk aside)	在对话时，导演让主角暂时转身，说出在沟通时，未能表达的想法和感受	情绪宣泄 感受辨识

续表

常用技术	操作定义	目标
束绳技术 (Rope binding)	导演用绳子充当带给主角的压力,通过解脱来宣泄内心的不满	情绪宣泄 感受辨识 增加对问题的了解 不合理观念的修正 扩大意识范围
雕塑技术 (Sculpture)	一种非口语表达方式,如同雕塑家将人的"肢体"雕塑成某种特殊的姿态,以表达某种特殊的意义	感受辨识 增加对问题的了解 不合理观念的修正 扩大意识范围

(资料来源:*Psychotherapy Through Clinical Role Playing*,NY:Brunver/Mazel. Inc. ,1973)

附表2 心理剧混合式技术一览表

	自我表达	扮演角色	对话	独白	替身	转身说话	角色互换	空椅	镜子
自我表达 Self-presentation							○		
扮演角色 Role-playing				○	○	○	○		○
对话 Dialogue				○	○	○	○		○
独白 Solioquy					○				
替身 Double							○	○	
转身说话 Talk aside							○	○	
角色互换 Role reversal								○	
空椅 Empty chair									
镜子 The mirror									

(资料来源:*Psychotherapy Through Clinical Role Playing*,NY:Brunver/Mazel. Inc. ,1973)

参 考 文 献

[1] 邓旭阳,桑志芹.心理剧与情景剧理论与实践[M].北京:化学工业出版社,2009.
[2] 石红.心理剧与心理情景剧实务手册[M].北京:北京师范大学出版社,2006.
[3] 黄辛隐,戴克明,陶新华.校园心理剧研究[M].苏州:苏州大学出版社,2003.
[4] 刘嵋.大学生心理健康教育与辅导[M].北京:机械工业出版社,2008.
[5] 张承芬.学生心理健康教育系列丛书[M].济南:明天出版社,2001.
[6] 樊富珉.大学生团体心理咨询[M].北京:清华大学出版社,2000.
[7] 刘嵋.大学生班级团体心理辅导教程[M].北京:清华大学出版社,2009.
[8] 吴增强.学校心理辅导通论[M].上海:上海科技教育出版社,2004.
[9] 刘嵋.校园心灵氧吧——学生团体心理辅导与咨询[M].济南:山东教育出版社,2010.
[10] Peter Felix Kellermann.心理剧的核心——心理剧的治疗层面[M].台湾:心理出版社,2008.
[11] 刘嵋,董兴义.心理剧场——监狱心理剧心理辅导[M].北京:金城出版社,2011.